Anselm Grün

Gott, wenn es dich gibt
Große Glaubenserfahrungen
von Augustinus bis Dorothee Sölle

Präsenz

Anselm Grün

Gott, wenn es dich gibt

Große Glaubenserfahrungen –
von Augustinus bis Dorothee Sölle

Unter Mitarbeit von Ulrike Voigt

Präsenz

Bibliografische Information der Deutschen Bibliothek

Die Deutsche Bibliothek verzeichnet diese Publikation in der
Deutschen Nationalbibliografie; detaillierte bibliografische Daten
sind im Internet über http://dnb.ddb.de abrufbar.

© 2010 Präsenz Kunst & Buch
Gnadenthal, 65597 Hünfelden

Alle Rechte vorbehalten

Umschlaggestaltung: Schupmann + Partner, Mainz
Druck: CPI books GmbH, Ulm

ISBN: 978-3-87630-095-5

www.praesenz-verlag.de

Inhalt

Vorwort 7

Aurelius Augustinus (354–430) 31
Gertrud die Große von Helfta (1256–1302/03) 46
Martin Luther (1483–1546) 56
Teresa von Avila (1515–1582) 68
Blaise Pascal (1623–1662) 78
John Wesley (1703–1791). 89
Charles de Foucauld (1858–1916) 103
Eva von Tiele-Winckler (1866–1930) 115
Paul Claudel (1868–1955) 127
Alfred Döblin (1878–1957) 134
Marie-Joseph Pierre Teilhard de Chardin (1881–1955) . . 149
Manfred Hausmann (1898–1986). 162
Madeleine Delbrêl (1904–1964). 173
Dag Hammarskjœld (1905–1961) 185
Simone Weil (1909–1943) 198
Dorothee Sölle (1929–2003). 210
Gianni Vattimo (* 1936) 222

Quellennachweis 236

Vorwort

In jedem Menschen steckt die Sehnsucht, einen Sinn in seinem Leben zu finden. Und in das Herz jedes Menschen hat Gott die Sehnsucht eingeschrieben, den zu suchen und zu finden, der allein seine Sehnsucht zu stillen vermag. Die Sehnsucht ist die Spur, die Gott in das menschliche Herz gegraben hat. Auch wenn wir Gott oft nicht spüren, die Spur, die wir im Herzen tragen, regt sich von Zeit zu Zeit. Wenn der Mensch bereit ist, auf das Rufen seiner Sehnsucht zu hören und auf die Stimme Gottes, die auf das innere Schreien antwortet, dann gibt es einen Umbruch im Menschen. Dann zerbrechen seine bisherigen Lebensmuster, dann fällt das Lebensgebäude, das er sich mühsam aufgebaut und in dem er sich eingerichtet hat, wie ein Kartenhaus zusammen. Und viele machen sich dann auf den Weg. Sie brechen auf. Sie brechen ihre Zelte ab, in denen sie bisher gehaust haben, und wagen den Aufbruch zu Gott und zu ihrem wahren Selbst. Die traditionelle Theologie nennt das Umkehr oder Bekehrung. Die Menschen machen eine Kehre. Sie laufen den Weg nicht mehr weiter, auf dem sie bisher gegangen sind, sondern kehren um und wagen sich auf einen anderen Weg, in eine andere Richtung. Sie vertrauen darauf, dass dieser neue Weg sie in immer größere Wahrheit, Lebendigkeit, Freiheit und Liebe führt, dass er sie zu Gott führt und zum Geheimnis der eigenen Person, des eigenen Lebens.

In diesem Buch dürfen wir die Bekehrung und Gottsuche vieler Männer und Frauen beobachten. Es sind Männer und

Frauen aus alten und neuen Zeiten. Ganz gleich, in welcher Zeit wir leben, immer gibt es die Möglichkeit, sich Gott gegenüber zu verschließen und seinen Weg ohne Gott – und manchmal auch gegen Gott – zu gehen. Doch zu allen Zeiten greift Gott selbst ein und rührt das Herz des Menschen an. Dann gibt es auf einmal kein Zurück mehr. Wir erleben in diesem Buch Menschen, die religiös aufgewachsen sind, für die Gott immer zum Leben gehörte, die aber letztlich aus anderen Prinzipien heraus lebten. Sie wurden durch die Erfahrung des lebendigen Gottes aufgeweckt und aufgeschreckt, so dass sie ihre Augen geöffnet haben und ihren Weg mit wachen Augen weitergegangen sind. Und wir begegnen Menschen, die ohne Gott groß geworden sind, für die Gott keine Rolle spielte, ja die sich sogar lange Zeit gegen Gott gestellt haben. Auch ihnen ist Gott begegnet. Manchmal ist Gott ihnen durch einen Menschen begegnet, der etwas von Gott ausgestrahlt hat. Manchmal hat ein Wort sie getroffen oder aber sie machten – wie etwa Paul Claudel – bei einem Gottesdienst eine so umwerfende Gotteserfahrung, dass sie ihr Leben von einem Augenblick auf den andern änderten. Andere haben einen längeren Prozess der Hinwendung zu Gott und zu Jesus Christus durchlaufen wie etwa Simone Weil oder Alfred Döblin.

Entscheidend für die Auswahl war, dass die Autoren in der Ich-Form sprechen. Sie erzählen von ihren Erfahrungen. So dürfen wir am Geschehen in ihrem Inneren teilhaben. Was sie schreiben, soll nicht unsere Neugier stillen, sondern uns mit dem eigenen Herzen konfrontieren. Kennen wir selbst nicht ähnliche Erfahrungen? Haben wir uns nicht genauso eingerichtet in irgendwelchen Lebensmustern oder philosophischen Gedankengebäuden wie sie? Sind wir uns unserer Maßstäbe so sicher? Will Gott nicht auch unser Lebensgebäude erschüttern und in unser Leben einbrechen, so dass alle unsere Vorstellungen von uns und von Gott zerbrochen

werden und wir gezwungen werden, in ein neues Land aufzubrechen, in das Land des lebendigen Gottes, in dem wir
ganz wir selbst sein dürfen, weil Gott die erste Stelle in uns
einnimmt?

Die Texte in diesem Buch zeigen uns keinen Trick, wie wir
Gott erfahren können. Sie wollen uns nicht belehren. Vielmehr wollen sie uns mit den Ahnungen unseres eigenen
Herzens in Berührung bringen. In jedem von uns steckt die
Sehnsucht nach Gott. Jeder von uns kennt aber auch genügend
Strategien, diese Sehnsucht zu verdrängen oder sie mit mehr
oder weniger sinnvollen Beschäftigungen zu überspielen.
Wir können diese Sehnsucht auch mit rationalen Argumenten niederhalten oder aber einfach, indem wir im Alltag aufgehen. Die Texte zeigen uns keinen konkreten Weg, wie Gott
zu uns spricht. Sie sollen uns vielmehr wachrütteln, damit wir
mit Gottes Eingreifen auch in unserem Leben rechnen. Und
sie stellen uns vor die Frage, wie wir es mit Gott halten, ob wir
Gott in unser Lebensgebäude gleichsam als Verzierung ein-
gebaut haben oder ob Gott in unserem Lebenshaus die erste
Stelle einnimmt und in uns herrscht. Das meint Jesus, wenn
er vom Reich Gottes spricht, das in uns ist. Wenn Gott in uns
herrscht, dann kommen wir zu unserem wahren Selbst, dann
werden wir frei von den Erwartungen und Ansprüchen der
Menschen, frei von den Maßstäben, die unsere Gesellschaft
bestimmen, und frei von den Beurteilungen und Verurteilun-
gen durch die Menschen.

Wahrhaft Gott suchen

Der heilige Benedikt versteht den Mönch als einen, der sein
Leben lang wahrhaft Gott sucht. Den jungen Mönch soll man
vor allem genau daraufhin prüfen, „si revera Deum quaerit –
ob er wirklich Gott sucht". (Benediktsregel 58,7) Der Mönch

ist nicht einer, der Gott schon gefunden hat, sondern einer, der ihn sein ganzes Leben lang sucht. Das lateinische Wort „quaerere" bedeutet nicht nur „suchen, auf etwas sinnen, sich Mühe geben", sondern auch „fragen, eine Frage aufwerfen". Gott suchen heißt also, immer wieder von Neuem nach ihm zu fragen. Der Mensch ist der ständig Fragende. Er lässt sich durch keine Antwort zufrieden stellen. Gott allein wäre die letzte Antwort auf seine Frage. Aber das, was wir hier von Gott erkennen, ist noch nicht der wahre und eigentliche Gott. Und so müssen wir gerade auf dem spirituellen Weg immer weiterfragen. Was meint das, was wir mit Gott bezeichnen? Was heißt Gotteserfahrung wirklich? Was will Gott von mir? Wer ist Gott für mich? Wie muss ich leben, damit ich Gott entspreche und Gott ernst nehme? Genauso wichtig wie die Frage nach Gott ist aber auch die Frage nach mir selbst. Wer bin ich? Woher komme ich? Wohin gehe ich? Was gibt meinem Leben Sinn? Keine Antwort kann uns letztlich unsere tiefsten Fragen beantworten. Immer wieder müssen wir weiterfragen, um Gott zu erkennen als den, der allein uns die Antwort geben könnte, die unser Herz beruhigt.

Die Bibel preist immer wieder die, die Gott suchen: „Sucht den Herrn und eure Seele wird leben", heißt es in Psalm 69,33. Und im Psalm 105 beten wir: „Alle, die den Herrn suchen, sollen sich von Herzen freuen. Fragt nach dem Herrn und seiner Macht; sucht sein Antlitz allezeit!" (Psalm 105,3f) Gott suchen heißt vor allem: sein Antlitz suchen. Aber wie soll das geschehen? Die Juden durften sich ja kein Bild von Gott machen. Dennoch sollen sie sein Antlitz suchen. Für den orientalischen Menschen war das die größte Sehnsucht, von Gott gnädig angeschaut zu werden. Wenn Gottes Antlitz über mir leuchtet, dann bin ich frei von meinen Verfolgern, dann wird mein Leben heil und ganz. (Vgl. Psalm 80,20) Jesus fordert uns auf, zuerst das Reich Gottes und seine Gerechtigkeit zu suchen (Matthäus 6,33). Und er verheißt denen, die Gott im

Gebet suchen, dass sie ihn auch finden werden (Matthäus 7,7). Jesus selbst sucht als der gute Hirte das verlorene Schaf (Matthäus 18,13). Und schließlich suchen die Frauen Jesus, den Gekreuzigten. Aber sie finden ihn nicht, sondern begegnen dem Auferstandenen (Matthäus 28,5). Gott selbst, so ist die Botschaft Jesu, sucht uns. Er geht uns nach. Unsere Aufgabe ist es, nicht Zeichen und Wunder zu suchen, sondern Gott selbst oder das Reich Gottes. Wir sollen Ausschau halten nach dem Gott, der sich in Jesus Christus auf die Suche nach dem Menschen gemacht hat, der sich selbst verloren hatte und in der Entfremdung sich von seinem Wesen entfernt hatte. Auf unserer Suche nach Gott werden wir erkennen, dass er schon längst in uns ist, dass das Reich Gottes schon in uns ist.

Gott suchen heißt auch, sich immer wieder von Gott in Frage stellen zu lassen. Wir suchen nach Gott nicht wie nach einer Sache, die wir erwerben können. Und wir fragen nach ihm nicht wie nach einem Gegenstand, über den man schließlich Bescheid weiß. Wir fragen nach Gott als Menschen, die immer schon von Gott angefragt sind, ob wir wahrhaft Mensch sind, wer wir eigentlich sind, ob das, was wir tun, wirklich stimmt. Gott suchen verlangt auch ein Suchen nach authentischem Menschsein. Und es bedeutet, dass wir uns nie zufrieden geben mit dem, was wir erreicht haben. Auf dem Weg zu Gott sind wir immer in Bewegung. Wir können nie stehen bleiben und uns ausruhen. Gott stellt uns immer wieder in Frage. Wie den Adam fragt uns Gott: „Adam, wo bist du?" (Genesis 3,9) Wo stehst du? Bist du wirklich dort, wo du dich gerade aufhältst? Oder bist du mit deinen Gedanken und Wünschen ganz woanders? Lässt du dich von mir finden oder bist du auf der Flucht? Versteckst du dich wie Adam, weil du Gott ausweichen möchtest? Nach Gott suchen kann nur der, der sich seiner eigenen Wahrheit stellt und sich von Gott immer wieder mit sich selbst konfrontieren lässt.

Das deutsche Wort „suchen" kommt aus der Jagdsprache. Ein Jagdhund geht suchend der Spur nach, die er gewittert hat, die er „spürt". Die Spur meint den Tritt oder Fußabdruck eines Tieres oder eines Menschen. Der Jagdhund folgt der Spur, die er aufgenommen hat, bis er das Tier gefasst hat. Schon früh haben die Mönchsväter dieses Bild für ihre Gottsuche verwendet. Der Mönch ist wie ein Jagdhund, der die Spur des Hasen in seiner Nase hat. „Ein Mönch soll die Hunde auf der Hasenjagd beobachten. Wie nämlich nur einer, der den Hasen erblickt hat, ihn verfolgt, die anderen aber, weil sie jenen Hund laufen sehen, ihm nachrennen, aber nur solange sie nicht ermüden, und dann plötzlich zurückkehren, und nur der erste, der den Hasen tatsächlich sah, ihn weiter verfolgt, bis er ihn gefasst hat, und sich im Lauf nicht abhalten lässt, weil die anderen von ihrem Lauf umgekehrt sind, noch auch durch Abgründe, Wälder oder Gesträuch, noch von kratzenden Dornen und Wunden abgehalten wird, aufzugeben, bis er den Hasen fasst, so soll auch der Mönch, der Christus den Herrn sucht, unablässig auf das Kreuz schauen und alle Ärgernisse übersehen, die ihm begegnen, bis er zum Gekreuzigten gelangt ist." (Weisung der Väter, 1148) Der Mönch ist einer, der die Spur Gottes in der Nase hat. Seine Gottsuche ist nicht immer ein Spazierweg. Er führt durch Dornen und Abgründe. Er wird auf dem Weg immer wieder verletzt. Und oft genug hat er den Eindruck, dass er vergebens läuft. Aber er darf nicht aufgeben, er muss der Spur in seiner Nase folgen, bis er Gott wirklich findet.

Bernhard von Clairvaux erklärt seinen Mönchen in einer Ansprache, dass sie nur deshalb Gott suchen, weil Gott sie zuvor gesucht hat. Gott hat in seiner Liebe den Menschen gesucht. Er hat ihn bei Nacht besucht. Er hat in sein Unterbewusstsein hinein ein Streben nach Gott eingepflanzt. Er hat sich ihm im Traum zu erkennen gegeben, damit der Mensch nun aufstehe und ihn auch bei Tag suche. So deutet Bernhard den Vers aus dem Hohenlied: „Des Nachts auf meinem

Lager suchte ich ihn, den meine Seele liebt. Ich suchte ihn und fand ihn nicht. Aufstehen will ich, die Stadt durchstreifen, die Gassen und Plätze, ihn suchen, den meine Seele liebt." (Das Hohelied 3,1f) Der Grund unserer Gottsuche ist, dass Gott uns in seiner Liebe gesucht und berührt hat, dass er uns die Spur seiner Liebe in die Nase gegeben hat. Nun können wir nicht anders, als immer wieder aufzustehen und den zu suchen, den unsere Seele liebt. Letztlich ist daher unsere Gottsuche eine Liebesgeschichte. Sie wird nicht erst enden, wenn wir Gott gefunden haben. Aber endgültig finden werden wir ihn erst im Tod. Was wir hier auf Erden können, ist, aufzustehen aus dem Schlaf, um uns auf die Suche zu machen. Diese Suche entspricht dem Wesen unseres Menschseins. Wenn wir die Suche nach Gott aufgeben, dann geben wir uns mit billigem Zeug zufrieden, wie es der „verlorene Sohn" im Gleichnis (Lukas 15,11–32) tat. Wir stopfen unseren Hunger mit „Futterschoten" zu, die für die Schweine gedacht sind. Der Sohn, der sich selbst verloren hat, der vor sich selbst davongelaufen ist, kommt zu sich selbst und geht in sich, er spricht mit sich selbst. Weil er spürt, dass das billige Zeug seinen Hunger nicht stillt, will er aufbrechen und zu seinem Vater gehen. Und der Vater feiert ein Fest, weil sein Sohn tot war und nun lebendig geworden ist, weil er sich verloren hatte und sich nun wieder gefunden hat, weil er in die Irre gegangen ist und nun heimgefunden hat. Gott selbst hat im Herzen des verlorenen Sohnes die Sehnsucht nach dem Vater geweckt. Und als der Sohn heimkehrte, lief ihm der Vater selbst entgegen. Nicht nur der Sohn hat den Vater gesucht. Der Vater hat immer auch schon Sehnsucht nach seinem Sohn gehabt, dass er den Weg nach Hause findet, dass er sich selbst wiederfindet und in sich Gott als den Grund seines Lebens.

Die Bedingungen der Gottsuche

Die Gottsucher und Gottsucherinnen, deren Texte wir in diesem Buch vorstellen, haben Gott jeweils in ihrem eigenen Lebenskontext gesucht und gefunden. Sie zeigen verschiedene Situationen auf, aus denen heraus der Mensch von Gott angesprochen wird. Wenn wir ihre Texte lesen, dann sollten wir uns nicht nur für diesen Menschen interessieren, der Gott erfahren hat. Vielmehr geht es darum, im Spiegel dieser Texte unsere eigene Situation zu reflektieren. Jeder Text spricht etwas in unserem eigenen Herzen an und bringt uns in Berührung mit Seiten unserer Seele, die wir im Alltag oft übersehen. Und dennoch wird es unter den Autoren und Autorinnen Seelenverwandte geben, die uns besonders nahestehen. Sie kommen aus Lebensverhältnissen und Denkweisen, die wir auch in uns kennen. So spricht uns ihr Suchen nach Gott in besonderer Weise an. Jeder wird beim Lesen dieser Texte seine Vorlieben haben. Aber bei jedem Text können wir auf Worte stoßen, die unser Herz berühren und uns mit unserer eigenen Sehnsucht und unserer – oft anfanghaften – Gotteserfahrung in Berührung bringen. So möchte ich die Art und Weise der Gotteserfahrungen, die uns in diesen Texten begegnen, kurz auf unsere eigene Suche hin befragen.

Augustinus ist von seiner Jugend an ein Gottsucher, einer, der nach der Wahrheit sucht. Aber er ist hin- und hergerissen zwischen seiner Suche nach der Wahrheit, nach dem, was ihn wirklich trägt, und seinen Bedürfnissen nach Liebe. Er ist zerrissen in seiner Suche nach Gott und in seiner Sehnsucht nach der Nähe einer Frau. Er ist zerrissen von seinem Bedürfnis nach menschlicher Schönheit und Kultur, wie sie ihm im römischen Theater begegnet, und von seinem Bedürfnis nach der Schönheit schlechthin, nach Gott, der die tiefste Sehnsucht nach Schönheit und Liebe erfüllt. Wir alle kennen diese Zerrissenheit. Aus unseren menschlichen Bedürfnissen heraus und nicht an ihnen vorbei sollen wir Gott suchen. Dann werden wir Gott erleben als den, der unsere tiefste Sehnsucht nach Wahrheit, nach Ruhe, nach Schönheit, nach Liebe, nach Freiheit erfüllt. Von Augustinus können wir lernen, das Zwiegespräch mit unserer Seele zu führen, uns von unserer Seele zu Gott führen zu lassen, der uns innerlicher ist, als wir uns selber sind.

Gertrud von Helfta wurde schon als Waisenkind mit fünf Jahren in die Obhut der Zisterzienserinnen genommen. Sie erhielt also schon von Kindheit an eine religiöse Ausbildung. Sie wuchs immer schon in einem religiösen Milieu auf. Sie steht für uns, die wir von unseren Eltern eine religiöse Erziehung genossen haben. Doch auch Gertrud wurde auf ihrem Weg von Christus berührt. Sie wurde aus ihrer Bahn der religiösen Sicherheit geworfen und machte auf einmal die persönliche Erfahrung der Liebe Gottes. Diese persönliche Erfahrung hat sie überwältigt. Ihre Spiritualität war zuerst äußerlich. Sie hat sich – wie sie selbst schreibt – um ihr Inneres ebenso wenig gekümmert wie um den Zustand ihrer Fußsohlen. Da hat Christus sie selbst mit ihrem Herzen und ihrer Liebe in Berührung gebracht. Gottes Liebe wurde ihr im Herzen Jesu erfahrbar. Sie wurde menschlich. Sie hat die Liturgie nicht mehr nur äußerlich mitgefeiert. Während der Feier der Liturgie wurde ihr immer wieder das Geheimnis dessen bewusst, was sie feierte. An Weihnachten hat sie das neugeborene Kind Jesus in ihren Arm genommen und in ihr Herz aufgenommen. Sie hat die Gottesgeburt in sich selbst erfahren. Gertrud antwortet auf unsere Sehnsucht, das, was wir in der Liturgie feiern, auch zu erfahren, in der Liturgie die mystische Erfahrung des Einsseins mit Gott, mit Jesus Christus zu machen und von seiner Liebe verwandelt zu werden.

Martin Luther hat zeit seines Lebens um den gnädigen Gott gerungen. Die Zeit Luthers war von einem intensiven

~ 15 ~

Gefühl von Sündhaftigkeit geprägt. Viele von uns kennen aus ihrer Kindheit diese Botschaft: „Du bist schlecht. Du bist ein Sünder. Gott weiß um alle deine Fehler." In dieses ängstliche Kreisen um die eigene Schuldhaftigkeit hat Luther den gnädigen Gott erfahren, den Gott, der uns in Jesus Christus die Schuld vergibt. Und er hat Gott in unser Fleisch gezogen. Gotteserfahrung geschah für ihn mitten im Leben. Ihm ist Jesus Christus auf neue Weise aufgegangen als der, der ihm vermittelt: Du bist bedingungslos angenommen und geliebt. Dir ist alle Schuld vergeben. Höre auf, dich selbst weiter zu beschuldigen. Luther begegnete seiner eigenen Menschlichkeit und Erbärmlichkeit. Aber anstatt über sich zu jammern, hat er die Güte Gottes besungen, voller Fröhlichkeit und Weltzugewandtheit. Und er hat die Worte der Heiligen Schrift neu entdeckt als Worte Gottes an uns, als Worte des Trostes, der Ermutigung, der Liebe und des Erbarmens. Luthers Erfahrung der Gnade Gottes gibt uns den Mut, die eigene Erbärmlichkeit anzunehmen, ohne daran zu zerbrechen, sondern aus ihr heraus auf Gottes Barmherzigkeit zu schauen, die uns aufrichtet und fröhlich macht.

Teresa von Avila ging schon früh ins Kloster, vermischte aber das geistliche Leben und ihre weltlichen Bedürfnisse nach Anerkennung und Vergnügen miteinander. So verlor ihr geistliches Leben an Kraft. Sie lebte im religiösen Milieu und war doch weit weg von sich selbst und von Gott. Trotz aller geistlichen Übungen hatte sie keinen Geschmack an Gott. Da hat Gott selbst sie berührt und verwandelt. Das Bild des leidenden Jesus hat ihr gezeigt, dass sie selbst mit ihrem Hin und Her zwischen geistlichen und weltlichen Bedürfnissen Jesus verwundet hat. Und sie hat Jesu Liebe zu sich darin erkannt. Und sie erfuhr, dass Gott selbst sie von ihrem Kreisen um sich selbst befreit hat. Gott hat sie in seiner menschlichen Liebe, wie sie in Jesu Passion sichtbar wurde, angerührt und verwandelt. Was Teresa erfahren hat, danach sehnen wir uns auch. Wie sie nehmen wir an der Eucharistiefeier teil. Aber oft bleibt alles nur äußerlich. Da sehen wir uns, bei der Kommunion genauso wie Teresa zu erfahren, dass Jesus sich mit uns vermählt, dass er sich mit uns verbindet, dass seine Liebe uns durchdringt. Doch Teresa bleibt auch nach ihrer Bekehrung noch die Frau, die sich über menschliche Freundschaft freut und sogar menschliche Freuden hochschätzt, etwa wenn sie den Truthahn am Festtag mit jedem Bissen genießt. Sie bleibt als Mystikerin ganz auf dem Boden. Sie lebt ihr alltägliches Leben und wird doch bei allem von der Erfahrung der Liebe Gottes getragen.

Blaise Pascal, der geniale Mathematiker, wuchs in einer religiösen Familie auf. Mit drei Jahren verlor er seine Mutter. Diese Wunde hat ihn sein Leben lang begleitet. Pascal war Naturwissenschaftler, humanistisch gebildet und zugleich religiös geprägt. Seine Gedanken kreisten immer wieder um das Geschenk des Glaubens, um die Verbindung zwischen Frömmigkeit und wissenschaftlichem Forschen, zwischen dem Stolz auf seine Begabung und der Demut beim Erleben seiner Erbärmlichkeit. Mitten in dieses Ringen hinein macht er die berühmte Gotteserfahrung in der Nacht des 23. November 1654. Es ist eine Erfahrung, die er in seinem „Memorial" aufschreibt und sein Leben lang in seinem Anzug eingenäht mit sich trägt. Es ist die Erfahrung, dass Gott wirklich gegenwärtig ist, dass er Feuer ist, dass er nicht nur ein Gedanke, sondern Wirklichkeit ist, die den Menschen umwirft und umwandelt. Uns sind solche Erfahrungen nicht vergönnt. Aber wir dürfen vertrauen, dass Gott sich auch uns zeigt, wenn wir wie Pascal um ihn ringen. Pascal blieb auch nach dieser tiefen Gotteserfahrung in sich zerrissen zwischen der Größe des Menschen und seinem Elend, zwischen seiner Sehnsucht nach Gott und der Sünde, die ihn immer wieder in ihren Bann schlägt. Die Gotteserfahrung heilt nicht unsere innere Zerrissenheit. Aber sie gibt unserem Ringen ein Ziel. Wir haben Gott einmal gespürt und erfahren. So wissen wir, wohin unser Weg geht. Das hält uns lebendig auf dem Weg. Wir stehen immer wieder auf, auch wenn wir fallen.

John Wesley war ein eifriger anglikanischer Priester. Er verkündete das Wort Gottes, fuhr mit dem Schiff nach Georgia, um dort den Indianern zu predigen. Und dennoch meinte er, das alles sei nur Zeichen eines „beinahe Christen". Ein wirklicher Christ zeichnet sich durch Liebe aus, durch Liebe zu Gott und zum Nächsten. So strengte sich Wesley an, ein wirklicher Christ zu werden. Mitten in dieses Bemühen hinein, in dem er immer wieder auch seinen eigenen Zweifeln begegnete, wurde Wesley beim Anhören der Vorrede Luthers zum Römerbrief in seinem Herzen berührt. Jetzt war es ihm innere Gewissheit, dass Jesus auch für ihn gestorben ist und seine Sünden hinweg genommen hat. Wie Paulus durfte er die Erfahrung machen, dass Christus ihn vom Gesetz der Sünde und des Todes befreit hatte. Diese Erfahrung erschütterte und verwandelte ihn. Jetzt rückte Jesus Christus in den Mittelpunkt seines Glaubens. Unsere Gotteserfahrungen sind sehr unterschiedlich. Der eine wird von der Größe Gottes erschüttert, der andere von der Liebe Jesu Christi, mit der er ihn am Kreuz bis zur Vollendung geliebt hat. Für den einen ist die Erfahrung, dass seine Sünde vergeben ist, die zentrale Gotteserfahrung, für den anderen, dass Gott in ihm wohnt. Wir dürfen diese Erfahrungen nicht bewerten. Wir dürfen darauf vertrauen, dass Gott immer wieder Menschen berührt, um ihnen zu zeigen, wer er ist. Und Gott berührt die Menschen, um sie in die Welt zu senden, seine Botschaft auf neue Weise zu verkünden. Die Erfahrung Gottes ist immer auch mit einem Auftrag verbunden. Wenn Gott in unser Leben einbricht, dann ist das nie nur ein Erlebnis, das wir genießen können. Es ist immer auch ein Auftrag damit verbunden. Und oft genug führt uns die Gotteserfahrung in schmerzliche

Auseinandersetzungen mit anderen Menschen, die durchaus fromme Christen oder religiös Suchende sind.

Der Glaubensweg von **Charles de Foucauld** entspricht dem vieler Zeitgenossen. Immer wieder höre ich in Begleitungsgesprächen ähnliche Schicksale, auch wenn sie am Ende nicht an den Lebensweg dieses großen Heiligen heranreichen. Charles de Foucauld war in einer frommen Familie aufgewachsen. Doch mit 16 Jahren verlor er seinen Glauben. Auf der Militärakademie führte er ein haltloses und ausschweifendes Leben. Doch bei allem, was er durchlebte, blieb in seinem Herzen die Erinnerung an den Glauben seines Großvaters, an die ersten Kindergebete und die vielen Kirchenbesuche. Er musste 28 Jahre alt werden, bis ihm schlagartig aufging, dass Gott existierte. Und wenn Gott existierte, dann wusste er: Ich kann nur noch für ihn leben. Gott zeigte sich ihm im Antlitz eines gütigen Menschen. Wenn dieser gütige und kluge Mensch an Gott glaubt, dann kann das keine Einbildung sein. Das Leben eines Menschen wurde für ihn zum Gottesbeweis und zur Erfahrung Gottes, die ihn völlig umdenken ließ. Kaum einer wird die Radikalität eines Charles de Foucauld nachahmen, der das armselige Leben Jesu in Nazareth unter den verlassensten Menschen leben wollte. Aber dass uns die Begegnung mit einem gläubigen Menschen zum Glauben bringen kann, das dürfen wir auch heute immer wieder erfahren. Wer sich wirklich auf Menschen einlässt, die vom Glauben geprägt sind, der kommt wieder mit den religiösen Wurzeln in Berührung, die ihn in seiner Kindheit genährt haben. Die Gottsuche des Charles de Foucauld ist nicht nur eine Einladung an uns, die Menschen genau anzuschauen, die glauben, sondern auch eine Herausforderung, selbst zu Zeugen des Glaubens zu werden, weniger durch unsere Worte, sondern durch unser Leben. Wenn Christus durch unser Leben für andere sichtbar wird, dann können auch wir zu einer Einladung für andere werden, Gott in ihrem eigenen

Herzen zu suchen und mit ihrer spirituellen Sehnsucht in Berührung zu kommen, die sie seit ihrer Kindheit in ihrem Innern tragen.

Eva von Tiele-Winckler machte die Gotteserfahrung, die ihrem Leben eine Wendung gab, beim Lesen der Heiligen Schrift. Ihre katholische Mutter hatte sie sehr geliebt. Sie hatte ihr den Glauben beigebracht. Aber weder Jesus Christus noch die Bibel spielte in diesem Glauben eine wichtige Rolle. Als ihre Mutter starb und der Vater eine evangelische Frau heiratete, ging sie in die evangelische Kirche, anfangs eher widerwillig. Doch dann wollte sie am Konfirmationsunterricht teilnehmen. Da las sie zum ersten Mal selbst in der Bibel und wurde vom Wort Jesu berufen: „Meine Schafe hören meine Stimme und ich kenne sie, und sie folgen mir. Und ich gebe ihnen das ewige Leben, und sie werden nimmermehr umkommen, und niemand wird sie mir aus meiner Hand reißen." (Johannes 10,27f) Sie spürte, dass Jesus auch ihr guter Hirte ist, dem sie folgen und ihr Leben widmen wollte. Sie erfuhr die Begegnung mit diesem Wort Jesu als Erweckung. In ihr wurde ein Glaube wach, der Jesus in den Mittelpunkt ihres Lebens stellte. Auch diese Erfahrung geschieht heute immer wieder: Wir sind im Glauben aufgewachsen. Irgendwie trägt uns der Glaube. Doch dann trifft uns ein Wort der Schrift. Und dann wird alles anders. Dann geht uns Jesus auf als unser persönlicher Herr und Heiland, der für uns gestorben ist, der uns von unserem Verhaftetsein in Sünde und Schuld erlöst hat. Die Erfahrung Gottes im Wort Jesu hat das Leben der jungen Eva von Tiele-Winckler ganz und gar verwandelt. Sie hat sich ganz und gar in den Dienst der Armen gestellt. Das Ernstnehmen der Worte Jesu hat nun ihr ganzes Leben bestimmt. Wir können solche Erfahrungen nicht kopieren. Doch sie wollen uns einladen, mit offenem Herzen die Bibel zu lesen, in der Hoffnung, dass auch uns ein Wort tief im Herzen zu treffen und unser Leben umzuwandeln vermag.

Paul Claudel war in eine Welt hineingewachsen, in der die Skepsis vorherrschte. Es galt nur die Materie. Alle Künstler und Literaten waren freigeistig. Sie hielten nichts vom Glauben und waren gegenüber der Kirche feindselig eingestellt. Die Wissenschaft erklärte den Glauben als rückständig. Paul Claudel folgte als junger Mann dem Zeitgeist. Doch die Lektüre der Bücher von Arthur Rimbaud ließ einen Schimmer von Transzendenz in sein Leben fallen, das er als einen Zustand der Betäubung und Verzweiflung beschreibt. In diesem Zustand der Betäubung ging er am 25. Dezember 1886 in das Weihnachtshochamt, nicht aus religiösem Interesse, sondern um Anregungen für seine Schriftstellerei zu bekommen. Die heilige Messe berührte ihn kaum. Trotzdem ging er nachmittags zur Weihnachtsvesper wieder in die Kirche Notre-Dame de Paris. Als die Sängerknaben das Magnifikat anstimmten, wurde sein Herz auf einmal ergriffen und er glaubte von einem Augenblick auf den andern. Er beschreibt es als ein gewaltsames Emporgerissenwerden, so dass er auf einmal mit einer unbeschreiblichen Gewissheit glaubte. Im Zentrum dieses Glaubens stand die Erfahrung der ewigen Kindschaft Gottes und des Gefühls der Unschuld. Gottes Liebe hatte ihn eingehüllt. Das hat sein Leben verwandelt. Er fühlte sich nicht mehr betäubt und verzweifelt, sondern geliebt und von Gott angenommen. Die gregorianischen Gesänge erschütterten sein Herz. Dennoch blieben seine philosophischen Auffassungen die gleichen. Vier Jahre brauchte er, bis er sein Herz und seinen Verstand in Einklang bringen konnte. Immer wieder sind es andere Wege, auf denen Gott unser Herz berührt. Für den einen ist es das Wort Gottes, für den anderen ein Gesang oder die Handlungen der Liturgie, die Atmosphäre eines Gottesdienstes, die ihn berührt und in seinem Herzen die Gewissheit aufkommen lässt, dass diese Riten nicht ins Leere gehen. Heute jammern viele, dass immer weniger Menschen in den Gottesdienst kommen. Trotzdem dürfen wir vertrauen, dass es immer wieder auch Menschen geben wird, die nach jahrelanger Abwesenheit eine Kirche betreten und dann, wenn wir den Gottesdienst authentisch feiern, von Gottes Wort oder einem Lied oder einem Ritual zutiefst berührt werden. Gott kennt viele Wege, die Menschen anzusprechen. Wir als Mönche vertrauen darauf, dass unter den Besuchern unserer Kirche immer wieder einige mitten in unseren manchmal allzu menschlichen Gottesdiensten Gott erfahren und von seiner Liebe getroffen werden.

Der Romanschriftsteller und Arzt **Alfred Döblin**, Sohn eines jüdischen Schneidermeisters, sagt von sich selbst, dass er nie areligiös war. Er hat sich immer schon mit Religion befasst. Aber meistens war es eine Begegnung von außen. Mit Jesus und seiner Passion konnte er wenig anfangen. Das Christliche war ihm oft genug fremd. Kleist und Hölderlin waren seine Lehrer und beide kannten die Zerrissenheit des menschlichen Herzens. Seine Flucht vor den Nationalsozialisten führte ihn über Frankreich nach Portugal und schließlich in die USA, wo er 1941 zum katholischen Glauben übertrat. Döblin war immer ein suchender Mensch gewesen. Er ist auf seinem Weg immer auch religiösen Ideen begegnet. Aber sie haben ihn kaum persönlich angesprochen. Erst im Exil spürt er, dass er sich entscheiden muss. Er sieht es vor allem im Blick auf seinen Sohn. Er würde ihm nicht gerecht werden, wenn er ihn einfach nur unverbindlich heranwachsen ließe. So entscheidet er sich, gemeinsam mit seiner Frau Katechismusunterricht bei einem Jesuiten zu nehmen. Und auf einmal erschließt sich ihm der katholische Glaube. Alle Angriffe, die er früher oft gegen die Katholische Kirche gehört hatte, fallen jetzt in sich zusammen. Jetzt geht ihm das Geheimnis der katholischen Tradition, ihres spirituellen Reichtums, des liturgischen Schatzes auf. Er lässt sich darauf ein. Aber er bleibt immer der Denkende und Grübelnde. Er legt seinen Verstand nicht beiseite. Sein Ringen mag vielen bekannt vorkommen, die sich immer wieder um christliche

Inhalte mühen, denen aber das Wesen des Christlichen nicht aufgeht. Bei Döblin war es kein Bekehrungserlebnis, das ihn zum Glauben brachte. Es war vielmehr sein lebenslanges Suchen. So dürfen wir vertrauen, dass auch uns dieses Suchen, wenn es ehrlich gemeint ist, zu Gott und zu Jesus Christus führt. Döblins Weg will uns einladen, unserem Suchen zu vertrauen und zu vertrauen, dass Gott selbst den Weg zu uns findet. Wir müssen nicht alles selbst machen. Gott selbst kommt uns entgegen. Und irgendwann geht uns das Geheimnis des Glaubens auf.

Der französische Jesuit und Naturforscher **Pierre Teilhard de Chardin** hatte schon seit früher Kindheit eine Neigung zum Spirituellen. Auf der einen Seite war er fasziniert von der Herz-Jesu-Frömmigkeit seiner Mutter, auf der anderen suchte er mit Leidenschaft etwas „Konsistentes", etwas Materielles, das nicht zerstört werden konnte. Zunächst sammelte er Eisen. Doch als er merkte, dass es rostet, begeisterte er sich für Kristalle. Die Leidenschaft für Materie und für die Liebe Gottes, die in Jesu offenem Herzen sichtbar, materiell geworden ist, versucht er, in seinem theologischen Entwurf und in seiner Spiritualität zu verbinden. Das Streben zu Gott und die Liebe zur Erde und ihrem Werden möchte er in Einklang bringen. Auf diesem Weg sucht er immer weiter, macht er immer wieder mystische Erfahrungen des Einsseins. Dabei erfährt er aber immer wieder auch Momente der Verfinsterung, des Ekels. Er fühlt sich kraftlos. Und bei aller Leidenschaft, eins zu werden mit dem Kosmos, tut er sich oft schwer, mit den Menschen eins zu werden, die so ganz anders sind, jeder sein eigener Kosmos. Dennoch sucht Teilhard weiter. Seine jesuitische Tradition lässt ihn die Worte Jesu immer neu meditieren. Und so versucht er, seine Leidenschaft für die Materie mit der Liebe zu Jesus zu verbinden. Er spricht von Amorisation: Die Liebe Jesu ist nicht weltlos, sie durchdringt die ganze Materie und letztlich auch die Menschen um ihn herum. So begibt er sich vertrauensvoll in die Hände Jesu, in denen er greifbar die Liebe spürt, die diese Welt geformt hat und die ihm überall begegnet, im Antlitz eines Menschen und in der Schönheit eines Baumes. Teilhard de Chardin ist für viele Gottsucher, die in der Natur intensive Gotteserfahrungen machen, ein guter Wegbegleiter. Er lädt sie ein, die Natur nicht rein romantisch zu sehen, sondern in ihr Geheimnis einzudringen und in allem Belebten und Unbelebten letztlich die Spur Gottes zu entdecken, die immer eine Spur der Liebe ist.

Manfred Hausmann war in einer evangelischen Fabrikantenfamilie aufgewachsen. Als Student las er „Das Kapital" von Karl Marx und diskutierte über sozialistische Ideen. Als er mit 22 Jahren zusammen mit seinen Eltern den Sonntagsgottesdienst in Göttingen besuchte, wurde er durch die Predigt, die Karl Barth hielt, in seinem Innersten aufgewühlt. Er spricht von einem Blitz, der in ihn eingeschlagen war. Hier spürte er, dass die eigentliche Revolution nicht im Äußern geschieht, sondern im Herzen des Menschen. Durch die Begegnung mit Karl Barth wurde ihm die Gebrechlichkeit und Hilflosigkeit des menschlichen Geistes bewusst und er öffnete sich für die Anbetung der Herrlichkeit Gottes. Diese tiefe Erfahrung einer Sonntagspredigt hat sein Leben, sein Denken und sein Schreiben verwandelt. Sein Glaube war nicht einfach Gewissheit, vielmehr erlebte er immer wieder Anfechtungen durch Zweifel. Er kam durch Karl Barth zu Kierkegaard, mit dem er sich geistesverwandt fühlte. Und so las er die Bibel nun mit ganz anderen Augen, und zwar so, dass sein ganzes Leben und sein Arbeiten als Schriftsteller auf den Kopf gestellt wurden. Manchmal kann auch uns die Begegnung mit einem Menschen, mit einem Theologen oder Dichter, so treffen, dass sich unser Denken und Fühlen wandelt, dass alles, was wir bisher dachten, in eine andere Richtung gelenkt wird. Es braucht nur die Offenheit, mit der Hausmann damals die

Worte des Predigers auf sich wirken ließ. Dann kann auch in uns ein neues Denken geweckt werden.

Madeleine Delbrêl war ohne Glaubensbindung aufgewachsen. Während ihres Studiums begegnete sie christlichen Studenten, die genauso wie sie studierten, diskutierten, tanzten, aber genauso selbstverständlich auch über Gott und Jesus Christus sprachen. Durch die Begegnung mit Christen fühlte sie sich herausgefordert, selbst nach diesem Gott zu suchen. Sie suchte nun nicht intellektuell, sondern indem sie einfach betete. Zum Beten kniete sie nieder. Das Beten hat sie verwandelt, hat sie zu einer radikalen Umkehr bewogen. Was sie im Gebet erfuhr, war die Begegnung mit Jesus Christus. Diese Begegnung mit Jesus hat sie dazu geführt, auch die Dinge, mit denen sie zu tun hat, in einem anderen Licht zu sehen. Die radikale Bekehrung, die Delbrêl im Gebet und in der Begegnung mit Jesus erfuhr, hat sie befähigt, in einem atheistischen Milieu als Christin zu leben und ihren Glauben zu bezeugen, weniger durch Worte als vielmehr durch die Art ihres Arbeitens. Seit dem Augenblick ihrer Bekehrung wurde Gott für sie zum Allerwichtigsten. Aber zugleich spürte sie die Versuchung, den Glauben der Realität anzupassen. Doch gerade die Begegnung mit den Nöten der Menschen um sie herum zwang sie, sich immer wieder dem Licht des Evangeliums auszusetzen, um die Finsternis um sich herum aushalten zu können. Jede Gotteserfahrung ist anders, geschieht immer in einem sehr konkreten Leben. Wir können das Leben Madeleine Delbrêls nicht kopieren. Das atheistische Arbeitermilieu der Nachkriegszeit in Frankreich ist uns heute fremd. Dennoch kann uns ihre Erfahrung für einen Glauben öffnen, der mitten in der säkularisierten Welt am Primat Gottes festhält und dadurch einen Spalt in dieser Gesellschaft öffnet. Durch diesen Spalt kann Gott in diese Welt eindringen und die Herzen der Menschen berühren.

Kaum einer, der den friedenstiftenden Generalsekretär der Vereinten Nationen, **Dag Hammarskjœld**, kannte, wusste von seiner Spiritualität und von seinen mystischen Erfahrungen. Seine Tagebuchnotizen wurden erst nach dem ungeklärten tödlichen Flugzeugabsturz über dem Kongo bekannt und veröffentlicht. Darin begegnet uns ein suchender und ringender Mensch, der die Schriften der Mystiker nicht nur liest, sondern sie konkret in sein Leben als Politiker zu übersetzen sucht. Immer wieder spricht er davon, wie wichtig es ist, vom Ego frei zu werden, das sich in alles Tun hineinmischt. Diese Freiheit, aufzustehen und alles loszulassen – das Geheimnis von Kreuz und Auferstehung Jesu –, hat Hammarskjœld in seinem Leben verwirklicht. Es war ein langes Ringen, bis er in seinem politischen Einsatz frei wurde von allen Eigeninteressen und sich ganz und gar in den Dienst Gottes stellte. Dabei begriff er die Passion Jesu als Schlüssel auch für sein eigenes Leben. Ihm wurde klar, „dass der Preis für den Lebenseinsatz Schmähung und dass tiefste Erniedrigung die Erhöhung bedeutet". Der Politiker und Mystiker lehrt uns, mitten in unserem weltlichen Einsatz für die Menschen das Geheimnis der Liebe Jesu Christi zu entdecken und in unserem politischen oder gesellschaftlichen Engagement frei zu werden vom eigenen Ego. So werden wir wie Dag Hammarskjœld zum Segen für die Welt.

Die hochbegabte jüdische Philosophin **Simone Weil** stand „auf der Schwelle der Kirche", ohne sich je taufen zu lassen. In ihrem Suchen nach der Wahrheit brauchte sie nicht von christlichen Theologen belehrt zu werden. In ihrem Herzen hatte sie immer schon ein Verständnis für das Geheimnis Gottes und für das Geheimnis Jesu Christi. Sie wehrt sich gegen den Begriff Gottsuche. Sich ein Bild von Gott zu machen ist für sie als Jüdin nicht möglich. Sie meint, sie habe die Welt im Geist Jesu angeschaut und der Geist Jesu sei der Grund ihres Handelns, vor allem ihres sozialen Engagements gewesen. Sie musste nicht zum Christentum übertreten, sondern sie hatte den Eindruck, sie sei darin geboren. Bei ihrer Suche nach der Wahrheit machte sie wichtige spirituelle Erfahrungen, die ihr den Geist Jesu neu aufgehen ließen. Eine tiefe Erfahrung machte sie beim Anhören der gregorianischen Gesänge während der Karwoche in Solesmes. Bei ihren starken Kopfschmerzen, die sie ihr Leben lang begleiteten, hatte sie auf einmal das Gefühl, aus ihrem „elenden Fleisch herauszutreten ... und in der unerhörten Schönheit der Gesänge und Worte eine reine und vollkommene Freude zu finden". Eine andere tiefe Erfahrung machte sie, als sie immer wieder den griechischen Text des Vaterunsers wiederholte. Auch da versetzten sie die Worte „an einen Ort außerhalb des Raumes", an einen Ort, an dem Christus in Person auf ganz intensive Weise gegenwärtig war. Simone Weil hatte nie die Schriften der Mystiker gelesen und durfte doch eine tiefe mystische Erfahrung machen. Sie lädt uns ein, in großer Aufmerksamkeit das wahrzunehmen, was ist. Wenn wir aufmerken, achtsam sind, dürfen wir vertrauen, dass uns auf einmal ein Wort, ein Gesang, eine liturgische Handlung tief berührt und in diesem konkreten Tun Christus selbst herabsteigt und uns ergreift.

Dorothee Sölle war schon als Schülerin in einer katholischen Mädchenschule kritisch gegenüber einem bürgerlichen und allzu behäbigen Christentum. Sie las die Existenzphilosophen Heidegger, Sartre und Camus und war begeistert von Nietzsche und Kierkegaard. Sie war von Anfang an fasziniert von Jesus, nicht vom Christus, den die Kirche als Sohn Gottes verkündete, sondern von dem Mann Jesus, der sich für die Armen einsetzte, der gefoltert wurde und trotzdem kein Nihilist wurde. Sölle erzählt nicht von Gotteserfahrungen. Und doch haben ganz einfache Begegnungen ihre Sichtweise von Gott und von Jesus geprägt. So erzählt sie von der etwas ironischen Antwort eines Bauarbeiters auf ihre Frage, wie viel Uhr es sei: „Bin ich Jesus?" Diese Frage ließ sie nicht los, bis ihr schließlich klar wurde, dass jede Frau und jeder Mann von sich durchaus sagen kann: „Ich bin Jesus." Denn etwas von Jesus ist in uns allen. Vom Geist Jesu erfüllt engagierte sich Dorothee Sölle in der Friedensbewegung, in der feministischen Bewegung. Und sie fand mehr und mehr zur Mystik, aber zu einer Mystik, die sich gerade im Widerstand gegen jegliche verbürgerlichte Religion als christlich erwies. Ihre Spiritualität ist auch für uns eine Herausforderung, Mystik und Politik, Widerstand und Ergebung miteinander zu verbinden, die politische Dimension unserer christlichen Spiritualität zu entdecken und zu leben. Nur wenn wir bereit sind, aus unserer spirituellen Erfahrung heraus in diese Welt einzugreifen und sie zu gestalten, leben wir im Geist Jesu Christi.

Zu den bedeutendsten heute lebenden Philosophen gehört der Italiener **Gianni Vattimo**. Als Kind ging er täglich in die heilige Messe. Auch als Student stand er schon früh auf, um noch vor den Vorlesungen die heilige Messe zu besuchen. Er bezeichnete sich als militanten Katholiken, der verächtlich auf die Halbgläubigen herabsah. Doch das Studium der Philosophie brachte ihn zu einer anderen Haltung. Als ihn ein befreundeter Philosophieprofessor, der sehr gläubig war, bei einem Telefongespräch aus heiterem Himmel fragte, ob er noch an Gott glaube, antwortete er spontan: „Ich glaube, dass ich glaube." Darüber hat er dann ein eigenes Buch geschrieben. Er verabschiedet sich dabei von einem metaphysischen Glauben, der Gott zu beweisen sucht. Ihm ist es wichtig, Gott in der Heiligen Schrift zu begegnen. Dort begegnet er dem Gott der Liebe. Und so ist er bereit, immer neu auf das Wort der Heiligen Schrift zu hören, ohne diese Worte in ein philosophisches oder theologisches System zu pressen. Vielmehr ist Gott immer einer, der ihn anspricht. Und hinter allen Worten begegnet er der Liebe, die durch die Worte der Bibel durchscheint. So fordert uns der Denker Vattimo heraus, auf alle Gewissheiten eines Glaubenssystems zu verzichten und uns stattdessen immer wieder neu dem lebendigen Gott zuzuwenden, der täglich zu uns spricht. Das Kriterium, ob wir Gott verstehen oder nicht, ist, dass er uns zu einem Übermaß an Güte bewegt. Sich immer wieder dieser Liebe auszusetzen, darin besteht für Vattimo der Glaube. Und darin ist er für uns eine beständige Herausforderung, in allen Worten der Bibel die Liebe herauszuhören und uns der Liebe in unserem Denken und Tun zu öffnen.

So laden uns all die Gottsucher ein, in unserem Leben offen zu sein für den Gott, der unsere Seele berühren möchte. Ganz gleich, ob wir kritische Denker sind oder Künstlernaturen, ob wir religiös aufgewachsen sind oder eher areligiös, ob wir eine intensive Frömmigkeitspraxis haben oder nicht, Gott kann uns immer und überall ansprechen und in unser Herz einkehren. Wenn Gott in uns einkehrt, dann gibt es in uns eine Umkehr. Dann wenden wir uns Gott zu. Unser altes Lebensgebäude wird aufgebrochen, damit es weit genug wird für Gott. Manchmal wird es auch zerbrochen, weil es für Gott keine Wohnung anbieten kann. Unsere alten Lebensmuster werden zerbrochen und wir werden aufgebrochen für Gott. Es ist immer ein Geheimnis seiner Gnade, wenn solcher Aufbruch geschieht. Aber zugleich liegt es auch an uns, dann, wenn Gott uns aufbricht, auch selbst aufzubrechen und neue Wege zu wagen. Gott sucht uns. Aber auch unsere Aufgabe ist es, Gott zu suchen und uns auf den Weg zur Wahrheit zu machen. Wenn wir achtsam leben, werden wir auch wach sein, wenn Gott an die Tür unseres Herzens klopft. Und wir werden ihm öffnen, damit er bei uns eintritt und unser Herz mit seiner Liebe erfüllt. Aber mit diesem einmaligen Angerührtwerden ist es nicht genug. Allzu leicht verschließen wir uns wieder und gehen unsere alten Wege weiter. Daher braucht es immer wieder die Erinnerung an die Augenblicke, in denen Gott unser Herz berührt und aufgebrochen hat. Wir müssen alles, was wir erlebt haben, immer tiefer in unser Inneres eindringen lassen, damit wir mehr und mehr daraus leben und wir unser Leben lang Gottsucher bleiben. Der Gottsucher streckt sich immer mehr aus nach Gott, damit Gott sein Herz weitet und alles in ihm mit seiner Liebe mehr und mehr durchdringt, so dass auch wir Zeugen und Zeuginnen Gottes werden in dieser Welt.

Aurelius Augustinus
(354–430)

Augustinus (der Name Aurelius wurde Augustinus vermutlich erst später zugeschrieben) wurde im römischen Nordafrika in der Provinzstadt Thagaste (im heutigen Algerien) geboren. Der Vater, Patricius, war ein römischer Kleinbauer und Stadtrat. Die Mutter Monica war Christin und vermittelte ihrem Sohn Kenntnisse ihres Glaubens. In Thagaste und Madaura wurde er ausgebildet. Mit 16 Jahren ging Augustinus nach Karthago, wo er Rhetorik studierte und das Leben in vollen Zügen genoss. Er lebte über zehn Jahre in einer eheähnlichen Beziehung (Konkubinat), und im Jahr 372 wurde sein Sohn Adeodatus geboren. Mit 19 Jahren stieß Augustinus auf Ciceros Werk „Hortensius", das in ihm eine innere Wende bewirkte und seine Liebe zur Philosophie weckte. Er las auch in der Bibel, aber die Texte stießen ihn, den in der klassischen Literatur und Sprache Hochgebildeten, vor allem aus stilistischen Gründen ab. Er wurde für neun Jahre Mitglied der verbotenen Sekte der Manichäer.

Diese gnostische Sekte aus Persien lockte mit elitärer Gelehrsamkeit und propagierte ein radikales Christentum mit strenger Askese. Sie verwarf das Alte Testament und vertrat eine dualistische Weltauffassung mit einem ständigen kosmischen Kampf zwischen Gut und Böse, einer Macht der Finsternis und einem Gott des Lichts. Während dieser Zeit beendete Augustinus sein Studium, wirkte etwa ein Jahr lang als Lehrer in Thagaste und ließ sich dann als Rhetoriklehrer in Karthago nieder. Nach und nach kamen ihm aufgrund enttäuschender

Erfahrungen Zweifel am manichäischen Glauben, und er verließ schließlich die Sekte. Im Jahr 383 gelangte er über Rom in die Kaiserresidenz Mailand und wurde dort 384 städtischer Lehrer der Rhetorik, der Preisreden auf Kaiser und Konsuln zu halten hatte. Seine Mutter folgte ihrem Sohn dorthin nach.

In Mailand hörte Augustinus aus beruflichem und intellektuellem Interesse Predigten des berühmten Bischofs Ambrosius. Dessen Auslegung der Schrift und seine asketische Lebensweise beeindruckten ihn. Er trat ins Katechumenat (in den Taufunterricht) ein und suchte Kontakt zu gebildeten Christen. Gleichzeitig trennte er sich mit großem Bedauern von seiner langjährigen Lebensgefährtin, weil seine Mutter eine standesgemäße Frau für ihn gesucht hatte. Zur Heirat kam es jedoch nicht; die Bekehrung und die mönchisch-asketische Lebensform berühmter Zeitgenossen, die Lektüre neuplatonischer Schriften und vor allem die Paulus-Briefe lösten bei Augustinus eine existentielle Krise aus. Sie mündete in einen Entschluss zur Weltentsagung, zum Verzicht auf Sexualität und gesellschaftliches Ansehen, und zuletzt in die Bekehrung im Garten, wie er sie in den „Bekenntnissen" schildert (am 1. August 386). All dies führte zu einem vollständigen Bruch mit seinem bis dahin geführten Leben.

Augustinus gab sein Lehramt auf und zog sich mit Freunden aufs Land zurück. Im folgenden Jahr ließ er sich gemeinsam mit seinem Sohn von Ambrosius taufen und kehrte nach Afrika zurück; auf dem Rückweg starb seine Mutter. Zurück in Thagaste, versuchte er mit Freunden eine monastische Lebensform zu praktizieren. In dieser Zeit verfasste er zahlreiche Streitschriften gegen konkurrierende christliche Strömungen. Schließlich starb auch sein Sohn.

Als er im Jahr 391 bei einem Besuch in Hippo Regius, der größten afrikanischen Stadt dieser Zeit (heute Annaba in Algerien), an einem Gottesdienst teilnahm, wurde er gegen seinen Willen zum Priesteramt ordiniert. Nach einer kurzen Vorbereitung und intensivem Bibelstudium wirkte er in der afrikanischen Kirche als Prediger und Hilfsbischof (Koadjutor). Um 396 wurde er zum alleinigen Bischof von Hippo Regius geweiht. Im Bischofshaus lebte er in einer klösterlichen Hausgemeinschaft, in der alle Mitglieder Keuschheit und Besitzverzicht gelobt hatten, mit anderen Klerikern zusammen. Diese Hausgemeinschaft wurde zum häufig nachgeahmten Modell („Augustinusregel").

Augustinus wurde zur wichtigsten Führungsfigur der nordafrikanischen Kirche, vor allem bei der Auseinandersetzung mit Sekten und Sonderlehren der Manichäer, Donatisten und Pelagianer. Er sorgte dafür, dass wichtige Beschlüsse im Namen der Gesamtkirche vom Apostolischen Stuhl in Rom übernommen wurden. Er verfasste oder diktierte zahlreiche Bücher, Abhandlungen und Schriften über Theologie, Philosophie, Musik, Rhetorik (erhalten sind über 100 Bücher, über 1000 Predigten und über 200 Briefe). Um 400 verfasste er seine „Bekenntnisse" („Confessiones"; im dreifachen Sinne von „Schuldbekenntnis", „Glaubensbekenntnis" und „Lobpreis"). Sie gelten als erste Autobiographie, die nicht nur ein Selbstbildnis, sondern auch konkrete historische Bezüge enthält. Augustinus schildert seine geistige Entwicklung und seine Hinwendung zum christlichen Glauben, allerdings nicht um seiner Biographie willen, sondern er illustriert damit seine Gnadenlehre. Die Schrift ist in Gebetsform gehalten, sie ist ein Loblied auf Gott und zugleich eine Werbeschrift für das Christentum. Das Werk „De Civitate Dei" („Der Gottesstaat", in 22 Büchern, von 413–426 verfasst), war jahrhundertelang grundlegend für das Verhältnis von Staat und Kirche.

Augustinus starb während der Belagerung von Hippo Regius durch die Vandalen im Jahr 430. Er war der einflussreichste Theologe und Philosoph der christlichen Spätantike. Seine Theologie beeinflusste die Lehre und die Lehrer fast aller abendländischen Glaubensrichtungen, ob katholisch oder protestantisch. Mittelalterliche, reformatorische und neuzeitliche Denker bis hin zu Papst Benedikt XVI. beziehen sich auf ihn.

Augustinus wird in den Westkirchen als Heiliger verehrt. Der allgemeine Gedenktag in der römisch-katholischen und in der anglikanischen Kirche ist der 28. August, sein Todestag. Am 5. Mai gedenkt die Katholische Kirche seiner Bekehrung. Er gilt als der Vater und Schöpfer der theologischen und philosophischen Wissenschaft des christlichen Abendlandes und wird deshalb als „Kirchenvater" bezeichnet.

Eine leidenschaftliche Jugendzeit

Wer in dich eintritt, tritt ein in die Freude seines Herrn, wird ohne Furcht sein und sich im Besten am besten befinden. Ich aber glitt in jungen Jahren von dir ab, mein Gott, ging in die Irre, zu weit entfernt von deiner Festigkeit, und wurde mir ein Reich der Entbehrung.

Ich kam nach Karthago, und es umgab mich von allen Seiten ein tosendes Gewirr ausschweifender Leidenschaft. Meine Leidenschaft war noch nicht entbrannt, und doch brannte ich auf Leidenschaft und haßte mich aus innerem Verlangen, da ich zuwenig Verlangen trug. Weil ich auf Leidenschaft brannte, suchte ich nach einem Gegenstand dieser Leidenschaft, und ich haßte sicheren Lebenswandel ohne Fallstricke; denn innen verspürte ich Hunger nach innerer Speise, eben nach dir, mein Gott, und doch ließ dieser Hunger mich nicht hungern, vielmehr war ich frei vom Verlangen nach unvergänglicher Kost, nicht etwa, weil ich davon in Fülle besaß, sondern weil mit je geringerem Grad ihres Genusses der Ekel vor ihr wuchs. Bedenklich war daher mein seelischer Zustand, und, ein Meer von Wunden, überantwortete ich mich der Außenwelt, bejammernswert in der Begier, mir durch Berührung mit dem Sinnlichen Linderung zu verschaffen. Unbeseeltes wäre meiner Leidenschaft freilich zuwider gewesen. Doch waren mein leidenschaftliches Geben und Nehmen von größerer Wonne erfüllt, wenn mir auch der Genuß körperlicher Leidenschaft vergönnt war. So besudelte ich die Quellader der Freundschaft mit dem Schmutz der Begierde, verdunkelte ihren Glanz mit der schrecklichen Finsternis der Lust, und doch trachtete ich trotz meiner Häßlichkeit und Unsittlichkeit in meiner übermäßigen Eitelkeit inständig danach, feinsinnig und gebildet zu erscheinen. So stürzte ich mich denn auch in die Leidenschaft, voll Begier nach ihrer Fessel. Mein Gott, meine Barmherzigkeit, was war das doch für eine herbe Bitterkeit, die du in deiner Güte jenen meinen

Genüssen beigeselltest! Denn auch mir wurde Leidenschaft entgegengebracht, und auf geheimnisvollem Wege geriet ich in die Fessel des Lustgewinns und ergab mich froh in leidvolle Verstrickungen, um sogleich mit den glühenden Eisenruten der Eifersucht, des Argwohns, der Angst, des Zorns und des Gezänks gepeitscht zu werden. Nun war ich auch hingerissen vom Theater und seinen Schauspielen, die reich waren an Bildern, die mein eigenes Elend widerspiegelten, und an Zunder für mein eigenes Feuer der Leidenschaft. Wie kommt es denn nur, daß der Mensch hier Schmerz empfinden will, wenn er jammervollen, tragischen Geschehnissen zuschaut, obschon es ihm doch widerstrebt, sie an sich selbst erdulden zu müssen? Gleichwohl erduldet er als Zuschauer gern die Schmerzempfindung, die sich aufgrund dieser Geschehnisse einstellt, und gerade die Schmerzempfindung ist sein Vergnügen. Ist das etwa etwas anderes als sonderbarer Wahnsinn?[1]

Suche nach Gewißheit

Ich ließ nämlich mein Herz noch vor jeglicher Zustimmung Zurückhaltung üben: Ich fürchtete den Sturz ins Ungewisse, doch diese Zögerlichkeit brachte mich um nichts Gewisseres als dies. Ich verlangte nämlich vom Unsichtbaren die gleiche Gewißheit, wie die, daß sieben und drei zehn ist. So von Sinnen war ich nun doch nicht, daß ich der Meinung gewesen wäre, nicht einmal dies könne erfasst werden, aber so wie dies, so auch das übrige – dieser Meinung war ich jedenfalls –, sei es nun das Körperliche, das meiner Sinneswahrnehmung nicht unmittelbar vorlag, sei es das Geistige, das ich nur auf körperliche Weise zu denken vermochte. Der Glaube hätte mich zur Vernunft bringen können, so daß sich mein geschärfterer geistiger Blick bestimmt auf deine Wahrheit hin hätte ausrichten können, die immerwährenden Bestand hat und gänzlich ohne Mangel ist; wie es jedoch häufig geschieht, daß derjenige, der mit einem schlechten Arzt seine Erfahrungen gemacht hat, sich auch einem guten nur ängstlich anvertraut, so stand es auch mit meiner kranken Seele: Ihr konnte natürlich nur durch den Glauben Heilung widerfahren; um aber nichts Falsches zu glauben, widersetzte sie sich der Heilung, indem sie deine Hände von sich wies, der du die Heilmittel des Glaubens überhaupt erst bereitgestellt, sie für die Krankheiten in aller Welt ausgestreut und ihnen eine so gewaltige Wirkkraft erliehen hast. Dennoch gab ich auch schon seit dieser Zeit der christlichen Lehre den Vorzug.[2]

Gott hat mich belagert

Mein Gott, dankend will ich deiner gedenken, dein ganzes Erbarmen mit mir will ich bekennen. Deine Liebe soll mein Wesen durchdringen, und es soll ausrufen: „Wer gleicht dir, Herr? Du hast meine Ketten zerrissen; ich will dir mein Lobopfer darbringen. Erzählen will ich, wie du sie zerrissen hast." Wenn die, die dich anbeten, dies hören, werden sie ausrufen: „Gepriesen sei der Herr im Himmel und auf der Erde. Groß und wunderbar ist sein Name." Deine Worte waren in mein Herz gedrungen, und von allen Seiten hast du mich belagert. Daß du ewig lebst, dessen war ich schon gewiß, obwohl ich es nur im Gleichnis und wie im Spiegel sehen konnte. Verschwunden war jeder Zweifel, ob es ein unzerstörbares Wesen gebe und ob jedes Wesen von ihm stamme. Wonach ich jetzt verlangte, war nicht größere Gewißheit über dich, sondern größere Festigkeit in dir. Was aber mein eigenes zeitliches Leben anging, da war alles im Schwimmen; mein Herz mußte erst gereinigt werden von dem alten Sauerteig. Zwar gefiel mir der Weg – der Erretter selbst –, aber durch diese Enge hindurchzugehen, das fiel mir noch schwer. Da gabst du mir den Gedanken ein, der mir vor deinem Angesicht gut vorkam, zu Simplician zu gehen, von dem ich wußte, daß er dein treuer Knecht war und erleuchtet von deiner Gnade. Ich hatte davon gehört, daß er von Jugend an ein Leben geführt hatte, das ganz dir geweiht war: jetzt aber war er schon alt, und ich dachte, er habe in seiner langen Lebenszeit und bei einem so großen Eifer für dein Leben vieles erfahren und vieles durchdacht, und so war es auch. Daher nahm ich mir vor, mit ihm über meine Unruhe zu sprechen; er sollte mir zeigen, wie es mir in diesem Zustand möglich wäre, auf deinem Weg zu wandeln.

Ich sah nämlich, daß es in der Kirche viele Menschen gab und daß der eine diesen, der andere jenen Weg einschlug. Was ich beruflich trieb, gefiel mir nicht mehr; es war mir zur Last geworden, seit mich nicht mehr wie früher die Gier antrieb, in Erwartung von Ehre und Geld diese schwere Sklaverei zu ertragen. Denn schon reizte mich das alles nicht mehr im Vergleich zu dem Glück mit dir und der Schönheit deines Hauses, das ich liebte. Aber was mich noch fest umstrickt hielt, war die Frau. Zwar verbot mir der Apostel nicht die Heirat, doch mahnte er, das Höhere zu wählen, und drang inständig darauf, alle Menschen sollten ehelos sein wie er. Aber dazu war ich zu schwach und wählte den bequemeren Weg; und nur deswegen quälte ich mich mit allem herum, matt und von lähmenden Sorgen verzehrt. Denn das Eheleben hätte mich, einmal gewählt, auch zu anderen Dingen gezwungen, die mir unerträglich waren.[3]

Angst und Gottsuche

Gewiß hätte ich nicht gewußt, was ich dir antworten sollte, wenn du mir sagtest: „*Steh auf, der du schläfst! Steh auf von den Toten, und Christus wird dich erleuchten.*"(Epheser 5,14) Da es sich mir von allen Seiten aufdrängte, daß du damit die Wahrheit sagtest, wußte ich überhaupt nicht, was ich, bereits von der Wahrheit überzeugt, hätte antworten sollen, außer vielleicht ein langsames und schläfriges „Gleich", „Ja, gleich", „Warte noch ein bißchen!" Aber das „Gleich, gleich!" kam nie gleich, und das „Warte noch ein bißchen" zog sich in die Länge. Vergeblich war die Freude meines inneren Menschen an deinem Gesetz, denn ein anderes Gesetz in meinen Gliedern widerstrebte dem Gesetz meines Geistes und hielt mich gefangen unter dem Gesetz der Sünde, das in meinen Gliedern herrschte. Denn das Gesetz der Sünde ist die Übermacht der Gewohnheit; sie zieht und fixiert den Geist auch gegen seinen Willen, und zwar mit Recht, da er sich freiwillig auf sie einläßt. Wer sollte mich Elenden befreien von diesem Todesleib, wenn nicht deine Gnade durch Jesus Christus, unseren Herrn?

Jetzt will ich erzählen und zum Preis deines Namens bekennen, mein Herr und Erlöser, wie du mich befreit hast von der Fessel, die mich am engsten umstrickte – von der Lust, mit einer Frau zu schlafen, und zugleich von der Sklaverei weltlicher Geschäfte. Ich ging meinem gewohnten Leben nach, aber dabei wuchs die Angst. Täglich stöhnte ich auf nach dir. Sobald es meine Beschäftigungen erlaubten, unter deren Last ich stöhnte, besuchte ich immer wieder deine Kirche.[4]

Wohin hätte ich fliehen sollen?

Das war also die Erzählung des Pontician. Aber während er sprach, stelltest du, Herr, mich mir selbst vor Augen. Du holtest mich hinter meinem eigenen Rücken hervor. Dort hatte ich mich versteckt, um mich selbst nicht sehen zu müssen. Jetzt zeigtest du mir mein Gesicht; ich sollte sehen, wie häßlich ich war: verbogen und verschmutzt, voller Flecken und Wunden. Ich sah mich und erschrak, aber es gab nichts mehr, wohin ich hätte vor mir fliehen können. Und wenn ich versuchte, meinen Blick von mir wegzuwenden, dann war da immer wieder der Bericht Ponticians, und du stelltest mich erneut mir selbst gegenüber und zwangst mich, meiner selbst gewahr zu werden; ich sollte meine Sündhaftigkeit auffinden und sie hassen. Ich kannte sie zwar, aber ich verleugnete sie; ich verschloß und vergaß sie.

Ich hatte mir die Illusion gebildet, ich verschöbe es nur deshalb von einem Tag auf den anderen, alle weltliche Hoffnung zu verachten und dir nachzufolgen, weil ich kein klar erkennbares Ziel sähe, wohin ich meine Schritte lenken könnte. Aber jetzt war der Tag gekommen, wo ich nackt vor mir stand und mein Gewissen mir laut zurief: „Hat es dir die Sprache verschlagen? Du sagtest doch ständig, für eine ungewisse Wahrheit wollest du die Last der Eitelkeit nicht abwerfen. Aber sieh doch, du hast jetzt Gewißheit gefunden, und doch drückt dich diese Last immer noch, und inzwischen spannen andere Leute mit freieren Schultern ihre Flügel aus, Leute, die sich nicht wie du mit dem Suchen abgequält und nicht ein ganzes Jahrzehnt und mehr zergrübelt haben." So nagte es in meinem Innern, und während Pontician erzählte, überkam mich eine unsägliche Scham. Nachdem er seine Rede beendet und die Sache, um derentwillen er gekommen war, erledigt hatte, ging er weg; ich aber ging in mich. Was warf ich mir nicht alles vor? Mit Sätzen wie Geißelhieben schlug ich auf meine Seele ein, daß sie mir folge, wenn ich versuchte, dir nachzugehen. Und doch leistete sie Widerstand. Was sie vorbrachte, waren Widerreden, aber nicht mehr Ausreden.[5]

Aufruhr der Seele

Dann, in dem großen Aufruhr meines inneren Menschen, den ich mit meiner Seele so heftig entfacht hatte in der Kammer meines Herzens, stürze ich, verstört im Gesicht und im Geist, zu Alypius und rufe ihm zu: „Wie halten wir das aus? Was bedeutet das? Hast du es gehört? Ungelehrte stehen auf und reißen das Himmelreich an sich, und wir mit unserer herzlosen Wissenschaft, sieh, wir wälzen uns in Fleisch und Blut. Schämen wir uns, ihnen zu folgen, weil sie die ersten waren, oder müssen wir uns nicht eher schämen, daß wir ihnen nicht einmal folgen?" So ungefähr sprach ich zu ihm, dann riß mich meine Erregung von ihm los, denn er stand wie vom Blitz getroffen schweigend da und starrte mich an. Das waren ja auch ungewohnte Töne. Und mehr als die Worte, die ich hervorstieß, drückten Stirn und Wangen, Augen, Gesichtsfarbe und Stimmlage meinen geistigen Zustand aus. Zu unserem Haus gehörte ein kleiner Garten, den wir benutzen durften wie das ganze Haus, denn unser Gastgeber, der Hausherr, wohnte selbst nicht da. Dorthin trieb mich der Kampf in meiner Brust; niemand sollte dazwischentreten in dem heißen Streit, den ich mit mir selbst begonnen hatte, bis zu seinem Ende, das du kanntest, ich aber nicht. Denn ich empfand nur, daß ich erkrankte, wenn auch zur Heilung, und daß ich starb, wenn auch zum Leben. Ich wußte, wie krank ich war, aber ich ahnte nicht das Gute, das bald auf mich zukommen sollte. Ich zog mich also in den Garten zurück, und Alypius folgte mir auf dem Fuß. Denn auch wenn er dabei war, blieb ich gleichwohl für mich. Und konnte er mich allein lassen, da er sah, wie verwirrt ich war? Wir setzten uns hin, möglichst weit weg vom Haus. Mein Geist bebte, erschüttert von heftiger Verachtung, weil ich mich noch nicht entschieden hatte, den von dir gewollten Bund einzugehen, mein Gott, den einzugehen mein ganzes Wesen verlangte und den es bis in den Himmel mit Lob bedeckte. Aber dorthin konnte man nicht mit Schiffen, mit Pferdewagen oder auch zu Fuß kommen, und wäre der Weg nur so kurz wie vom Haus zu unserem Platz im Garten. Denn hier war das Gehen, ja sogar das Ankommen nichts anderes als gehen zu wollen, freilich ein festes und ungebrochenes Wollen, nicht ein lendenlahmes, das sich einmal hierhin, einmal dorthin wirft und bei dem der aufstrebende Teil im Streit liegt mit dem fallenden.[6]

Der Durchbruch

Als dann aber ein tieferes Nachdenken mein ganzes Elend aus dem verborgenen Grund meines Herzens hervorzog und vor meinem inneren Auge ausbreitete, da brach ein ungeheurer Sturm in mir los, mit einem Wolkenbruch von Tränen. Um ihn ganz aus mir herauszulassen – mit den Stimmen, die dazugehörten –, sprang ich auf, weg von Alypius. Ich brauchte die Einsamkeit für das Werk der Tränen. Ich zog mich ziemlich weit zurück, so daß mich nicht einmal die Gegenwart des Alypius stören konnte. So stand es um mich, und er ahnte es. Ich glaube auch, ich hatte irgend etwas zu ihm gesagt, schon mit tränenschwerer Stimme, und war dann aufgestanden. Er blieb zurück, wo wir gesessen hatten, tief erschüttert. Ich warf mich unter einem Feigenbaum zur Erde, ich weiß nicht, wie. Ich unterdrückte nicht länger meine Tränen. Ströme brachen hervor aus meinen Augen: ein Opfer, das du gern annimmst. Und dann redete ich lange mit dir, nicht genau mit diesen Worten, wohl aber in diesem Sinn: „Und du, Herr, wie lange noch? Wann, Herr, wird dein Zorn ein Ende haben? Vergiß jetzt unsere alten Sünden!" Denn ich spürte: Nur sie hielten mich auf. Bemitleidenswerte Worte stieß ich aus: „Wie lange noch, wie lange noch, dieses ‚Morgen, ja morgen'? Warum nicht sofort? Warum soll meine Schande nicht in dieser Stunde enden?"

Dies sagte ich und weinte, bittere Zerknirschung im Herzen. Und da, plötzlich, höre ich die Stimme aus dem Nachbarhaus, wie die eines Kindes, ich weiß nicht, ob eines Jungen oder eines Mädchens, die im Singsang ausruft und oft wiederholt: „Nimm und lies, nimm und lies!" Sofort änderte sich mein Gesicht, und ich überlegte gespannt, ob es etwa ein Kinderspiel gebe, bei dem sie einen solchen Vers trällern; aber ich konnte mich nicht erinnern, das irgendwo gehört zu haben. Ich hemmte den Lauf der Tränen und stand auf, denn ich konnte das nur so deuten, Gott befehle mir, ein Buch aufzuschlagen und die Stelle zu lesen, auf die als erste mein Blick fallen werde. Denn von Antonius hatte ich gehört, daß er einmal zufällig dazukam, als das Evangelium verlesen wurde. Der Text habe ihn aufgerüttelt, als sei, was verlesen wurde, für ihn gesagt: „Geh, verkaufe alles, was du hast, und gib es den Armen! So wirst du einen Schatz im Himmel haben. Dann komm und folge mir nach!" (Matthäus 19,21) Dieser Spruch habe ihn sofort zu dir bekehrt. Deswegen eilte ich erregt zu dem Platz zurück, wo Alypius saß, denn dort hatte ich das Buch mit den Paulusbriefen hingelegt, als ich aufstand. Ich riß es an mich, schlug es auf und las still für mich den Abschnitt, auf den zuerst mein Auge fiel: „Nicht in Schmausereien und Trinkgelagen, nicht in Unzucht und im Bett, nicht in Streit und Neid, sondern zieht den Herrn Jesus Christus an und sorgt euch nicht um das Fleisch und seine Begierden." (Römer 13,13f) Weiter wollte ich nicht lesen; es war nicht nötig. Denn sofort, als ich den Satz zu Ende gelesen hatte, strömte das Licht der Gewißheit in mein Herz; jegliche Finsternis des Zweifels war verschwunden.

Dann schloß ich das Buch, nachdem ich den Finger oder sonst ein Zeichen an die Stelle gelegt hatte. Mit einem Gesicht, in das Ruhe zurückgekehrt war, erklärte ich mich dem Alypius. Und er erklärte mir, was jetzt in ihm vorging und was ich nicht wußte: Er wollte die Stelle sehen, die ich gelesen hatte. Ich zeigte sie ihm, und er las aufmerksam, sogar über die Stelle hinaus, die ich gelesen hatte. Ich wußte nicht, was danach kam. Es stand da aber: „Des Schwachen im Glauben aber nehmt euch an." (Römer 14,1) Diese Stelle bezog er auf sich und er sagte mir das. Diese Mahnung stärkte ihn nur in seinem heiligen Vorsatz, der voll übereinstimmte mit seiner Lebensführung, die schon lange soviel besser war als meine; er schloß sich mir an, ohne Zaudern und ohne innere Wirren.

Von da gehen wir hinein zur Mutter. Wir sagen es ihr; sie freut sich. Wir erzählen ihr, wie alles gekommen ist; sie jubelt und triumphiert. Sie pries dich, daß du mächtig bist, mehr zu tun, als wir erbitten und erkennen können. Denn sie sah, daß du ihr für mich mehr gewährt hast, als was sie weinend und jammernd zu erbitten pflegte. Denn du hast mich so zu dir bekehrt, daß ich weder eine Gattin suchte noch irgendeine Hoffnung dieser Welt. Jetzt stand ich auf jener Regel des Glaubens, auf der du mich ihr vor Jahren im Traum gezeigt hattest. Du hattest ihre Trauer in Freude verwandelt, viel überschwenglicher, als sie es gewünscht hatte, eine Freude, viel wertvoller und keuscher als die, die sie erwartet hatte von Enkeln aus meinem Fleisch.[7]

Vom Pfeil der Liebe durchbohrt

Herr, ich bin dein Diener, dein Diener bin ich und der Sohn deiner Magd. Du hast meine Ketten zerrissen; ich will dir ein Dankopfer darbringen. Mein Herz soll dich loben und meine Zunge. Alle meine Glieder sollen sagen: „Herr, wer ist wie du?" Sie sollen es sagen, und du antworte mir, indem du meiner Seele sagst: „Deine Errettung bin ich." Was war ich, und wie war ich? Was gibt es Böses, das ich nicht getan, und wenn nicht getan, so doch geredet, und wenn nicht geredet so doch gewollt hätte? Du aber, Herr, bist gut und barmherzig; du hast herabgeblickt auf meine Todestiefe, und deine Rechte schöpfte bis auf den Grund meines Herzens den Abgrund von Verderbnis aus. Dies gänzliche Ausschöpfen bestand darin, nicht mehr das zu wollen, was ich wollte, sondern das zu wollen, was du wolltest. Wo war nur all diese Jahre hindurch mein freier Wille? Aus welcher verborgenen Tiefe heraus und welcher geheimen Höhe herunter wurde er in dem Augenblick herausgerufen, als ich mein Haupt deinem sanften Joch und meine Schultern deiner leichten Last beugte, Jesus Christus, mein Helfer und Erlöser? Wie angenehm wurde es mir plötzlich, all die nichtigen Annehmlichkeiten zu entbehren, die zu verlieren ich gefürchtet hatte, die frei aufzugeben nun eine Freude war. Du warfst sie nämlich aus mir heraus, du wahre und einzige Lust. Du warfst sie hinaus und tratest statt ihrer bei mir ein, süßer als alle Wollust, freilich nicht für Fleisch und Blut, strahlender als jedes Licht, innerlicher freilich als alles Verborgene, höher als jede Ehre, nicht freilich den Hochmütigen. Schon war mein Geist frei von den beißenden Sorgen des Ehrgeizes und der Besitzgier; er wollte sich nicht mehr im Schlamm wälzen und nicht mehr sich kratzen beim Jucken der Leidenschaften. Ich begann, zu dir zu plappern, zu dir, meiner Klarheit, meinem Reichtum und meiner Errettung, zu dir, meinem Herrn und Gott.

Du hattest unsere Herzen mit deiner Liebe wie mit einem Pfeil durchbohrt; wir trugen deine Worte mit uns herum, denn sie waren uns unter die Haut gegangen. Im Inneren unseres Denkens brannten die zahlreichen beispielhaften Lebensgeschichten deiner Diener, die du aus Finsternis und Tod umgewandelt hattest zu Licht und Leben; sie nahmen die schwere Erstarrung von uns, so daß wir nicht in den Abgrund zurückfielen; sie entfachten das Feuer so kräftig, daß jeder Gegenwind hinterlistiger Zungen es nicht auslöschen, sondern nur fester anblasen konnte.[8]

Gertrud die Große von Helfta
(1256–1302/03)

Woher Gertrud von Helfta stammte, weiß man nicht. Aus ihren Schriften lässt sich erschließen, dass sie als fünfjährige Waise ins Zisterzienserinnenkloster Helfta (Thüringen) gebracht wurde. In der Klosterschule erhielt die hochbegabte Gertrud eine umfassende wissenschaftliche und geistliche Ausbildung. Ihre Lehrerin und spätere Freundin war die Mystikerin Mechthild von Hackeborn. Nach einer schweren Krise 1280/1281 erlebte Gertrud eine erste mystische Vision. 1289 begann sie den durch eine Vision erhaltenen Befehl auszuführen und ihre Gnadenerlebnisse und ihre Liebesmystik in dem Werk „Legatus divinae pietatis" („Gesandter der göttlichen Liebe") niederzuschreiben. Zum Teil schrieb sie selbst oder diktierte aus Demut, zum Teil wurden die Visionen später von Mitschwestern ergänzt. Mit der 1270 ins Kloster eingetretenen Mystikerin Mechthild von Magdeburg hatte Gertrud engen Kontakt. Sie schrieb auch die Offenbarungen Mechthilds von Hackeborn nieder. Die Schriften dieser Mystikerinnen begründen den Ruhm des Klosters Helfta als Zentrum der deutschen Frauenbildung und Frauenmystik im Mittelalter.

Gertrud wollte in ihrem Leben und ihren Schriften die Liebe Gottes, als deren höchstes Symbol ihr das Herz Christi galt, in ihrer irdischen Zuwendung zu den Menschen verdeutlichen sowie als Seelsorgerin und Ratgeberin wirken. Gertrud, die häufig schwer krank war, nahm Krankheit und Leiden als Zeichen göttlicher Erwählung und Nachfolge Christi an. Als Zeichen der Gnade empfing sie die Wundmale Christi, eingeprägt

(„Stigmatisierung"), aber nicht wie bei Franz von Assisi äußerlich sichtbar, sondern als „geistige Eindrücke". In der Schilderung ihrer glühenden mystischen Erfahrungen musste sie sich entsprechend den Ordensregeln mäßigen.

Im Mittelalter war Gertrud zunächst vergessen. Seit einer Textausgabe ihres „Legatus" 1536 begannen ihre Herz-Jesu-Verehrung und die Gebete Jahrhunderte lang Einfluss auf die katholische Frömmigkeit auszuüben. Ohne offizielle Heiligsprechung wurde Gertrud 1678 ins Martyrologium, das offizielle Verzeichnis der Märtyrer und Heiligen, aufgenommen. Sie trägt als einzige deutsche Heilige den Beinamen „die Große".

Die sichtbare Gegenwart des Herrn

Sei gegrüßt, „mein Heil und Licht meiner Seele" (Psalm 27,1), alles, „was der Saum des Himmels, der Kreis der Erde und die Tiefe des Abgrundes umfasst" (Sprüche 8,27; Psalm 148,7), soll Dir danken für Deine Gnade. Durch Deine Gnade hast Du meine Seele angeleitet, das Innerste meines Herzens, meiner selbst zu erkennen und danach genau zu betrachten. Vorher habe ich mich um mein Innerstes ebenso wenig gekümmert wie um den Zustand meiner Fußsohlen. Aber nun, durch Dich angeregt, habe ich in meinem Herzen vieles gefunden, das Deiner allerreinsten Reinheit anstößig sein mußte. Überhaupt, alles in meinem Inneren war so verworren, ungeordnet und chaotisch, daß es für Dich, der Du da wohnen wolltest, keine Bleibe bot. Weder dieser seelische Zustand noch meine ganze Niedrigkeit überhaupt haben Dich, mein geliebter Jesus, abgeschreckt. Denn: als ich in jenen Tagen häufiger zur lebendig machenden Nahrung Deines Leibes und Blutes hinzutrat, hast Du mich Deiner sichtbaren Gegenwart gewürdigt. Ich konnte Dich zwar nicht klarer sehen, als man Gegenstände in der Morgendämmerung erkennen kann, aber durch diese liebevolle Auszeichnung hast Du meine Seele angelockt, sich eifriger zu mühen, daß sie mit Dir wie mit einem Bruder vereint würde, und daß sie so Dich einsichtvoller erkennen und uneingeschränkter erfahren könne.[1]

Du bist bei mir angekommen

So hast Du an mir gehandelt, und so meine Seele geweckt: An einem Tag zwischen Ostern und Himmelfahrt betrat ich vor der Prim den Hof und setzte mich an den Fischteich. Der liebliche Platz zog mich an, er gefiel mir: das klare vorüberfließende Wasser, die umstehenden Bäume im lichten

Grün und die Vögel, besonders die Tauben, die so frei umher-
flogen. Und dazu die verschwiegene Ruhe des verborgenen
Sitzplatzes. Da begann ich im innersten Herzen zu überden-
ken, was ich wohl für mich daraus entnehmen könnte, eben
weil die Anmut des Platzes so vollkommen schien. Und als
ich alles im Herzen bewegte, da hatte ich nur ein Verlangen:
hätte ich einen Freund, liebenswürdig, auch gesellig, vor
allem aber voller Verständnis, der auf mich und meine Not
im Herzen eingehen würde; dieser liebe Freund, er wäre mir
Trost in meiner Einsamkeit.

Wie ich hoffe, hast Du, mein Gott, Du Schöpfer unermeß-
licher Freuden (Psalm 36,9), durch Deine zuvorkommende
Liebe den Anfang geschenkt und gelenkt. Und Du hast auch
das Ende dieser Besinnung zu Dir und auf Dich hingelenkt,
denn Du gabst mir ein: ich solle Deine überströmende Gnade
mit der Dankbarkeit, die ich Dir schulde, allein Dir zurückge-
ben, wie wenn Wasser zurückströmt. Ich solle durch eifriges
Bemühen um gutes Denken und Tun grünen und blühen
und wachsen wie Bäume im Frühling, ich solle alles Irdische
verachten und im freien Flug wie eine Taube (Psalm 55,7) das
Himmlische erstreben, ich solle alle Sinne des Körpers vom
Lärmen der Außenwelt völlig lösen und in meinem Geist frei
sein nur für Dich allein; wenn ich so täte, dann würde mein
Herz Dir eine liebliche Wohnstätte darbieten.

Den ganzen Tag über war mein Geist in diesen Gedanken
gefangen. Am Abend, vor dem Schlafengehen, kniete ich wie
immer nieder zum Nachtgebet, da fiel mir urplötzlich jene
Stelle des Johannes-Evangeliums ein, in der es heißt: „Wenn
jemand mich liebt, wird er mein Wort halten, und mein Vater
wird ihn lieben, und wir werden zu ihm kommen und bei
ihm Wohnung nehmen." (Johannes 14,23)

Und in diesem Augenblick fühlte ich in meinem Herzen
aus Staub: Du bist angekommen.[2]

Die Geburt Jesu in mir

Du bewundernswerte Allmacht in Deiner unerreichbaren Höhe, Du unerforschliche Weisheit in Deiner unauslotbaren Tiefe (nach Römer 11,33), Du Liebe in Deiner unermeßlichen Größe. Wie das Meer über einen Wurm hinwegwogt, so hat sich die Gnade Deiner Gottheit über mich in meiner Niedrigkeit und Fehlerhaftigkeit ergossen. Durch diese Gnade kann ich trotz geringer Geisteskräfte wenigstens eine Vorahnung der Glückseligkeit beschreiben, die dem zuteil wird, der an Gott hängt, mit Gott ein Geist wird (l Korinther 6,17). Seine unfaßbare Glückseligkeit hat er mir im Überfluß geschenkt, und er hat mir gewährt, davon zu kosten, und seien es auch nur Tropfen.

In der allerheiligsten Nacht, da Gott die Himmel tauen ließ und aller Welt das Heil brachte, geschah meiner Seele wie Gideons Vlies (Richter 6,37), Gottes Liebe kam über sie: Sie warf mich nieder, um in Betrachtung, in Übungen der Andacht und Verehrung sich in das Geheimnis der himmlischen Geburt zu versenken, da die Jungfrau den wahren Menschen und Gott geboren hat wie die Sonne das strahlende Licht. Und das habe ich in meiner Seele gefühlt und erkannt: ein kleines neugeborenes Kind wurde mir einen Augenblick lang gezeigt, ich habe es in den Arm genommen und dann in mein Herz aufgenommen. In diesem Kind war verborgen das Geschenk der Geschenke, die kostbarste aller Gaben. Als ich das Kind so in mir hielt, war ich plötzlich wie verwandelt, dem Kinde gleich. Und in dieser Verwandlung wurde meiner Seele das wahre Verständnis jenes trostreichen Wortes geschenkt: „Gott wird alles in allem sein" (1 Korinther 15,28). Mein Innerstes umschloß den Geliebten, und der himmlische Bräutigam erfreute meine Seele. Und wie ein Dürstender aus einem Becher, so trank meine Seele die Worte: „Wie ich das Ebenbild Gottes des Vaters in der Gottheit bin (Hebräer 1,3), so wirst du für die Menschheit das Bild meines

Wesens sein; du hast in deine von Gott geschaffene Seele das Wirken meiner Gottheit aufgenommen wie die Luft die Sonnenstrahlen. Du bist ins innerste Mark getroffen; jetzt bist du reif zur höheren Einung mit mir." Du milder, heilender, helfender Gott, Du schenkst Ströme Deiner Güte, Deiner Liebe allen an jedem Ort zu jeder Zeit bis in Ewigkeit. Du bist wie ein ewig grünender, duftender Blütenbaum, der ein Abbild ewiger Schönheit ist. Und am Ende aller Zeiten wird Deine Wahrheit, Deine wahrhaftige Liebe allüberall offenbar sein. Du Rechte des Höchsten (Psalm 77,11), Du unüberwindliche Kraft, Du hast es gefügt, daß ich, ein Gefäß aus Lehm, aus Erde, obwohl durch eigene Schuld und Fehler verderbt und verworfen, dennoch allein durch Deine Gnade zum Gefäß des kostbaren Gutes werde.

Du einzig wahrhaftiger Zeuge der unfaßbaren Liebe Gottes, Du bist von mir, der in die Irre gehenden Sünderin, nicht gewichen. Du warst treu, Du warst gnädig, Du warst barmherzig, geduldig und gütig: das Glück ohne Maß und Ende, das Glück der Einung mit Dir, hast Du mir so gnädig geschenkt, daß mein im Endlichen beschränkter Geist es zu fassen vermochte.[3]

Der Überfluß an Gnade

Ich danke Dir noch für ein anderes Gleichnis, nicht weniger nutzbringend und einleuchtend, wodurch Du mir gezeigt hast, mit welch geduldiger Liebe Du uns und unsere Fehler erträgst. Du willst uns bessern, um uns zu unserem Heil zu führen. –

An einem Abend war ich sehr zornig. Als am anderen Tag vor der Morgendämmerung die Zeit zum Gebet kam, da standest Du vor mir in so fremder Gestalt, daß ich Dich für einen entkräfteten Bettler hielt. Da begann mich mein Gewissen zu quälen: Ich bedachte, wie unwürdig es ist, Dich,

Du vollkommenste Reinheit und heilige, erquickende Ruhe, durch Aufregung und Verwirrung zu beunruhigen und zu stören. Ferner überlegte ich, was richtiger sei, wenn mein Widerstand gegen das Böse nachläßt: soll ich Deine Gegenwart oder Dein Fernsein wünschen?

Darauf hast Du mir geantwortet: „Ein Kranker kann nur mit fremder Hilfe gehen und in das Licht der Sonne geführt werden. Plötzlich kommt Sturm auf. Wie anders kann der Arme getröstet werden, als daß die Sonne, der heitere Himmel wiederkommt?" So ergeht es mir. Die Liebe zu Dir hat mich besiegt. Deine Fehler sind die Stürme, und diesen Stürmen zum Trotz habe ich beschlossen, mit Dir zu sein, denn ich hoffe auf den heiteren Himmel der Besserung und steuere den Hafen der Demut an."

Welchen Überfluß an Gnade Du mir in dieser dreitägigen Unterweisung gewährt hast, wie Du mich ausgezeichnet hast, das kann ich mit Worten nicht sagen. Ich flehe Dich an, nimm meine Demut, nimm mein Herz; anders kann ich Dir für Deine Liebe nicht danken.[4]

Gott hat mich auserwählt

Mein Herr und mein Gott, mein Schöpfer, Dich lobt meine Seele (Psalm 103,12). Meine Seele lobt Dich, und aus tiefstem Herzen bekenne ich Dein Erbarmen, mit dem Deine unendliche Liebe mich allzeit unverdient umgeben hat, Du Gott der erbarmenden Liebe. Ich danke Dir für Deine Barmherzigkeit, für Deine Geduld und Langmut. Du hast mich all die Jahre hindurch geschont, obwohl ich von Kindheit an bis fast zum 25. Lebensjahr in blinder Unvernunft dahingelebt habe. Ich hätte in Gedanken, Worten und Werken alles getan, ohne jegliche Gewissensbisse, hätte sich nur die Gelegenheit ergeben. Aber Du hast dies verhindert zum einen durch eine naturgegebene Scheu vor dem Bösen und gewisse Freude am Guten, zum andern durch Zurückweisung von außen durch meine Mitschwestern. Ich hätte wie eine Heidin unter Heiden gelebt, und ich hätte niemals erkannt, daß Du, mein Gott, Gutes belohnst und Böses bestrafst. Und dies, obwohl Du mich schon als fünfjähriges Kind dazu auserwählt hast, daß ich inmitten Deiner treu ergebenen Freunde im Orden erzogen wurde, Dir zu dienen. Mein Herr und Gott, Deine Seligkeit kann weder wachsen noch vergehen, Du brauchst unsere Güter nicht. Dennoch habe ich durch mein tadelnswertes und nachlässiges Leben Deiner Verherrlichung Schaden zugefügt, denn alle Kreatur und somit auch ich soll Dich jeden Augenblick loben und Dir danken. Was ich heute darüber empfinde, durch Deine gnädige Zuneigung im innersten Herzen bewegt, das weißt Du allein.[5]

Du hast mich oft besucht

Ich danke Dir, barmherziger Gott, und bete Deine unendliche Güte an. Du, Vater des Erbarmens (2 Korinther 1,3), hast über mich und mein heilloses Leben Gedanken des Friedens gedacht und nicht der Bedrängnis (Jeremia 29,11). Du hast mich durch Deine großen Wohltaten so herausgehoben, als hätte ich im Gegensatz zu allen anderen Menschen auf Erden ein Leben wie ein Engel geführt. Du hast im Advent begonnen vor jenem Epiphaniasfest, an dem ich mein 25. Lebensjahr vollendete. Du brachtest mich in Verwirrung und hast mein Herz so bewegt und von Grund auf gewandelt, daß mir alle jugendliche Fröhlichkeit und Ausgelassenheit als Unsinn erschien. So war mein Herz auf Dein Kommen vorbereitet.

Kurz nach Beginn meines 26. Lebensjahres kam jener Montag vor dem Fest der Reinigung. Es war in der Dämmerung nach der Komplet. Da begannst Du wunderbar und geheimnisvoll an mir zu handeln. Du wahres Licht (1 Johannes 2,8), das in der Finsternis leuchtet (Johannes 1,5), hast nicht nur der Nacht meiner Verwirrung, Du hast auch dem Tag meiner jugendlichen Unbesonnenheit, der Dämmerung meiner geistigen Unwissenheit, ein Ende gemacht. In jener denkwürdigsten aller Stunden hast Du mir Deine Gnade geschenkt. Du warst mir so beglückend nahe; in freundschaftlicher, herzlicher Verbindung hast Du mich Deiner Bekanntschaft und Liebe gewürdigt; Du hast mich in mein Innerstes geführt – dies war mir bis zu jener Stunde unbekannt. Und dann begannst Du in mir zu wirken, wunderbar und voller Geheimnis.

Du hast mich so verwandelt, daß Du in Hinkunft wie im eigenen Hause ein Freund mit dem Freunde oder der Bräutigam mit der Braut vertrauten Umgang hast, so Du in meinem Herzen mit meiner Seele Deine Freude finden könntest.

Und Du hast mich oft besucht, in verschiedenen Stunden auf verschiedene Weise; beglückend waren Deine Besuche in der Vigil zum Fest der Verkündigung und nach Deiner glorreichen Himmelfahrt, da Dein Besuch am Morgen begann und erst nach der Komplet endigte. Und von jenen Stunden an bis jetzt warst Du keinen Augenblick meinem Herzen fern und fremd; ich wußte Dich immer gegenwärtig, sooft ich im Innersten mich Dir zuwandte, ausgenommen davon elf Tage. Wie oft Du mich Deiner Gnade gewürdigt hast, kann ich mit Worten nicht ausdrücken.

Gib, Du Geber aller Gaben, daß ich Dir im Geiste wahrer Demut das Opfer des Lobes darbringe, denn durch große Gnadengaben hast Du mir Deine heilschaffende Gegenwart noch lieber, noch teurer gemacht. Ich danke Dir, Du hast Dir in meinem Herzen eine Wohnung geschaffen, solches habe ich weder von Solomons Tempel (1 Könige 6,1; 7,1; 9,1) noch vom Gastmahl des Ahasver (Esther 1) gelesen oder gehört. Denn was ist größer als jene Freude, die Du in Deiner Gnade in meinem Herzen Dir bereitet hast? Du gestattest, daß ich unwürdiges Geschöpf mit Dir Umgang habe wie eine Königin mit dem König.

Von allen Deinen Gnadengeschenken sind zwei mir am teuersten: Du hast meinem Herzen die anbetungswürdigsten Male Deiner heilschaffenden Wunden eingeprägt und es mit der Wunde der Liebe auf ewig verwundet. Und hättest Du mir außer diesen Gnaden niemals eine andere, weitere innere oder äußere Tröstung gewährt, so hast Du mich doch durch diese beiden unendlich glücklich gemacht; und währte mein Leben tausend Jahre, ich würde in jeder Stunde durch diese beiden Gnaden geleitet und getröstet, und ich dankte Dir mit jedem Atemzug dafür.[6]

Martin Luther
(1483–1546)

Martin Luther wurde als Sohn eines Bergbaumeisters in Eisleben geboren. Nach der Schulzeit in Mansfeld, Magdeburg und Eisenach studierte er 1501 bis 1505 in Erfurt (Magister artium). Auf Wunsch des Vaters nahm Luther danach ein Jurastudium auf, doch nach kurzer Zeit brach er es ab und trat in den Bettelorden der Augustiner-Eremiten in Erfurt ein. Er hatte dies in Todesangst bei einem schweren Gewitter mit Blitzeinschlag auf freiem Feld der heiligen Anna versprochen („Hilf du, heilige Anna, ich will ein Mönch werden"). Er wurde zum Priester geweiht (1506/07) und nahm ein Theologiestudium auf. 1512 wurde er zum zweiten Mal nach Wittenberg versetzt, promovierte und erhielt eine Professur für Bibelauslegung, die er bis zum Lebensende innehatte.

Den Mönch Luther, dann den Professor für biblische Theologie, trieb die Frage um: Wie stimme ich Gott gnädig? Wie kann ich als Sünder vor Gott bestehen? Die empfundene Unfähigkeit, Gottes Forderungen zu erfüllen, ließ ihn an der Sündenvergebung zweifeln, wie sie den Christen zugesagt ist. In seinen exegetischen Vorlesungen über die Psalmen, den Römerbrief und andere biblische Bücher kam für Luther der reformatorische Durchbruch, der ihm „die Pforten des Paradieses" öffnete: die Erkenntnis, dass die Gerechtigkeit Gottes diejenige ist, die uns Menschen gerecht macht – die Rechtfertigung des Sünders allein durch die Gnade und nicht aus eigenen Werken. Später beschrieb Luther diesen Wendepunkt als unerwartete Erleuchtung, die er in seinem Arbeitszimmer im Südturm des Wittenberger Augustinerklosters erfahren habe. Während das genaue Datum dieses Wendepunkts umstritten bleibt, ist unstrittig, dass Luther sein Erlebnis als große Befreiung empfand. Er lebte und handelte von da an aus der Gewissheit, dass Gott selbst ihn mit der Erkenntnis der Wahrheit erleuchtet habe. Daraus schöpfte er die Kraft, trotz aller Anfechtungen (der Papst und Luther wurden wechselseitig als Antichrist bezeichnet) und innerer Kämpfe unter Berufung auf die Heilige Schrift und Christus die gesamte kirchliche und weltliche Macht seiner Zeit herauszufordern und lebenslang für die Reformation – die nicht als Spaltung, sondern als Reform der einen Kirche gedacht war – zu kämpfen. Ihm ging es allein um die richtige Auslegung des Evangeliums (sola scriptura – sola fide – sola gratia – solus Christus: allein [durch] die Schrift, allein durch Glauben, allein durch Gnade, allein Christus).

Seit 1516 übte Luther offene Kritik an kirchlichen Missständen, vor allem an der Ablasspraxis; Höhepunkt war die Veröffentlichung seiner Thesen gegen den Ablass am 31. Oktober 1517 (der „Thesenanschlag" an der Schlosskirche zu Wittenberg ist historisch nicht belegt). „Das hieß den Himmel herabstürzen und die Welt in Brand stecken ..., und das ganze Papsttum erhebt sich gegen mich", beschrieb Luther dies im Rückblick. Nach einem längeren Prozess mit vielen Disputationen und Gutachten wurde er 1521, nachdem er auf dem Reichstag zu Worms nicht widerrufen hatte, zum Ketzer erklärt, exkommuniziert und samt seinen Anhängern mit der Reichsacht belegt. Zu seinem Schutz wurde Luther im Auftrag Friedrichs des Weisen, des sächsischen Kurfürsten, seines Landesherrn, auf die Wartburg „entführt". Dort arbeitete er als „Junker Jörg" an der Übersetzung des Neuen Testaments, die er in nur elf Wochen fertigstellte. Luther hatte einflussreiche Freunde und Anhänger gefunden, und die „Reformation" breitete sich rasend schnell aus, mit ungeheurer Dynamik, allerdings nicht immer im Sinne Luthers.

Im Lauf weniger Jahre war Luther zur öffentlichen Person und zu einer politischen Größe geworden und sollte es bleiben. Neben seinen beruflichen Aufgaben in Wittenberg musste er ständig schriftlich oder persönlich in Auseinandersetzungen Stellung beziehen, Gutachten verfassen und Klärungen herbeiführen; zum einen in theologischen und innerprotestantischen Fragen (Abendmahlsstreit, [Wieder-]Täufer, Willensfreiheit) wie auch in kirchlich-politischen (Bauernkrieg 1525, Augsburger Reichstag 1530, Schmalkaldischer Bund 1531) Angelegenheiten. Nach dem Scheitern des Versuchs der Protestanten auf dem Reichstag zu Augsburg, mit ihrem ersten gemeinsamen schriftlichen Bekenntnis („Confessio Augustana") die Übereinstimmung ihrer Lehre mit der Lehre der Kirche zu erweisen, musste die neue Lehre der Protestanten auch in kirchliche Strukturen umgesetzt werden.

Die Wirkung Luthers und die Ausbreitung der Reformation sind nicht denkbar ohne den damals jungen Buchdruck; die Schriften – Bücher wie Flugschriften und Flugblätter mit seiner Lehre – erreichten gewaltige Auflagen und verbreiteten mit rasender Geschwindigkeit Luthers Worte wie auch die protestantischen Reformen in ganz Deutschland. Der publizistische Erfolg war enorm: Ungefähr auf jeden Deutschen, der lesen konnte, kam ein Buch Luthers.

Mit seiner sprachmächtigen Bibelübersetzung (1534 folgte das Alte Testament) hat Luther nicht nur die Bibelkenntnis des ganzen Volkes, sondern Stil, Vokabular und Form des (Hoch-)Deutschen über Jahrhunderte beeinflusst. Auch die Kirchenlieddichtung wurde durch Luther maßgeblich verändert, er schrieb selbst rund 40 wortgewaltige und theologisch gehaltvolle Liedtexte, die zum Teil bis heute gesungen werden („Ein feste Burg", „Vom Himmel hoch").

Um die durch das Evangelium gewonnene Freiheit auch persönlich zu demonstrieren, gab Luther 1524 sein Leben als Mönch auf und heiratete 1525 die ehemalige Nonne Katharina von Bora, die ihm sechs Kinder gebar. Seine Frau wurde ihm zu einer großen Hilfe, er nannte sie liebevoll-ironisch „Meinen Herrn Käthe", auch seine Kinder, von denen zwei früh starben, liebte er über alles. Im ehemaligen Augustinerkloster zu Wittenberg führte die Familie Luther einen großen Haushalt, zu dem neben dem Gesinde stets Gäste und Studenten zählten. Letzteren sind die so genannten „Tischreden" Luthers zu verdanken: Die Äußerungen Luthers bei Tisch schrieben die Studenten seit ungefähr 1531 mit und erhielten sie damit (mehr oder weniger originalgetreu) der Nachwelt. Die Schriften Luthers, Briefe und Tischreden füllen in der kritischen Ausgabe seiner Werke über 100 Bände.

Luther wurde auch in zahlreichen seelsorgerlichen und praktischen Dingen um Rat gefragt, zum Beispiel bei der Besetzung von Pfarrstellen, bei Ehekonflikten und anderen Problemen. Trotz eines schon länger bestehenden Herzleidens reiste er im Januar 1546 nach Eisleben, um einen Streit des Grafen von Mansfeld zu schlichten. Er starb an seinem Geburtsort am 18. Februar 1546 und liegt in der Wittenberger Schlosskirche begraben. Luther, der Urheber der Reformation, Begründer des Protestantismus, ist der wichtigste Reformator der Kirchengeschichte und eine der bedeutendsten Gestalten der deutschen und abendländischen Geistesgeschichte.

Die Gerechtigkeit Gottes

Unterdessen war ich in diesem Jahre von neuem daran gegangen, den Psalter auszulegen. Ich vertraute darauf, geübter zu sein, nachdem ich die Briefe des Paulus an die Römer, an die Galater und an die Hebräer in Vorlesungen behandelt hatte. Mit außerordentlicher Leidenschaft war ich davon besessen, Paulus im Brief an die Römer kennenzulernen. Nicht die Herzenskälte, sondern ein einziges Wort im ersten Kapitel (Vers 17) war mir bisher dabei im Wege: „Die Gerechtigkeit Gottes wird darin (im Evangelium) offenbart." Ich haßte nämlich dieses Wort „Gerechtigkeit Gottes", weil ich durch den Brauch und die Gewohnheit aller Lehrer unterwiesen war, es philosophisch von der formalen oder aktiven Gerechtigkeit (wie sie es nennen) zu verstehen, nach welcher Gott gerecht ist und die Sünder und Ungerechten straft.

Ich konnte den gerechten, die Sünder strafenden Gott nicht lieben, im Gegenteil, ich haßte ihn sogar. Wenn ich auch als Mönch untadelig lebte, fühlte ich mich vor Gott doch als Sünder, und mein Gewissen quälte mich sehr. Ich wagte nicht zu hoffen, daß ich Gott durch meine Genugtuung versöhnen könnte. Und wenn ich mich auch nicht in Lästerung gegen Gott empörte, so murrte ich doch heimlich gewaltig gegen ihn: Als ob es noch nicht genug wäre, daß die elenden und durch die Erbsünde ewig verlorenen Sünder durch das Gesetz des Dekalogs mit jeder Axt von Unglück beladen sind – mußte denn Gott auch noch durch das Evangelium Jammer auf Jammer häufen und uns auch durch das Evangelium seine Gerechtigkeit und seinen Zorn androhen? So wütete ich wild und mit verwirrtem Gewissen. Jedoch klopfte ich rücksichtslos bei Paulus an dieser Stelle an; ich dürstete glühend zu wissen, was Paulus wolle.

Da erbarmte sich Gott meiner. Tag und Nacht war ich in tiefe Gedanken versunken, bis ich endlich den Zusammenhang der Worte beachtete: „Die Gerechtigkeit Gottes wird in ihm (im Evangelium) offenbart, wie geschrieben steht: Der Gerechte lebt aus dem Glauben." Da fing ich an, die Gerechtigkeit Gottes als eine solche zu verstehen, durch welche der Gerechte als durch Gottes Gabe lebt, nämlich aus dem Glauben. Ich fing an zu begreifen, daß dies der Sinn sei: durch das Evangelium wird die Gerechtigkeit Gottes offenbart, nämlich die passive, durch welche uns der barmherzige Gott durch den Glauben rechtfertigt, wie geschrieben steht: „Der Gerechte lebt aus dem Glauben." Da fühlte ich mich wie ganz und gar neu geboren, und durch offene Tore trat ich in das Paradies selbst ein. Da zeigte mir die ganze Schrift ein völlig anderes Gesicht. Ich ging die Schrift durch, soweit ich sie im Gedächtnis hatte, und fand auch bei anderen Worten das gleiche, z. B.: „Werk Gottes" bedeutet das Werk, welches Gott in uns wirkt; „Kraft Gottes" – durch welche er uns kräftig macht; „Weisheit Gottes" – durch welche er uns weise macht. Das gleiche gilt für „Stärke Gottes", „Heil Gottes", „Ehre Gottes".

Mit so großem Haß, wie ich zuvor das Wort „Gerechtigkeit Gottes" gehaßt hatte, mit so großer Liebe hielt ich jetzt dies Wort als das allerliebste hoch. So ist mir diese Stelle des Paulus in der Tat die Pforte des Paradieses gewesen. Später las ich Augustins Schrift „Vom Geist und vom Buchstaben", wo ich wider Erwarten darauf stieß, daß auch er „Gerechtigkeit Gottes" in ähnlicher Weise auslegt als eine Gerechtigkeit, mit der Gott uns bekleidet, indem er uns gerecht macht. Und obwohl dies noch unvollkommen geredet ist und nicht alles deutlich ausdrückt, was die Zurechnung betrifft, so gefiel es mir doch, daß (hier) eine Gerechtigkeit Gottes gelehrt werde, durch welche wir gerecht gemacht werden.

Durch diese Überlegungen besser gerüstet, fing ich an, den Psalter zum zweiten Male auszulegen. Das wäre ein großer Kommentar geworden, hätte ich das angefangene Werk nicht liegenlassen müssen: der Reichstag Kaiser Karls V. zitierte mich im folgenden Jahr nach Worms.[1]

Brief an den Freund Spalatin (14. Januar 1520)

Ich habe mich dahingegeben und dargeboten im Namen des Herrn, sein Wille geschehe. Wer hat ihn darum gebeten, daß er mich zum Lehrer machen sollte? Hat er mich dazu gemacht, so sei es; gereut es ihn, mich dazu gemacht zu haben, so mache ers wieder rückgängig. Diese Drangsal schreckt mich gar nicht, vielmehr bläht sie die Segel meines Herzens unglaublich auf, so daß ich jetzt an mir selbst erkennen lerne, warum die Teufel in der Schrift mit den Winden verglichen werden. Denn sie erschöpfen sich im Wüten und stärken andere durch Leiden. Nur daran ist mir gelegen, daß mir der Herr in meiner Sache, die ich für ihn führe, seine Gnade schenke, und darin wollest auch Du mir nach Deinem Vermögen förderlich sein.

Die Sache der Menschen aber laß uns in gläubigem Gebet Gott anbefehlen und ohne Sorge sein. Denn was können sie tun? Werden sie uns töten? Können sie uns denn wieder lebendig machen, daß sie uns noch einmal töten? Werden sie uns als Ketzer schmähen? So ist doch Christus mit den Übeltätern, Verführern und Verfluchten verdammt worden. Betrachte ich dessen Leiden, so kränkts mich sehr, daß meine Versuchung von so vielen und großen Leuten überhaupt beachtet, ja wie eine große Sache angesehen wird, obwohl sie doch in der Tat nichts bedeutet, nur daß wir des Leidens und des Übels, d. h. des christlichen Lebens, ganz und gar entwöhnt sind.

Laß nur sein; je gewaltiger mir meine Feinde zusetzen, desto sicherer werde ich ihrer spotten. Es steht bei mir fest, in dieser Sache nichts zu fürchten, sondern alles gering zu achten. Und wenn ich nicht fürchten müßte, den Fürsten mit hineinzuziehen, so würde ich eine zuversichtliche Schutzschrift herausgeben, diese höllischen Plagegeister noch mehr reizen und ihre ganze törichte Wut gegen mich verlachen.[2]

Sollte ich als einziger das wahre Gotteswort besitzen?

Zu allererst müssen wir wissen, ob diese (unsere) Lehre Gottes Wort ist. Wenn das feststeht, dann können wir sicher sein, daß diese Lehre bleiben soll und muß, und kein Teufel soll sie umstoßen. Gelobt sei Gott, ich halte sie gewiß für unseres Herrgotts Wort und habe bereits alle anderen Glauben(sformen) in der Welt, welche es auch immer gibt, aus meinem Herzen verbannt. Und auch den schwerwiegendsten Einwand habe ich fast besiegt, daß das Herz sagt: Willst du allein das wahre Gotteswort besitzen, die anderen alle nicht? Damit greift man uns jetzt im Namen der Kirche aufs ernsthafteste an. Aber dieses Argument finde ich immer wieder bei allen Propheten, daß man gegen sie eingewandt hat: Wir sind das Volk Gottes, ihr aber seid wenige. Und das tuts (tatsächlich) auch allein, daß einer ein solches Spiel anfangen und sagen soll: Ihr anderen habt alle geirrt. Es ist aber auch der Trost hinzugefügt, daß der Text sagt: Ich will dir Kinder, d. h. ich will dir Menschen geben, die es annehmen.[3]

Tischrede: Über den Glauben

Als Doktor [Justus] Jonas sagte, die menschliche Natur könne die Glaubensartikel nicht fassen und es sei genug, daß wir nur beginnen zuzustimmen, sagte der Doktor [Luther]: Ja, lieber Doktor Jonas, wenn es einer so glauben könnte, wie es da steht, dann müßte einem das Herz vor Freude zerspringen. Das wäre gewiß. Darum werden wir dahin nicht kommen, daß wir es fassen. Zu Torgau kam einmal ein armes Weiblein zu mir und sagte: Ach, lieber Herr Doktor, ich kann von dem Gedanken nicht loskommen, ich sei verloren und könne nicht selig werden, denn ich kann nicht glauben. Darauf ich: Glaubt ihr auch, liebe Frau, daß das wahr ist, was ihr in eurem Glaubensbekenntnis betet? Da antwortete sie mit gefalteten Händen: O, das glaube ich, das ist gewißlich wahr! Darauf ich: Ei, liebe Frau, da gehet hin in Gottes Namen! Ihr glaubt mehr und besser als ich! – Der Teufel macht den Leuten solche Gedanken und spricht: Ei, du mußt besser glauben! Du mußt mehr glauben. Dein Glaube ist nicht sehr stark, auch nicht genug, damit er sie zur Verzweiflung treibe. So sind wir auch von Natur aus dazu geschickt, gern einen Glauben haben zu wollen, der Rückversicherungen verlangt. Wir wollten es gern mit Händen greifen und in die Tasche stecken. Aber das geschieht in diesem Leben nicht. Wir können es nicht lassen, wir sollen uns aber danach ausstrecken. Wir sollen uns ans Wort halten und uns so aus diesem Leben hinausziehen lassen.[4]

Aus der Vorlesung über den Römerbrief von 1515/1516 (zur Stelle Römer 7,1ff)

Von den Christen sind nicht jene die besten, die am gelehrtesten sind und vielerlei lesen und ein reiches Schrifttum hervorbringen. Denn all ihre Bücher und ihr ganzes Wissen ist (nur) Buchstabe und der Tod der Seele. Die besten Christen sind vielmehr jene, die völlig ungezwungen das tun, was jene nur in den Büchern lesen und die anderen lehren. In voller Freiwilligkeit tut es aber nur derjenige, der durch den Heiligen Geist die Liebe hat. Unsere Zeit, die dank des ungeheuren Anwachsens des Buchbestandes zwar hochgelehrte Menschen, aber nur höchst unwissende Christen hervorbringt, kann das nur mit Sorge betrachten.

Nun stellt sich die Frage, warum das Evangelium denn „Wort des Geistes", „geistige Lehre", „Wort der Gnade" und „Erhellung der Verheißungen des Alten Testaments" und „im Geheimnis verborgenes Verständnis" usw. genannt wird.

Antwort: Im eigentlichen Sinne deswegen, weil es lehrt, wo und woher die Gnade bzw. Liebe zu haben ist, mit anderen Worten: das Evangelium zeigt uns Jesus Christus, den das Gesetz verheißen hat. Das Gesetz gebietet die Liebe und daß man Jesus Christus haben soll, das Evangelium aber bietet dar und gibt uns beides. Daher heißt es im Psalm 45,3: „Voller Huld sind deine Lippen." Wenn das Evangelium also nicht verstanden wird, wie es redet, dann ist es auch nur Buchstabe. Und Evangelium im eigentlichen Sinne ist es nur da, wo es Christus predigt; wo es aber anklagt und verwirft oder gebietet, da bringt es nur jene zu Fall, die auf ihre eigene Gerechtigkeit bauen, um damit der Gnade den Platz zu bereiten, damit sie wissen, daß das Gesetz nicht aus eigener Kraft erfüllt werden kann, sondern allein durch Christus, der den Heiligen Geist in unseren Herzen ausbreitet.

Der Hauptunterschied zwischen dem alten und dem neuen Gesetz ist der, daß das alte den Hochmütigen in ihrer Selbstgerechtigkeit sagt: du brauchst Christus und seinen Geist; das neue spricht zu denen, die sich im Wissen um diesen ihren Mangel gedemütigt haben und Christus suchen: Siehe, hier hast du Christus und seinen Geist. Wer also unter „Evangelium" etwas anderes versteht als „frohe Botschaft", wie jene es tun, die es mehr an das Gesetz als an die Gnade herangerückt und uns aus Christus einen Mose gemacht haben, der mißversteht es.[5]

Schwärmer sehen nicht auf Gottes Wort

Alle, die besondere Offenbarungen und Traumgesichte rühmen und danach trachten, sind Verächter Gottes. Denn sie lassen sich an seinem Wort nicht genügen. Ich erwarte in geistlichen Dingen weder eine besondere Offenbarung noch Träume; ich habe das klare Wort. Deshalb mahnt auch Paulus (Galater 1,8), daß wir uns daran halten sollen, wenn auch „ein Engel vom Himmel euch würde das Evangelium predigen anders …". In weltlichen und äußerlichen Dingen kann ich Propheten, die von der Zukunft und dem Zorne Gottes sprechen, wohl zulassen, aber in geistlichen Dingen bleibe ich allein bei der Krippe: Ich glaube an Jesus Christus, geboren von der Jungfrau Maria, gelitten usw. Davon lasse man sich nicht wegführen! Und wenn wir fest auf diesem Artikel stehen, werden wir allen Geistern Einhalt tun und erfolgreich mit ihnen über die anderen Artikel disputieren.[6]

Gott hat uns an das mündliche Wort gebunden

Ach, daß ich ein guter Poet wäre, so wollte ich gern ein köstlich Lied oder Gedicht davon machen. Denn ohne das Wort ist alles nichts. Deswegen bindet uns Gott an sein gesprochenes Wort und sagt (Lukas 10,16): „Wer euch höret, der hört mich" usw. Da redet er von dem gesprochenen Wort, das aus dem Munde des Menschen kommt. Er redet nicht vom geistlichen und himmlischen Wort, sondern von dem, das durch des Menschen Mund erklingt. Das hat der Satan seit Schaffung der Welt angefochten und ausrotten wollen. Darum laßt uns bei diesem Mittel bleiben und Gott für die Offenbarung des Gesetzes wie des Evangeliums Dank sagen.

Ich habe nun seit etlichen Jahren die Bibel jährlich zweimal ausgelesen, und wenn die Bibel ein großer mächtiger Baum wäre und alle Worte die Ästlein, so habe ich alle Ästlein abgeklopft und wollte gerne wissen, was daran wäre und was sie trügen. Und allezeit habe ich noch ein paar Äpfel oder Birnen heruntergeklopft.[7]

Wo und wie man Gott gewiß findet und erkennt

Ich habs oft gesagt, sprach D. Martinus, und sag es noch: Wer Gott erkennen und ohne Gefahr von Gott spekulieren will, der schau in die Krippe, heb unten an und lerne erstlich erkennen der Jungfrau Maria Sohn, geboren zu Bethlehem, so der Mutter im Schoß liegt und säugt oder am Kreuz hängt, danach wird er fein lernen, wer Gott sei. Solches wird alsdann nicht schrecklich, sondern aufs allerlieblichste und tröstlichste sein. Und hüte dich ja vor den hohen fliegenden Gedanken, hinauf in den Himmel ohne diese Leiter zu klettern, nämlich den Herrn Christus in seiner Menschheit, wie ihn das Wort fein einfältig darstellt. Bei dem bleibe und laß dich von der Vernunft nicht davon abführen, so ergreifst du Gott recht.[8]

Teresa von Avila
(1515–1582)

Teresa Sanchez de Cepeda y Ahumada aus Avila in Kastilien ist unter dem Ordensnamen Teresa de Jesus bekannt geworden. Mütterlicherseits entstammte sie kastilischem Adel; die Eltern ihres Vaters waren vom Judentum zum Christentum übergetreten. Als Kind war sie eine religiöse Schwärmerin, als Jugendliche unschlüssig, wie sie ihr Leben gestalten sollte. Vor allem, um der festgelegten Rolle einer Ehefrau zu entgehen, trat sie mit 20 Jahren ohne Wissen ihres Vaters in den Karmel von der Menschwerdung bei Avila ein und legte 1537 die ewigen Gelübde ab. In der dort praktizierten weltoffenen Form des Klosterlebens fand sie zunächst keinen echten Frieden und war zwischen der Welt und Gott hin- und hergerissen.

1554 erlebte sie nach einer langen Krise vor einer Darstellung des leidenden Christus eine existentielle Erfahrung des Angenommenseins von Gott. Von nun an wollte sie eine radikale Christusnachfolge leben und diese Erfahrung allen zugänglich machen. Teresa pflegte einen intensiven mystischen Umgang mit Gott, den sie „inneres Gebet" nannte.

Gegen viele Widerstände erhielt sie schließlich von Papst Pius IV. und dem Ortsbischof die Erlaubnis, in Avila ein eigenes Kloster der „Unbeschuhten Karmelitinnen" zu gründen, in dem die ursprüngliche Ordensregel wieder befolgt und die Klausur streng eingehalten werden sollte. Der ersten Gründung folgten innerhalb von 20 Jahren 16 weitere Klostergründungen, später (zusammen mit Johannes vom Kreuz) auch 16 Männerklöster. Anfeindungen von Ordensoberen und Denunziationen sogar beim Papst behinderten weitere Gründungen, für die Teresa innerhalb Spaniens lange und gefährliche Reisen unternahm. Erst als 1578 der spanische König Philipp II. eingriff, konnte sie ihr Werk fortsetzen.

Teresas Vorstellungen von der Klosterleitung waren durchaus modern, unhierarchisch, ja demokratisch. Sie übte deutliche Zeit- und Kirchenkritik und entsprach in nichts der passiven Rolle, die Frauen in der damaligen Kirche und der Gesellschaft einzunehmen hatten. Ihre zahlreichen Schriften wurden von der Inquisition zensiert und zu ihren Lebzeiten nicht veröffentlicht. Eines ihrer vom Sterbebett überlieferten Worte – „Ich sterbe als Tochter der Kirche" – kann auch als Dank an Gott verstanden werden, dass sie trotz aller Verdächtigungen und Verleumdungen nicht als Häretikerin starb.

Neben ihrer Autobiographie („Vida", 1562–1565) hat sie weitere geistliche Werke geschrieben, darunter die „Innere Burg oder Seelen-Burg" („Las Moradas o el castillo interior"), in der sie eine Reise des Menschen in seine allerinnerste Mitte beschreibt. Dieses Buch gehört zu den Klassikern der Weltliteratur. Außerdem verfasste sie ungefähr 16 000 Briefe, von denen 400 erhalten sind. Ihr überschäumendes Temperament, ihre glühende und innige Gottesliebe sowie ihre Tatkraft und ihr Mut vermögen uns heute noch in ihren Bann zu ziehen.

Im Jahr 1622 wurde sie heiliggesprochen und 1970 als erste Frau (neben ihr nur noch Thérèse von Lisieux) in den Rang einer Lehrerin der Kirche *(doctor ecclesiae)* erhoben.

In der Klosterschule

Die ersten acht Tage meines Aufenthaltes im Kloster waren sehr qualvoll für mich, mehr jedoch wegen der Besorgnis, es möchte mein bisheriges eitles Betragen ruchbar geworden sein, als weil ich hier eingeschlossen war. Denn der Eitelkeiten, welchen ich nachging, war ich bereits müde und hatte nun beständig eine große Furcht vor Gott wegen der Zeit, in der ich ihn beleidigte; deshalb suchte ich auch bald zu beichten... Alle Bewohnerinnen des Klosters waren zufrieden mit mir; denn diese Gnade hatte mir der Herr verliehen, daß ich überall, wo ich hinkam, gern gesehen und darum sehr beliebt war. Obwohl dem Berufe zum Ordensstande damals äußerst abgeneigt, freute ich mich doch, in diesem Kloster so tugendhafte Nonnen zu sehen; denn sie waren es in hohem Grade und zeichneten sich besonders durch große Ehrbarkeit, klösterliche Zucht und Eingezogenheit aus ... Meine Seele begann nunmehr, sich wieder dem Guten zuzuwenden, wie es meiner Kindheit eigen war, und ich erkannte, welch große Gnade Gott denen erweist, die er in die Gesellschaft tugendhafter Menschen versetzt. (...) Anderthalb Jahre verweilte ich in diesem Kloster und wurde dadurch um vieles gebessert. Ich fing an, viele mündliche Gebete zu verrichten, und ersuchte alle, mich Gott zu empfehlen, damit er mich jenem Stande zuführe, in dem ich ihm dienen solle. Doch hatte ich kein Verlangen, Nonne zu werden; vielmehr hegte ich den Wunsch in mir, Gott möchte mich nicht zu diesem Stande berufen. Gleichwohl schreckte ich auch vor einer Heirat zurück. Als jedoch mein Aufenthalt im Kloster zu Ende ging, war ich schon mehr geneigt, Nonne zu werden, aber nicht in diesem Hause, und zwar wegen gewisser Tugendübungen, die man hier beobachtete und die mir äußerst übertrieben vorkamen.[1]

Eintritt ins Kloster gegen den Willen des Vaters

Drei Monate dauerte der Kampf, den ich in meinem Innern zu bestehen hatte. In diesem Kampfe ermunterte ich mich durch die Betrachtung, daß die Beschwerden und die Pein, die ich als Nonne auszustehen haben würde, ja doch nicht größer sein könnten als die Pein des Fegefeuers, indes ich mit Recht schon die Hölle verdient hätte; ... Jedoch scheint mich bei dieser Anregung zum Eintritt in den Ordensstand mehr knechtische Furcht als Liebe geleitet zu haben. ... Insbesondere waren es die Briefe des heiligen Hieronymus, die mich in einer Weise ermutigten, daß ich mich entschied, den von mir gefaßten Entschluß meinem Vater mitzuteilen. Dies war bei mir fast ebenso viel, als wenn ich schon das Ordenskleid angenommen hätte; denn ich hielt so sehr auf meine Ehre, daß ich meines Erachtens eine Erklärung, die ich einmal abgegeben, um keinen Preis mehr zurückgenommen haben würde.[2]

Nach dem Eintritt ins Kloster

Sobald ich das Ordenskleid genommen hatte, ließ mich der Herr auch schon innewerden, mit welchen Gnaden er jene überhäuft, die sich Gewalt antun in seinem Dienste. Niemand sah es mir an, welch harten Kampf ich zu bestehen hatte, vielmehr gewahrten alle die höchste Wonne an mir. Und von dieser Stunde an empfand ich die innigste Freude an meinem neuen Stande, die mich bis heute nie mehr verlassen hat. Gott verwandelte die Trockenheit meiner Seele in die süßeste Wonne. Alle im Orden gebräuchlichen Übungen erfreuten mich, sogar das Kehren des Hauses nicht ausgenommen. Zuweilen traf es sich, daß ich dieser Beschäftigung gerade in jenen Stunden nachging, die ich sonst auf die Pflege und den Schmuck meines Leibes verwendet hatte. Und bei dem Gedanken, daß ich jetzt von einer solchen Eitelkeit frei sei, überkam mich in Wahrheit eine neue Freude, so daß ich darüber staunte und gar nicht begreifen konnte, woher dies wohl kommen möge.[3]

Glaubenskrise und Anfechtungen

Ich fing an, mich von einem Zeitvertreib in den anderen, von einer Eitelkeit in die andere und von einer Gelegenheit in die andere zu werfen. Zuletzt geriet ich in so gefährliche Gelegenheiten und meine Seele war in eine Menge von Eitelkeiten so sehr verstrickt, daß ich mich scheute, mich fernerhin Gott in so besonderer Freundschaft, wie sie im innerlichen Gebete gepflogen wird, zu nahen. Dazu kam, daß mit dem Anwachsen meiner Sünden der Geschmack und die Freude an Tugendübungen immer mehr in mir schwand. Ich erkannte ganz klar, daß dies daher rührte, weil ich dir, o mein Herr, nicht getreu geblieben bin. Es war aber die furchtbarste Täuschung, in die mich der Teufel unter dem Scheine der Demut versetzen konnte, daß ich mich vor der Übung des innerlichen Gebetes scheute, weil ich mich so böse sah. Als die Schlimmste unter den Schlimmen hielt ich es für besser, mit dem großen Haufen zu gehen und bloß noch die schuldigen mündlichen Gebete zu verrichten, als im innerlichen Gebete so vertrauten Umgang mit Gott zu pflegen, da ich vielmehr verdiente, in der Gesellschaft der höllischen Geister zu sein. Auch glaubte ich durch diese Übung nur die Leute zu täuschen; denn äußerlich hatte ich immer noch den Schein des Guten an mir bewahrt. ... Weit entfernt also, mich absichtlich zu verstellen, war es mir vielmehr sehr lästig, daß man so eine gute Meinung von mir hegte; denn nur zu gut war mir selbst bewußt, was anderen an mir verborgen war.[4]

~ 72 ~

Hin- und hergerissen

Ich führte darum ein höchst qualvolles Leben; denn die Fehler, die ich infolge dieser Gelegenheiten beging, traten mir jetzt im Gebete klarer vor die Augen. Auf der einen Seite rief mich Gott, auf der anderen folgte ich der Welt; während ich große Freude an göttlichen Dingen hatte, fesselten mich die weltlichen. Ich schien damals zwei so entgegengesetzte und sich so feindlich gegenüberstehende Dinge, wie das geistliche Leben und die sinnlichen Freuden, Genüsse und Unterhaltungen, miteinander vereinigen zu wollen. Unter dem Gebete litt ich große Pein, denn weil der Geist nicht Herr war, sondern Sklave, so konnte ich mich nicht, wie dies meine ganze Gebetsweise war, in mich selbst verschließen, ohne zugleich tausend Eitelkeiten mit mir einzuschließen. Auf diese Weise brachte ich viele Jahre hin, so daß ich mich jetzt darüber wundere, wie ich solches aushalten konnte, ohne das eine oder das andere zu lassen.[5]

Gebetserhörung

Meine Seele war also bereits müde und gern wäre sie zur Ruhe gekommen, aber ihre bösen Gewohnheiten ließen es nicht zu. Als ich nun eines Tages ins Oratorium ging, da geschah es, daß mein Blick auf ein Bild fiel, welches für ein gewisses Fest, das im Kloster gefeiert wurde, entlehnt und dorthin zur Aufbewahrung gebracht worden war. Dieses Bild stellte Christum mit vielen Wunden bedeckt dar und war so andachtsweckend, daß ich bei der Betrachtung desselben ganz darüber bestürzt wurde, den Heiland so zugerichtet zu erblicken; denn es war hier lebendig zum Ausdruck gebracht, was er für uns gelitten. Bei dem Gedanken an die Undankbarkeit, womit ich ihm diese Wunden vergolten, war mein Schmerz so groß, daß mir das Herz zu brechen schien. Ich warf mich vor ihm nieder, und indem ich einen Strom von Tränen vergoß, bat ich ihn, er möge mich doch endlich einmal stärken, damit ich ihn nicht mehr beleidige. ... Ich meine, damals zu ihm gesagt zu haben, ich würde nicht eher aufstehen, als bis er meine Bitte erhört hätte; und wirklich hat er mir auch, wie ich sicher glaube, geholfen, denn von da an wurde es nach und nach viel besser mit mir.[6]

Das neue Leben

Es ist dies ein anderes, neues Buch, oder vielmehr ein neues Leben. Jenes, welches ich zuvor beschrieben habe, war mein eigenes Leben; das aber, welches ich von der Zeit an gelebt, in der ich die erklärten Gebetszustände erfahren habe, ist das Leben Gottes in mir. So kommt es mir wenigstens vor, denn soweit ich es erkenne, wäre es unmöglich gewesen, in so kurzer Zeit von so schlimmen Gewohnheiten und Werken loszuwerden. Gepriesen sei der Herr, der mich von mir selbst erlöst hat! Sobald ich anfing, die Gelegenheiten zu fliehen und mich mehr dem Gebet zu widmen, begann auch der Herr, mir seine Gnaden mitzuteilen. Es hatte den Anschein, als verlange er weiter nichts, als daß ich diese Gnaden annehmen wolle. ... Weil es aber in diesen Zeiten vorgekommen ist, daß Frauenspersonen vom bösen Feinde arg getäuscht und betrogen wurden, fing ich an, furchtsam zu werden; denn die Süßigkeit und Wonne, welche ich im Gebete empfand, war allzu groß, und ich konnte dasselbe oftmals gar nicht verhindern. Andrerseits aber gewahrte ich, besonders im Gebete selbst, doch auch eine große Sicherheit in mir, daß Gott es sei, der so in mir wirke. Auch sah ich, daß ich dadurch sehr gebessert und im Guten mehr gekräftigt wurde.[7]

Vollkommenheit

Der höchste Grad der Vollkommenheit besteht offenbar nicht in innerlichen Tröstungen und erhabenen Verzückungen, auch nicht in Visionen und im Geiste der Weissagung, sondern nur in einer solchen Gleichförmigkeit unseres Willens mit dem göttlichen Willen, daß wir alles, was wir als seinen Willen erkennen, mit unserem ganzen Willen umfassen, und daß wir das Bittere und Schmerzliche, wenn wir es erkennen, daß seine Majestät (= Gott) es will, ebenso freudig hinnehmen wie das Angenehme. Dies scheint sehr schwierig zu sein, wohl nicht das Vollbringen, sondern das Zufriedensein mit dem, was unserem Willen naturgemäß so ganz und gar widerspricht. So ist es auch in Wahrheit; allein wenn die Liebe vollkommen ist, so hat sie auch die Kraft, daß wir unsere eigene Befriedigung vergessen, um denjenigen zu erfreuen, den wir lieben. Und in der Tat, selbst die größten Bitterkeiten werden uns süß, wenn wir einsehen, daß wir damit Gott gefallen. Und auf diese Art lieben jene, die unter Verfolgungen, Schmach und Unbilden bis zu einem solchen Grade der Vollkommenheit gelangt sind.[8]

Visionserlebnis

Es war im zweiten Jahr meines Priorats im Menschwerdungskloster, eine Woche nach dem St. Martinstag. Als ich zur Heiligen Kommunion ging, zerbrach der Pater Johannes vom Kreuz die Hostie und teilte sie zwischen mir und einer anderen Schwester. Ich dachte, er tue das nicht aus Mangel an Hostien, sondern um mich zu erziehen, denn ich hatte ihm erzählt, wie gern ich möglichst große Hostien erhielt, obwohl mir natürlich klar war, daß ich immer den ganzen Herrn empfing, selbst in dem kleinsten Stück. Da sagte seine Majestät zu mir: „Fürchte dich nicht, Tochter, niemand vermag dich von mir zu trennen." Damit gab er mir zu verstehen, daß ich mir nichts aus der Teilung der Hostie machen solle. Und dann ließ er mich, wie schon öfter, ganz tief im Innern eine bildhafte Vision erfahren: Er reichte mir seine rechte Hand und sprach: „Sieh in meiner Hand den Nagel. Er ist das Zeichen, daß ich mich heute mit dir vermähle. Bis jetzt hattest du es noch nicht verdient. Von nun an aber bin ich nicht nur dein Schöpfer, dein König und mein König, zu dessen Ehre du lebst, sondern du bist nun meine wahre, mir angetraute Gemahlin. Meine Ehre ist deine Ehre und deine Ehre ist meine Ehre." Diese Gnade tat eine solche Wirkung in mir, daß ich völlig außer mir und wie von Sinnen war und ihn bat, er möge entweder meine Niedrigkeit erheben oder mir nicht eine solche Gnade erweisen. Denn ich hatte das sichere Gefühl, daß meine natürlichen Kräfte dem nicht gewachsen waren. Ich blieb so den ganzen Tag in tiefer Versunkenheit, wie abwesend. Hinterher spürte ich dann, welch ein Geschenk ich empfangen hatte, aber noch größer waren meine Verwirrung und Betrübnis, weil ich doch sehe, daß ich so großen Gnaden in keiner Weise zu entsprechen vermag.[9]

Gott ist Liebe

Mein Gott, weil du die Liebe selbst bist, so bewirke, daß diese Tugend in mir vollkommen werde. Also daß das Feuer deiner Liebe alle Unvollkommenheiten der Eigenliebe in mir verzehre. Dich will ich lieben über alles Erschaffene, du mein einziger Schatz und meine ganze Seligkeit. Mich will ich lieben in dir, wegen dir und für dich, und ebenso auch meinen Nächsten, tragend seine Lasten, wie auch ich wünschte, daß er die meinigen trage. Alles außer dir will ich nur insofern lieben, als es mir behilflich ist, zu dir zu gelangen. Ich freue mich, daß du dich selbst vollkommen liebst, daß deine Engel und Heiligen in der ewigen Glorie unverhüllt und in klarer Anschauung unaufhörlich dich lieben, und daß auch alle Gerechten auf Erden, wo sie dich im Lichte des Glaubens erkennen und als höchstes und einziges Gut, als das Ziel und den Mittelpunkt ihrer Neigung und Liebe umfassen, dich lieben. Möchten doch alle Unvollkommenen und alle Sünder der Welt das nämliche tun. Mit deiner Gnade will ich dazu beitragen, daß dies von ihnen geschehe. [10]

Blaise Pascal
(1623–1662)

„Da war einmal ein Mensch, der als Zwölfjähriger mithilfe von
Stäben und Ringen die mathematische Wissenschaft begrün-
dete; der als 16-Jähriger die gelehrteste Abhandlung über die
konischen Körper seit der Antike schrieb; der mit 19 Jahren
eine Wissenschaft, die nur dem Verstande zugänglich war, ma-
schinell erfassbar gemacht hat; der mit 23 die Phänomene des
Luftgewichts aufzeigte und damit einen der großen Irrtümer
der älteren Naturwissenschaft zerstörte; der in einem Alter,
in dem die anderen Menschen kaum damit begonnen haben,
zu erwachen, bereits den ganzen Umkreis menschlichen Wis-
sens umschritten hatte, als er auch schon dessen Nichtigkeit
erkannte und sich der Religion zuwandte; der von diesem Zeitpunkt an ... trotz ständiger Schwächeanfälle und Schmerzen
die Sprache Bossuets und Racines vollendete und für den vollkommensten Witz wie für die schärfste Kritik bleibende Muster
aufstellte; der schließlich in den kurzen Atempausen, die ihm
sein Leiden gönnte, zu seiner Zerstreuung eines der schwierig-
sten Probleme der Geometrie löste und Gedanken aufs Papier
brachte, welche über Gott und die Menschen gleich viel aussagen. Dieses erschreckende Genie hieß Blaise Pascal." (Fran-
çois-René de Chateaubriand, 1768–1848)

Mit drei Jahren hatte dieser Blaise Pascal seine Mutter
verloren. Als er acht Jahre alt war, zog die Familie nach Paris,
weil sein Vater dem hochbegabten, aber kränklichen Jungen
bessere Bildungsmöglichkeiten gewähren wollte. 1646 kam
seine bisher nicht besonders religiös geprägte Familie mit

dem Jansenismus in Berührung und schloss sich dieser Bewegung an. Diese Bewegung innerhalb der Katholischen Kirche vertrat eine an Augustinus orientierte, Calvins Vorstellungen ähnelnde Gnadenlehre: Es ging dabei um das Verhältnis von menschlicher Freiheit und göttlicher Allmacht. Der Mensch sei von sich aus nicht in der Lage, tugend- oder lasterhaft zu handeln oder sich Gott zuzuwenden, sondern allein die göttliche Gnade befähige ihn dazu, was vonseiten der Gegner als Häresie betrachtet wurde (1642 päpstliche Bulle Urbans VIII.).

Am 23. November 1654 hatte Pascal ein religiöses Erweckungserlebnis, das er in seinem „Memorial" festgehalten hat, wovon zu seinen Lebzeiten allerdings kein Mensch wusste. Nach Pascals Tod fand ein Diener des Hauses in die Kleider des Verstorbenen eingenäht ein von Pascal eigenhändig beschriebenes Pergament und darin ein gefaltetes Blatt Papier. Darauf hatte Pascal unmittelbar nach seiner ekstatischen Erweckungserfahrung festzuhalten versucht, was er erlebt hatte; er notierte Begriffe wie „Feuer, Gewissheit, Freude, Friede ...". Die Aufzeichnung sollte ihn immer an dieses Gotteserlebnis erinnern, das für ihn von höchster, entscheidender Wichtigkeit war.

Neben seiner wissenschaftlichen Tätigkeit begann er nun, religiöse Schriften zu verfassen. Als die Jansenisten in Frankreich mit den Jesuiten in Streit gerieten, mischte sich Pascal ein und verfasste eine Reihe anonymer, satirisch-polemischer Broschüren, darunter die „Lettres provinciales", in denen ein fiktiver Paris-Reisender die Theologie der Jesuiten attackiert. Diese Schriften hatten großen Erfolg, wurden aber verboten und kamen auf den Index. 1660 wurden sie sogar vom Henker verbrannt. Sie gelten als ein Meisterwerk französischer Prosa.

Mit Pascals Gesundheit ging es weiter bergab, aber noch im Todesjahr 1662 gründete er zusammen mit seinem Freund ein Droschkenunternehmen, das als Anfang des öffentlichen Nahverkehrs in Paris gelten kann.

Von seiner großen Apologie des Christentums, an der Pascal seit 1658 arbeitete, hinterließ er ungefähr 1000 Zettel mit Notizen und Fragmenten. Freunde gaben sie unter dem Titel „Pensées sur la religion et autres sujets" („Gedanken über die Religion und andere Themen") 1670 erstmals heraus. Die „Pensées" gehören zu den bedeutendsten Texten der philosophischen und theologischen Geistesgeschichte.

Was ist das wahre Gut?

Das also sehe ich, und das erregt mich. Wohin ich auch schaue, ich finde ringsum nur Dunkelheit. Nichts zeigt mir die Natur, was nicht Anlaß des Zweifels und der Beunruhigung wäre; fände ich gar nichts, was eine Gottheit zeigt, würde ich mich zur Verneinung entscheiden; sähe ich überall die Zeichen eines Schöpfers, so würde ich gläubig im Frieden ruhen. Da ich zu viel sehe, um zu leugnen, und zu wenig, um gewiß zu sein, bin ich beklagenswert, und hundertmal wünschte ich, daß, wenn ein Gott die Natur erhält, sie es unzweideutig zeigen möge oder daß, wenn die Zeichen, die sie von ihm weist, Trug sind, sie diese völlig vernichten möge; daß sie alles oder nichts zeige, damit ich wisse, welcher Seite ich folgen soll, während ich in der Seinslage, in der ich bin, in der ich nicht weiß, was ich bin, noch was ich tun soll, weder meine Beschaffenheit noch meine Pflicht kenne. Mein Herz wünscht von ganzer Seele zu wissen, welches das wahre Gut ist, um ihm zu folgen, nichts würde mir zu teuer für die Ewigkeit sein.

Neid spüre ich auf die, die ich so lässig im Glauben leben sehe und so schlecht eine Gabe nützen, die ich völlig verschieden gebrauchen würde.[1]

Gegen die Ungläubigen

Wie ich nicht weiß, woher ich komme, weiß ich auch nicht, wohin ich gehe; und nur das weiß ich, daß ich, wenn ich diese Welt verlasse, entweder für ewig in das Nichts oder in die Hände eines erzürnten Gottes fallen werde, ohne daß ich wüßte, welche dieser beiden Lagen auf immer mein Teil sein soll. Das also ist meine Seinslage, voll von Schwäche und Ungewißheit. Und aus all dem folgere ich, daß ich die Tage meines Lebens zu verbringen habe, ohne darüber nachzudenken, was mit mir geschehen wird! Vielleicht könnte ich in meinen Zweifeln einen Lichtschein finden, aber ich habe keine Lust, mich darum zu bemühen, noch einen Schritt zu tun, um ihn zu suchen, und nachdem ich für die, die sich mit dieser Sorge quälen, nur Verachtung habe, bin ich bereit, ohne Voraussicht und furchtlos ein so mächtiges Erfahren zu erproben, bereit, mich leichtfertig zum Tode, völlig ungewiß über die Ewigkeit und mein zukünftiges Sein, treiben zu lassen. (Welche Gewißheit sie auch immer haben könnten, sie ist eher ein Grund der Verzweiflung als des Rühmens.)

Wer möchte einen Menschen zum Freund haben, der derart schwätzt? Wer würde ihn, wenn er die Wahl hat, wählen, um ihm seine Geschäfte zu übertragen, wer würde bei ihm Trost für seinen Kummer suchen? Und endlich, wozu könnte man ihn im Leben gebrauchen?

Wirklich, es ist nur rühmlich für die Religion, daß sie so törichte Menschen zu Gegnern hat, und ihre Feindschaft ist ihr so wenig gefährlich, daß sie im Gegenteil zur Festigung ihrer Wahrheiten dient. Denn der christliche Glaube beruht fast ganz darauf, diese zwei Dinge klarzustellen: die Verderbnis der menschlichen Natur und die Erlösung durch Jesus Christus. Nun, ich behaupte, wenn sie nicht geeignet sind, durch die Reinheit ihrer Sitten für die Wahrheit der Erlösung zu zeugen, so dienen sie zum mindesten ausgezeichnet dazu, für die Verderbnis der menschlichen Natur durch so völlig entartete Empfindungen zu zeugen.

Nichts ist für den Menschen wichtiger als die Lage, in der er sich befindet, nichts ist mehr zu fürchten als die Ewigkeit, und deshalb ist es nicht natürlich, wenn man Menschen findet, die unberührt bleiben bei dem Gedanken an den Verlust des Daseins und an die Gefahr ewigen Elends. Sie verhalten sich sonst völlig anders, sie haben Furcht selbst vor dem Harmlosesten, sie sehen die Gefahr voraus, sie spüren sie. Und eben der gleiche Mensch, der Tag und Nacht in Kummer und Verzweiflung verbringt, weil er eine Stellung verloren oder weil man angeblich seine Ehre kränkte, ist eben der gleiche, der, ohne sich zu beunruhigen oder sich aufzuregen, weiß, daß er alles durch den Tod verlieren wird. Es ist ungeheuerlich, daß man in ein und demselben Herzen gleichzeitig diese Empfindlichkeit für das wichtigste und diese rätselhafte Unempfindlichkeit für das Höchste findet. Das ist eine unbegreifliche Verzauberung und eine übernatürliche Einschläferung, die eine allmächtige Gewalt offenbart, die sie verursacht.

Es muß eine befremdende Verkehrung im Wesen des Menschen stattgefunden haben, damit er sich dieser Seinslage rühme, von der es unglaubhaft scheint, daß auch nur ein Mensch darin bestehen könne. Indessen machte ich die Erfahrung, daß sich so viele darin befinden, daß es überraschend wäre, wenn wir nicht wüßten, daß die Mehrzahl derer, die dabei sind, sich verstellen und in Wirklichkeit nicht so sind.[2]

Verschiedene Arten von Menschen

Drei Arten von Menschen gibt es: die einen, die Gott dienen, weil sie ihn gefunden haben; die andern, die bemüht sind, ihn zu suchen, weil sie ihn nicht gefunden haben; die dritten, die leben, ohne ihn zu suchen und ohne ihn gefunden zu haben. Die ersten sind vernünftig und glücklich, die letzteren sind töricht und unglücklich, die dazwischen sind unglücklich und vernünftig.[3]

Der Bund zwischen Gott und den Menschen

Wenn es einen einzigen Grund in allem und ein einziges Ziel in allem gibt, ist alles durch ihn, ist alles für ihn. Also muß die wahre Religion lehren, nur ihn zu verehren und nur ihn zu lieben. Da wir aber unfähig sind, zu verehren, was wir nicht kennen, und etwas anderes zu lieben als uns selbst, muß die Religion, die diese Pflichten lehrt, uns auch über diese Unfähigkeit aufklären und uns die Heilmittel dagegen lehren. Sie lehrt uns, daß durch einen Menschen alles verloren wurde, daß der Bund zwischen Gott und uns zerrissen und daß durch einen Menschen der Bund wiederhergestellt ist.

So entgegengesetzt zur Liebe Gottes werden wir geboren, und so notwendig ist es, daß wir schuldig geboren werden müssen, denn sonst würde Gott ungerecht sein.[4]

Auf Gott schauen

Die Armut liebe ich, weil er sie geliebt hat. Die Güter liebe ich, weil sie das Mittel sind, den Armen zu helfen. Treu bin ich gegen jeden. Kein Übel füge ich denen zu, die es mir zufügen, wohl aber wünsche ich, ihre Seinslage gliche der meinen, wo man weder Übel noch Güter von Seiten der Menschen empfängt. Ich bemühe mich, gerecht, wahrhaftig, aufrichtig und treu gegen jeden zu sein; und von Herzen bin ich all denen zugeneigt, die Gott mir als Nächste vereinte; und ob ich allein oder von Menschen gesehen bin, in allem, was ich tue, schaue ich auf Gott, der es beurteilen soll und dem ich all mein Handeln geweiht habe. So ist mein Empfinden; jeden Tag meines Lebens preise ich meinen Erlöser, der es mir gab und der aus einem Menschen voll von Schwäche, Elend, von Begierden, von Stolz und Ehrgeiz, einen Menschen machte, der von diesen Übeln durch die Gewalt seiner Gnade erlöst ist, welcher aller Ruhm gebührt, da ich von mir aus nichts bin als Elend und Irrheit.[5]

DAS MEMORIAL
✝
JAHR DER GNADE 1654

Montag, den 23. November, Tag des heiligen Klemens, Papst und Märtyrer, und anderer im Martyrologium. Vorabend des Tages des heiligen Chrysogonos, Märtyrer, und anderer.

Seit ungefähr abends zehneinhalb bis ungefähr eine halbe Stunde nach Mitternacht

FEUER

„Gott Abrahams, Gott Isaaks, Gott Jakobs", nicht der Philosophen und Gelehrten.

Gewißheit, Gewißheit, Empfinden: Freude, Friede
Gott Jesu Christi
Deum meum et Deum vestrum.

„Dein Gott wird mein Gott sein" – Ruth –

Vergessen von der Welt und von allem, außer Gott.

Nur auf den Wegen, die das Evangelium lehrt, ist er zu finden.

Größe der menschlichen Seele.

„Gerechter Vater, die Welt kennt dich nicht; ich aber kenne dich." (Johannes 20,17)

Freude, Freude, Freude und Tränen der Freude. Ich habe mich von ihm getrennt.

Dereliquerunt me fontem aquae vivae. (=Mich, die lebendige Quelle, verlassen sie; Jeremia 2,13)

„Mein Gott, warum hast du mich verlassen?"

Möge ich nicht auf ewig von ihm geschieden sein.

„Das ist aber das ewige Leben, daß sie dich, der du allein wahrer Gott bist, und den du gesandt hast, Jesum Christum, erkennen." (Johannes 17,3)

Jesus Christus!

Jesus Christus!

Ich habe mich von ihm getrennt, ich habe ihn geflohen, mich losgesagt von ihm, ihn gekreuzigt.

Möge ich nie von ihm geschieden sein.

Nur auf den Wegen, die das Evangelium lehrt, kann man ihn bewahren.

Vollkommene und liebevolle Entsagung.

usw.

Vollkommene und liebevolle Unterwerfung unter Jesus Christus und meinen geistlichen Führer.

Ewige Freude für einen Tag geistiger Übung auf Erden.

Non obliviscar sermones tuos. Amen. (Ich werde deine Predigten nicht vergessen).[6]

Die Vernunft

Nichts ist der Vernunft so angemessen wie dieses Nicht-anerkennen der Vernunft.

Unterwirft man alles der Vernunft, dann bleibt in unserer Religion nichts Geheimnisvolles, nichts Übernatürliches; wenn man gegen die Grundforderungen der Vernunft verstößt, dann wird unsere Religion sinnlos und lächerlich sein.

Oft halten die Menschen ihre Einbildung für ihr Herz, und sie glauben, bekehrt zu sein, wenn sie nur daran denken, sich zu bekehren.[7]

Das Herz und die Erkenntnis

Das Herz hat seine Gründe, die die Vernunft nicht kennt, das erfährt man in tausend Fällen. Ich behaupte, daß das Herz von Natur das allumfassende Wesen und sich selbst natürlich liebt, je nachdem, wem es sich hingibt, und es verschließt sich gegen den einen oder den andern, je wie es wählte. Den einen habt ihr abgewiesen, den andern bewahrt; ist die Vernunft der Grund, daß ihr euch selbst liebt?

Es ist das Herz, das Gott spürt, und nicht die Vernunft. Das ist der Glaube: Gott spürbar im Herzen und nicht der Vernunft.

Der Glaube ist von Gott gegeben; glaubt nicht, wir meinten, er sei eine Gabe der Vernunft! Das lehren die andern Religionen nicht von ihrem Glauben, sie kennen nur die Vernunft, um ihn zu erlangen, die trotzdem nie dahin führt.

Wie weit ist es von der Erkenntnis Gottes bis dahin, ihn zu lieben![8]

Erkenntnis der Wahrheit

Wir erkennen die Wahrheit nicht nur durch die Vernunft, sondern auch durch das Herz; in der Weise des letzteren kennen wir die ersten Prinzipien, und vergeblich ist es, daß die urteilende Vernunft, die hieran nicht beteiligt ist, sie zu bekämpfen versucht. Vergeblich bemühen sich die Skeptiker, die keinen andern Gegenstand haben. Wir wissen, daß wir nicht träumen, wie unfähig wir auch immer sein mögen, das durch Vernunftgründe zu beweisen. Diese Unfähigkeit läßt nur auf die Schwäche unserer Vernunft, aber nicht wie sie vorgeben, auf die Ungewißheit all unsere Kenntnisse schließen. Denn die Erkenntnis der ersten Prinzipien, z. B.: es gibt Raum, Zeit, Bewegung, Zahlen – ist ebenso gewiß wie irgendeine, die uns die urteilende Vernunft vermittelt. Und es ist dieses Wissen des Herzens und des Instinkts, auf das sich die Vernunft stützen muß, auf das sie alle Ableitungen gründet. Das Herz spürt, daß es drei Dimensionen im Raum gibt und daß die Zahlen unendlich sind, während die Vernunft nachher beweist, daß es nicht zwei Quadratzahlen gibt, von denen die eine das Doppelte der andern ist. Die Prinzipien lassen sich erfühlen, die Lehrsätze lassen sich erschließen,

~ 87 ~

und beides mit Sicherheit, obgleich auf verschiedene Weise. Es ist ebenso unnütz wie lächerlich, wenn die Vernunft, um zuzustimmen, vom Herzen Beweise für seine ersten Prinzipien verlangt, wie es lächerlich sein würde, wenn das Herz von der Vernunft, um allen Lehrsätzen, die sie beweist, zuzustimmen, ein Gefühl fordern würde. Diese Unfähigkeit hat folglich nur den Zweck, die Vernunft zu demütigen, die über alles urteilen möchte, nicht aber, den, unsere Gewißheit zu erschüttern. So, als wäre nur die Vernunft fähig, uns zu belehren! Gefiele es Gott, daß wir sie im Gegenteil niemals nötig hätten und alle Dinge instinktiv und durch das Gefühl erkennten. Die Natur aber hat uns dies Vermögen verweigert, im Gegenteil, sie hat uns nur wenige Erkenntnisse dieser Art geschenkt; alle andern können nur durch die Vernunft erworben werden. Und deshalb sind die, denen Gott den Glauben als Gefühl des Herzens gegeben hat, sehr glücklich und völlig rechtmäßig überzeugt. Denen aber, die es nicht haben, können wir ihn nur durch Überlegung vermitteln, und darauf wartend, daß Gott ihnen den Glauben als Gefühl des Herzens geben wird, denn sonst ist er nur menschlich und ohne Nutzen für das Heil.[9]

John Wesley
(1703–1791)

John Wesley war das 15. von 19 Kindern einer Pfarrersfamilie in Epworth, Lincolnshire. Sein Bruder Charles, später der „Liederdichter" der methodistischen Bewegung (er verfasste über 6000 Lieder), wurde 1707 geboren. Das Leben John Wesleys umfasst das gesamte 18. Jahrhundert, 45 Jahre davon (ab 1735) schrieb er Tagebuch.

Sein Vater Samuel Wesley war Pfarrer der Kirche von England, seine Mutter Susanna, geb. Annesley, unterrichtete ihre Kinder mehrere Stunden täglich. Mit fünf Jahren wurde Wesley in letzter Minute aus dem brennenden Elternhaus gerettet. Dieses Ereignis prägte ihn lebenslang. 1720 ging er an die Universität Oxford ins berühmte Christ Church College, durchlief dort die akademische Laufbahn. 1728 wurde er zum Ältesten (Priester) ordiniert und lehrte als Dozent in Oxford. 1729 begann er zusammen mit seinem Bruder Charles und anderen, in einer kleinen Gruppe geistliche Gespräche zu führen, gemeinsam zu beten und zu studieren sowie das Abendmahl zu feiern. Die Führung eines Tagebuchs sollte die Selbstdisziplin fördern. Zur gemeinsamen Lektüre gehörten vor allem das griechische Neue Testament, aber auch Klassiker wie z. B. Horaz und Juvenal. Diese kleine „Oxford Society" wurde die Keimzelle der „Methodisten". 1730 fingen die Mitglieder der Gruppe an, regelmäßig Gefangene zu besuchen, außerdem besuchten sie Arme und unterrichteten in Waisenhäusern. Spottbezeichnungen an der Universität für diese ungewöhnlichen Studenten waren u. a. der „Heilige Club" und ab etwa 1732 „Methodisten".

Wesleys starker Wunsch, ein heiliges Leben zu führen, veranlasste ihn, als Missionar in die englische Kolonie Georgia zu gehen. 1735/36 traten die Brüder Wesley ihre gefährliche Reise an, bei der sie mehrfach in Lebensgefahr gerieten. Wesley wurde durch den tiefen und gelassenen Glauben einer Gruppe mitreisender Herrnhuter Pietisten stark beeindruckt und empfand selbst die Unzulänglichkeit seines Glaubens angesichts des Todes.

Als anglikanischer Priester in Georgia hatte Wesley ein riesiges Gebiet zu bearbeiten. Er wandte sich nicht nur an die dort lebenden Engländer, sondern auch an die Ureinwohner und die schwarzen Sklaven. Doch heftige Spannungen innerhalb seiner Gemeinde führten dazu, dass Wesley 1737 fluchtartig nach England zurückkehrte. Dort führten Gespräche mit dem Herrnhuter Peter Böhler bei Wesley zu der Einsicht, dass ihm ein persönlicher Glaube fehlte. Am 24. Mai 1738 wurde ihm dann bei der Verlesung von Luthers Vorrede zum Römerbrief eine überwältigende persönliche Heilserfahrung und die ersehnte Heilsgewissheit zuteil.

Nach einem Besuch bei Nikolaus Ludwig Graf Zinzendorf in seiner Herrnhuter Brüdergemeine entwickelte Wesley eine intensive evangelistische Tätigkeit, die zugleich einen sozialdiakonischen Schwerpunkt hatte. Die sich ausbreitende methodistische Bewegung wählte freie Plätze zum Ort für die Predigten (Field-Preaching), was Wesley zunächst Überwindung kostete. Er suchte nun überall die Armen und die Arbeiter auf, zuerst in Kingswood und Bristol, wo er bei den Bergarbeitern vor den Kohleminen predigte. Aus seinen genau geführten Tagebüchern ist ersichtlich, dass er unermüdlich von Stadt zu Stadt, von Dorf zu Dorf ritt (ungefähr 8000 Meilen pro Jahr) und täglich vier bis fünf Predigten hielt, oft vor vielen tausend Zuhörern. Sein Leitsatz war: „Die Welt ist mein Kirchspiel." Dies blieb so bis zu seinem Tod – er soll insgesamt 40 000 Predigten gehalten haben.

John Wesley war nicht nur ein charismatischer Prediger und hochgebildeter Theologe, sondern auch ein begabter Organisator. Er fasste die Leute, die nach seinen Predigten ihr Leben ändern wollten, in kleinen Gruppen (Klassen) zusammen, die durch Bibelstudium, Einzelseelsorge und gegenseitige Rechenschaftspflicht einander motivierten. Er ernannte „Laienprediger" und organisierte jährliche Konferenzen, um die Bewegung zusammenzuhalten. Auch gegen die Abschaffung der Sklaverei kämpfte er erfolgreich.

Daneben bewältigte er eine umfangreiche Korrespondenz und bereitete seine Manuskripte für den Druck vor. Diese Schriften sollten der Weiterbildung der Gläubigen und Prediger, darunter auch Laien, dienen. Weder John noch sein Bruder Charles als ordinierte Geistliche der Church of England wollten ihre Kirche verlassen, sondern diese reformieren. Zu Problemen kam es 1784, als Wesley für die methodistische Bewegung in Amerika Geistliche ordinierte. Erst nach seinem Tod wurde die juristische Trennung vollzogen.

Über 120000 Mitglieder zählte die methodistische Bewegung bei Wesleys Tod. Sie breitete sich außer in Großbritannien vor allem in den USA, aber auch in Deutschland aus. Die weltweit vernetzten evangelisch-methodistischen Kirchen sind Freikirchen, für die – gemäß Wesley – die Verbindung von lebendigem Glauben und sozialdiakonischem Engagement typisch ist. Sie haben heute ungefähr 70 Millionen Mitglieder.

Der Beinahe-Christ (Predigt)

„Du überredest mich beinahe, ein Christ zu werden."
(Apostelgeschichte 26,28)

Viele Menschen gelangen an die Sehwelle des christlichen Glaubens. Seit Bestehen des Christentums in dieser Welt haben sich viele Menschen zu allen Zeiten und an allen Orten beinahe überreden lassen, Christen zu werden. Weil es aber vor Gott nichts nützt, nur so weit zu gehen, sollten wir unbedingt überlegen:

I. Was es bedeutet, nur beinahe ein Christ zu sein;
II. was es bedeutet, ganz und gar ein Christ zu sein.

Ich bin ja selbst jahrelang ein solcher „Beinahe-Christ" gewesen, wie viele hier bezeugen können. Ich war fleißig, mich von allem Bösen abzuwenden und ein unverletztes Gewissen zu haben. Ich habe die Zeit ausgekauft und jede Gelegenheit genützt, Gutes zu tun an jedermann. Ich habe stets und mit Sorgfalt alle Gnadenmittel gebraucht, im Öffentlichen wie im Verborgenen. Ich habe mich immer und überall um eine beständige Ernsthaftigkeit im Benehmen bemüht. Gott, vor dem ich stehe, ist mein Zeuge, daß ich das alles in Aufrichtigkeit getan habe. Ich habe wirklich beabsichtigt, Gott zu dienen. Es ist mein herzlicher Wunsch gewesen, Seinen Willen in allen Dingen zu tun und Ihm zu gefallen, der mich berufen hatte, „den guten Kampf zu kämpfen" und „das ewige Leben zu ergreifen". Doch bezeugt mir mein Gewissen in dem Heiligen Geist, daß ich die ganze Zeit nur ein „Beinahe-Christ" war.

II. Auf die Frage, „Was gehört darüber hinaus dazu, ‚ganz und gar Christ' zu sein?", antworte ich:

Erstens: die Liebe zu Gott. Denn so spricht Sein Wort: „Du sollst Gott, deinen Herrn, lieben von ganzem Herzen, von ganzer Seele, von ganzem Gemüte und von allen deinen Kräften." Eine solche Liebe zu Gott ergreift das ganze Herz, nimmt das ganze Gemüt in Anspruch, erfüllt die Seele nach ihrem ganzen Vermögen und beansprucht ihre Fähigkeiten aufs Höchste.

Zum „Ganz-und-gar-Christsein" gehört zweitens die Liebe zum Nächsten. Dies ist die Lehre unseres Herrn: „Du sollst deinen Nächsten lieben wie dich selbst." Wenn jemand fragt: „Wer ist denn mein Nächster?", antworten wir: Jedes Kind dessen, der der Vater der Lebensgeister allen Fleisches ist. Wir dürfen weder unsere Feinde noch diejenigen ausschließen, die Gottes und ihrer eigenen Seelen Feinde sind. Denn jeder Christ liebt auch sie wie sich selbst, ja, „gleichwie Christus euch hat geliebet." (Epheser 5,2).[1]

Tagebuch: Reise nach Amerika

Samstag, den 17. Januar 1736

Viele Passagiere wurden ungeduldig, als ein ungünstiger Wind uns lange nicht von der Stelle kommen ließ. Gegen sieben Uhr abends setzte jedoch Sturm ein. Er wurde bald stärker und stärker. Etwa gegen neun Uhr schlugen die Wellen von vorn bis achtern über Bord. Sie brachen durch das Fenster des Aufenthaltsraumes, in dem sich drei oder vier von uns befanden, und überschütteten uns alle mit einer Wasserflut. Mich selbst schützte ein Schreibtisch vor dem schlimmsten Aufprall. Ungefähr um 11 Uhr abends legte ich mich in meiner Kabine nieder und schlief ganz schnell ein. Es war mir vorher ungewiß, ob ich wieder lebendig aufwachen würde. Auch schämte ich mich sehr, daß ich nicht bereit war zu sterben. Oh, welch reinen Herzens muß der sein, der sich auch bei einer plötzlichen Warnung von seiten Gottes freuen kann, bald vor Ihm zu erscheinen. Am nächsten Morgen „stand Er auf und bedrohte den Wind und das Meer. Da ward es ganz stille." (Matthäus 8,26)[2]

Tagebuch: Erinnerungen an atlantische Stürme

Freitag, den 23. Januar 1736

Am Abend kam ein neuer Sturm auf. Bis zum Morgen war er so gewaltig, daß wir das Schiff einfach treiben lassen mußten. Ich konnte mich nur fragen: „Wie kommt es, daß du keinen Glauben hast?" Noch immer war ich nicht bereit zu sterben. Gegen ein Uhr mittags trat ich durch die Tür zur Hauptkabine. In diesem Moment überschüttete eine gewaltige Flut eine ganze Seite des Schiffes. Im Nu war ich über und über mit Wasser bedeckt und so betäubt, daß ich glaubte, meinen Kopf nicht eher wieder erheben zu können, als bis die See ihre Toten herausgeben würde. Aber ich erlitt, Gott sei Dank, überhaupt keinen Schaden. Gegen Mitternacht legte sich der Sturm.

Sonntag, den 25. Januar 1736

Am Nachmittag kam der dritte Sturm unserer bisherigen Reise auf. Um vier Uhr war es schlimmer als je zuvor. Um sieben Uhr abends ging ich zu den Deutschen. Lange zuvor hatte ich sie in ihrem Verhalten beobachtet. Sie hatten uns einen fortwährenden Beweis ihrer Demut gegeben, indem sie ganz niedrige Arbeiten für andere Passagiere ausführten; Arbeiten, für die sich kein Engländer hergab. Sie aber taten diese Dienste freiwillig und unentgeltlich. Ihre Begründung war, „daß dies ihren stolzen Herzen gut tue" und „daß ihr geliebter Heiland viel mehr als dieses für sie getan habe". Tagtäglich sahen wir ihre Sanftmut. Keine Kränkung veränderte ihre Haltung. Wenn sie gestoßen, geschlagen oder zu Boden geworfen wurden, standen sie auf und gingen ruhig hinweg. Keiner von ihnen beklagte sich. Diese Situation nun mußte zeigen, ob sie auch jetzt frei waren vom Geist der Furcht wie auch vom Geist des Stolzes, des Ärgers und der Rache.

Zu Beginn ihres Gottesdienstes, während ein Psalm vorgelesen wurde, wurden wir plötzlich mit Wassermassen überschüttet. Das Hauptsegel zerriß. Die Fluten ergossen sich in alle Räume des Schiffes. Es schien uns, als habe uns die große Tiefe verschluckt. Die Engländer erhoben ein fürchterliches Geschrei, aber die Deutschen sangen ruhig weiter. Nachher fragte ich einen von ihnen: „Hatten Sie denn vorhin keine Angst?" Er entgegnete: „Gott sei Dank, nein." Ich fragte weiter: „Und Ihre Frauen und Kinder?" Er antwortete ruhig: „Nein, auch unsere Frauen und Kinder haben keine Angst vor dem Tod."

Freitag, den 30. Januar 1736

Wieder ein Sturm, der jedoch nur das Vordersegel zerriß. Unsere Betten waren naß. Ich legte mich darum auf den Fußboden und schlief ruhig bis zum nächsten Morgen. Und ich glaube, daß ich von jetzt ab nicht mehr unbedingt in einem richtigen Bett schlafen muß.[3]

Tagebuch: Eintreffen in Georgia

Samstag, den 7. Februar 1736

Herr Oglethorpe kehrte aus Savannah mit einem Herrn Spangenberg, einem deutschen Pastor, zurück. Bald wußte ich, wes Geistes Kind er war, und erbat für mich selbst seinen seelsorgerischen Rat. Er sagte: „Mein Bruder, zuerst muß ich Ihnen ein paar Fragen stellen. Wissen Sie um das innere Zeugnis? Gibt der Geist Gottes Ihrem Geist die Gewißheit, daß Sie sein Kind sind?" Ich war überrascht und wußte nicht, was ich antworten sollte. Er bemerkte es und fragte: „Kennen Sie Jesus Christus?" Nach einer Pause entgegnete ich: „Ich weiß, daß er der Heiland der Welt ist." „Das stimmt", sagte er, „aber wissen Sie auch, daß er Sie gerettet hat?" Ich erwiderte: „Ich hoffe doch, daß er gestorben ist, um mich zu erlösen." Dann fragte er nur noch: „Kennen Sie sich selbst?" Ich sagte: „Doch, gewiß." Ich fürchte, es waren nur leere Worte.[4]

Tagebuch: Dienst in Savannah

Sonntag, den 7. März 1736

Meinen Dienst in Savannah begann ich mit dem für diesen Tag vorgeschriebenen Wort, dem 13. Kapitel des ersten Korintherbriefes. Der zweite Text war dem 18. Kapitel des Lukasevangeliums entnommen. Der Herr sagt hier den Seinen, was sowohl er selbst wie auch sie als seine Nachfolger auf dieser Welt erfahren könnten. „Wahrlich, ich sage euch: Es ist niemand, der sein Haus verläßt oder Weib oder Brüder oder Eltern oder Kinder um des Reiches Gottes willen, der es nicht vielfältig wiederempfange in dieser Zeit und in der zukünftigen Welt das ewige Leben."

Doch trotz dieser Erklärung unseres Herrn und meiner eigenen vielfältigen Erfahrungen, auch ungeachtet der Erfahrungen vieler Christen, mit denen ich gesprochen, von denen ich gehört oder gelesen hatte; ja, sogar der Tatsache, daß alle, die das Licht nicht liebten, Ihn, der sich fortwährend bemüht, es uns zu bringen, hassen, zeuge ich hier gegen mich selbst. Denn, wenn ich die Menschen in die Kirche hereinströmen sah, die große Aufmerksamkeit wahrnahm, mit der sie Gottes Wort aufnahmen, wie es auch der Ernst auf ihren Gesichtern bestätigte, dann wurde ich mir dessen bewußt, daß zwischen meiner Lehre und meinem Erleben ein weiter Abstand war. Ich hatte Mühe, es ihnen nicht direkt zu sagen, daß meine Erfahrung und mein Verstand Zweifel an der Bibel aufkommen ließen.[5]

Tagebuch: Rückreise nach England

Dienstag, den 24. Januar 1737

Wir sprachen mit den Insassen zweier Schiffe, die uns begegneten. Von ihnen erhielten wir die freudige Nachricht, daß wir nur noch ungefähr 790 km von Land's End (südwestlichste Landspitze Englands) entfernt waren. Mein Denken wurde dadurch sehr angeregt. Einige der aufkommenden Gedanken habe ich festgehalten:

Ich ging nach Amerika, um die Indianer zu bekehren; aber ach, wer bekehrt mich? Wer oder was wird mich befreien von diesem bösen Herzen voller Unheil? Ich habe nur eine „Schönwetterreligion". Ich kann gut reden und auch glauben, wenn mich keine Gefahr bedroht. Schaut mir aber der Tod ins Angesicht, so werde ich unruhig. Auch kann ich nicht sagen: „Sterben ist mein Gewinn!"

Wenn das Evangelium wahr ist, so glaube ich, daß ich errettet bin; denn ich gab und gebe nicht nur alles, was ich habe, den Armen, sondern ich gebe Gott auch meinen Leib. Ich würde mich für Gott verbrennen oder ertränken lassen, wenn das seine Bestimmung für mich wäre. Ich übe mich in der Nächstenliebe (zwar nicht, wie ich es tun sollte, aber doch so, wie ich es vermag), und vielleicht werde ich darin auch noch einmal vollkommener werden. Ich glaube also, daß das Evangelium wahr ist. Und ich bezeuge den Glauben durch meine Werke, indem ich mich ganz einsetze. Und diesen Weg – hätte ich noch einmal die Wahl – würde ich immer wieder erwählen.

Wer mich kennt, sieht, daß ich ein Christ sein möchte. Deswegen sind meine Wege nicht wie die der anderen Menschen. Daher war ich, bin ich und werde ich eine Zielscheibe des Spottes, ein Sprichwort der Schande sein. Kommt nun aber plötzlich ein Sturm, so denke ich: „Wenn das Evangelium nun aber doch nicht wahr ist? Dann bist du der Törichteste unter allen Menschen. Denn wozu hast du dann dein Hab und Gut, deine Bequemlichkeit, deine Freunde, deinen Ruf, deine Heimat und dein Leben aufgegeben? Warum ziehst du durch die Welt? Ein Traum! Eine geschickt ausgedachte Fabel!"

Oh! Wer wird mich von dieser Todesfurcht befreien? Was soll ich tun? Wie kann ich ihr entfliehen? Soll ich dagegen ankämpfen, indem ich darüber nachdenke oder überhaupt nicht daran denke? Ein kluger Mann gab mir einmal folgenden Ratschlag: „Sei still und mach weiter!" Vielleicht ist es das Beste, dies als mein Kreuz auf mich zu nehmen. Wenn es dann über mich kommt, werde ich mich darunter beugen und all meine guten Entschlüsse wieder aufleben lassen, insbesondere den Entschluß, ohne Unterlaß zu beten. Und in Zukunft, wenn mich solch eine Furcht befällt, werde ich mir überhaupt keine Gedanken mehr darüber machen, sondern ruhig in der Arbeit des Herrn fortfahren.[6]

Tagebuch: Entschlüsse

Samstag, den 4. März 1737

Ich kam in Oxford an. Mein Bruder hatte sich inzwischen von der Rippenfellentzündung erholt. Dort traf ich auch Peter Böhler, der mich, durch die mächtige Hand Gottes, am Sonntage, dem 5., von meinem Unglauben und der Notwendigkeit des Glaubens überzeugte, der ganz allein unsere Errettung vollbringt.

Plötzlich ging mir ein Licht auf. „Höre auf zu predigen. Wie kannst du anderen predigen, wenn du selbst diesen Glauben nicht hast?" Ich fragte Peter Böhler, ob er mir raten würde, mit dem Predigen aufzuhören, oder nicht. Er antwortete: „Auf keinen Fall." Daraufhin fragte ich: „Aber was kann ich noch predigen?" Er sagte: „Predige den Glauben, bis du ihn hast, und dann predige ihn, weil du ihn hast."

So begann ich am Montag unter diesem neuen Grundsatz zu predigen, aber meine Seele war nicht ganz bei dieser Arbeit. Der Erste, dem ich Errettung allein durch den Glauben anbot, war ein zum Tode Verurteilter. Sein Name war Clifford. Schon mehrmals hatte Peter Böhler den Wunsch geäußert, daß ich zu diesem Mann sprechen möchte. Aber ich konnte mich nicht dazu entschließen, da ich wie von jeher noch immer der Überzeugung war, daß eine echte Bekehrung am Sterbebett unmöglich sei.[7]

Tagebuch: Die Erfahrung der Heilsgewißheit

Montag, Dienstag und Mittwoch war ich ziemlich betrübt und schwermütig.

Mittwoch, den 24. Mai 1737

Ich denke, daß ich etwa gegen fünf Uhr morgens mein Neues Testament öffnete und die Worte las: „Durch sie sind uns die teuren und allergrößten Verheißungen geschenkt, auf daß ihr dadurch teilhaftig werdet der göttlichen Natur." (2 Petrus 1,4) Kurz bevor ich hinausging, öffnete ich die Bibel nochmals und las: „Du bist nicht ferne vom Reich Gottes." (Markus 12,34) Am Nachmittag bat man mich, den Gottesdienst in der St. Pauls Kirche zu halten. Folgender Choral wurde gesungen: „Aus tiefer Not schrei ich zu dir, oh Gott, erhör mein Rufen. Dein gnädig Ohren kehr zu mir und meiner Bitt sie öffne. Denn so du willst das sehen an, was Sünde und Unrecht ist getan, wer kann, Herr, vor dir bleiben? Bei dir gilt nichts denn Gnad und Gunst ... Es muß dich fürchten jedermann ... O Israel, vertrau dem Herrn; denn bei ihm ist Barmherzigkeit. Er ist allein der gute Hirt, der Israel erlösen wird aus allen seinen Sünden."

Am Abend ging ich widerwillig zu einer Gruppe in die Aldersgate-Straße, wo jemand Luthers Vorwort zu dem Brief an die Römer vorlas. Ungefähr um ein Viertel vor neun, als er über die Veränderung des Herzens sprach, die Gott durch den Glauben an Jesus Christus bewirkt, fühlte ich mein Herz seltsam erwärmt. Ich fühlte, daß ich Christus vertraute, ganz allein der Erlösung durch Jesus Christus; und plötzlich hatte ich die Gewißheit, daß Er meine, gerade meine Sünden hinweggenommen und mich vom Gesetz der Sünde und des Todes befreit hatte.

Ich begann für all die zu beten, die mich in besonderer Weise mißbraucht und verfolgt hatten. Dann bezeugte ich öffentlich, was ich fühlte. Aber nicht lange darauf sagte der Feind: „Das kann nicht Glaube sein; denn wo ist die Freude?" Dann wurde mir gesagt, daß der Frieden im Herzen und der Glaube daran, daß Jesus Christus Sieger über die Sünde ist, als Zeichen unserer Erlösung wichtig ist; was jedoch die Freude angeht, besonders bei denen, die in tiefer Trauer waren, zeigt Gott sie bei dem einen äußerlich und hält sie, ganz nach Seinem Willen, bei dem anderen zurück.

Nach Hause zurückgekommen, war ich voller Versuchungen; aber ich rief laut, und sie verschwanden. Doch immer wieder hatte ich damit zu kämpfen. So oft ich auf Ihn schaute, „sandte er mir Hilfe von seinem Heiligtum". Und so wusste ich, worin der Unterschied zwischen meiner vorherigen und meiner jetzigen Lage hauptsächlich bestand. Ich kämpfte damals mit all meiner Kraft unter dem Gesetz wie unter der Gnade; aber zu jener Zeit wurde ich manchmal, wenn auch nicht oft, besiegt; jetzt war ich immer Sieger.

Donnerstag, den 25. Mai 1737

Gleich beim Erwachen war Jesus, der Herr, in meinem Herzen und in meinem Mund. Alle meine Stärke lag darin, daß ich meine Augen auf Ihn richtete und meine Seele fortwährend auf Ihn wartete. Am Nachmittag, in der St. Pauls Kirche, konnte ich Gottes gutes Wort in dem Choral „Immer will ich von der Güte des Herrn singen und deine Wahrheit von Geschlecht zu Geschlecht verkündigen" förmlich schmecken. Aber der Feind flößte mir Furcht ein: „Wenn du das glaubst, warum hat da keine noch spürbarere Veränderung stattgefunden?" Ich (und doch nicht ich) antwortete: „Das weiß ich nicht. Aber ich weiß nun, daß ich Frieden mit

Gott habe. Und ich sündige heute nicht; und Jesus hat mir verboten, daß ich mir um den morgigen Tag schon Gedanken mache."[8]

Brief an einen Freund:
„Die ganze Welt ist mein Kirchspiel"

Du rätst mir, in der Zwischenzeit nichts zu tun, da ich in anderer Leute Arbeitsgebiete eindringen, mich in ihre Angelegenheiten einmischen und in ihre Seelen eingreifen würde, die mir doch nicht gehören. In dieser Beziehung fragtest du mich auch, wie es kommt, daß ich Christen versammle, die meiner Obhut nicht anvertraut sind, mit ihnen Psalmen singe, bete und ihnen die Schrift auslege; du bist der Meinung, daß ich mich für das Eingreifen in anderer Leute Gemeinden wohl kaum werde rechtfertigen können, insbesondere was die katholischen Glaubensgrundsätze angeht.

Erlaube mir, dir unmißverständlich zu sagen, daß, falls du mit dem Ausdruck katholische Grundsätze, irgendwelche Prinzipien meinst, die nicht mit der Bibel übereinstimmen, ich dir sagen muß, daß diese für mich null und nichtig sind. Ich akzeptiere keine anderen Glaubensgrundsätze, weder im Glauben noch in der Ausübung des Dienstes, als die der Heiligen Schrift. Aber was die Grundsätze der Schrift angeht, sehe ich keinerlei Schwierigkeiten, mich in dem, was ich tue, zu rechtfertigen. Denn Gott befiehlt mir in der Schrift, die ablehnenden Menschen gemäß meiner Kraft zu unterweisen, die Bösen zum Guten zu bekehren und die Tugendhaften zu festigen. Man verbietet mir, das in einer anderen Gemeinde zu tun, d. h., eigentlich erlaubt man es mir überhaupt nicht, vor allem, wenn man sieht, daß ich ja keine eigene Gemeinde habe oder jemals haben werde. Wem soll ich denn gehorchen, Gott oder den Menschen?

Deswegen betrachte ich die ganze Welt als mein Kirchspiel insoweit, daß, wo immer ich auch sei, ich es als gut, richtig und als die mir auferlegte Pflicht empfinde, allen, die es hören wollen, die frohe Botschaft der Erlösung zu bringen. Ich weiß, daß Gott mich dazu berufen hat, und bin sicher, daß Sein Segen meine Arbeit begleitet. Deshalb habe ich auch großen Mut, die von Ihm mir auferlegte Arbeit treu auszuführen. Ich bin Sein Diener und als solcher arbeite ich gemäß Seines Wortes, „solange ich noch Zeit habe, Gutes zu tun an jedermanns. Gottes Vorsehung stimmt mit Seinem Wort überein, welches mich von allem anderen frei gemacht hat, damit ich mich einfach daran halte: ‚und tue Gutes‘."[9]

Charles de Foucauld
(1858–1916)

Charles Eugène Vicomte de Foucauld kam in Straßburg zur Welt. Sein Vater stammte aus einem alten, reichen Adelsgeschlecht. Noch nicht sechs Jahre alt, verlor Charles beide Eltern und wurde mit seiner Schwester von den Großeltern mütterlicherseits aufgezogen. Er war ein ausgezeichneter Schüler, erst in Nancy, später auf einem Jesuitenkolleg in Paris, aus dem er jedoch wegen schlechten Betragens entlassen wurde. Nachdem er katholisch erzogen worden war, gab er mit 16 Jahren den Glauben auf und lebte fortan als „Enfant terrible" seiner Familie, die ihn zwischenzeitlich sogar entmündigen ließ. Auf der Offiziersschule und in der Kavallerieschule führte er ein ausschweifendes Leben, wegen Disziplinlosigkeit und eines unschicklichen Verhältnisses zu einer Frau musste er die Armee vorübergehend verlassen. 1881 brach in Algerien eine Revolte aus; Foucauld war als Oberst dabei und bewährte sich im Kampf. Als ihm jedoch der Urlaub für eine Studienreise in Tunesien und Algerien verweigert wurde, verließ er die Armee endgültig. 1883/84 begab er sich als Rabbi verkleidet auf eine Forschungsreise nach Marokko, ein islamisches Land, das Christen damals nicht betreten durften.

Seine Forschungsergebnisse erregten großes Aufsehen und brachten ihm die Goldene Medaille der Geografischen Gesellschaft in Paris ein. 1885 folgte eine weitere Reise. Die Berührung mit dem Islam hatte sein religiöses Interesse geweckt und ihn an seine katholischen Wurzeln erinnert. Er begann in Paris öfter in die Kirche zu gehen. Immer wieder sprach er das

Gebet: „O Gott, wenn es dich gibt, lass mich dich erkennen." Seine zehn Jahre ältere Cousine beeindruckte ihn mit ihrem tiefen Glauben und verwies ihn an den Prediger und Seelsorger Abbé Huvelin. Ihn bat er eines Tages im Oktober 1886 um Unterweisung im Glauben. Huvelin forderte ihn zur Beichte und zur Kommunion auf, dann werde er glauben. Foucauld legte eine Lebensbeichte ab – und fand zum Glauben. Nun wollte er nur noch für Gott leben.

Zunächst unternahm er auf Anraten Huvelins, der sein Seelsorger und Freund blieb, eine Pilgerfahrt ins Heilige Land (1888/89); danach folgten Exerzitien in verschiedenen Klöstern. Er fühlte sich zu den Trappisten berufen und trat im Januar 1890 in das Kloster Notre-Dame-des-Neiges (Ardèche) ein. Kurz darauf übersiedelte er in die Tochtergründung Sacré-Cœur bei Akbes in Syrien. 1892 legte er die Gelübde ab. Die Ordensleitung fordert ihn auf, in Rom Theologie zu studieren, was er auch ein Jahr lang tat. Dort bekam er Klarheit über seinen Weg. Er trat 1897 aus dem Orden aus, weil dieser seinem strengen Armutsideal nicht genügte, und legte ein privates Gelübde der Keuschheit und Armut ab. Ohne Keuschheit und Armut, so meinte er, könne man sich der Liebe und Anbetung Gottes nicht wirklich hingeben. In Nazareth und Jerusalem lebte er als Klosterknecht bei den Klarissinnen. Er wollte unter den Ärmsten der Armen präsent sein und ihr Leben teilen, das Lebenszeugnis vor das Wortzeugnis stellen.

1901 wurde er zum Priester geweiht. Er erbat die Erlaubnis, sich in der Sahara niederzulassen. Als „Bruder Charles von Jesus" lebte er fortan als Einsiedler und Missionar in der Wüste, in strenger Askese, voller Liebe zu Jesus und für die Menschen um sich, denen er Medikamente und Nahrung brachte und die er in Land- und Hauswirtschaft beriet. Er begleitete mehrfach die Offiziere der französischen Truppen auf Erkundungsritten ins Landesinnere. Die letzten elf Jahre lebte er bei den Tuareg in der Wüste des algerischen Hoggargebirges (Ahaggar). Er studierte die schwierige Sprache dieses Volkes (Tamaschek), verfasste ein bis heute unübertroffenes Wörterbuch, sammelte und übersetzte deren Dichtung und übertrug als erstes Buch die Evangelien in die Tuareg-Sprache. Dreimal reiste er nach Frankreich, um gleichgesinnte Freunde zu finden und einen eigenen Orden zu gründen, was zu seinen Lebzeiten nicht glückte. 1916 wurde er von rebellischen Einheimischen in der Sahara erschossen.

Nach seinem Tod wurden elf Ordensgemeinschaften und acht weitere Gemeinschaften gegründet, die sich auf Foucauld berufen (als erste seit 1933 die „Kleinen Brüder Jesu"). Im Jahr 2005 hat Papst Benedikt XVI. ihn seliggesprochen.

Mein Gott, wenn es dich gibt ...

Ich begann zur Kirche zu gehen, ohne zu glauben, fühlte mich nur dort wohl und verbrachte viele Stunden dort, indem ich dieses seltsame Gebet wiederholte: „Mein Gott, wenn es dich gibt, laß mich dich erkennen." Es kam mir der Gedanke, ich müßte mich über diese Religion, die vielleicht jene Wahrheit enthielt, an der ich verzweifelte, informieren. Ich sagte mir, es sei wohl der beste Weg, Religionsunterricht zu nehmen, so wie ich Arabischunterricht genommen hatte. Und so wie ich einen guten Thaleb gesucht hatte, um Arabisch zu lernen, suchte ich jetzt einen gebildeten Priester, der mir über den katholischen Glauben Auskunft geben sollte ... Der gute Gott, der so machtvoll das Werk meiner Bekehrung begonnen hatte, ... vollendete es jetzt ... Sobald ich glaubte, daß es einen Gott gibt, habe ich auch verstanden, daß ich nur noch für ihn leben kann: meine religiöse Berufung stammt aus derselben Stunde wie mein Glauben.[1]

Kindheitsglaube, Unglaube, Rückkehr zum Glauben

Wurde ich doch seit meiner Kindheit mit so vielen Gnaden umgeben: Sohn einer heiligmäßigen Mutter, die mich Dich kennen, Dich lieben und zu Dir beten lehrte, sobald ich ein Wort begreifen konnte! Ist nicht sogar meine früheste Erinnerung ein Gebet, das meine Mutter mich morgens und abends sagen hieß: „Mein Gott, segne Papa, Mama, Großpapa, Großmama, Großmama Foucauld und die kleine Schwester"? Und meine fromme Erziehung! ... Die Kirchenbesuche ... die Blumensträuße zu Füßen des Kreuzes, die Weihnachtskrippe, der Marienmonat, ein kleiner Altar in meinem Zimmer, den ich dort beließ, solange ich zu

Hause ein eigenes Zimmer hatte, und der meinen Glauben überdauerte! Der Religionsunterricht, die ersten, von einem christlichen Großvater überwachten Beichten ... die Beispiele der Frömmigkeit, die meine Familie mir gab ... ich sehe mich noch zur Kirche gehen mit meinem Vater (wie lange ist das her!), mit meinem Großvater; ich sehe meine Großmutter, meine Kusinen jeden Tag die heilige Messe besuchen ... Und die erste heilige Kommunion nach einer langen und guten Vorbereitung, umgeben von den Gnaden und Ermutigungen einer ganzen christlichen Familie, unter den Augen jener, die mir auf Erden die liebsten waren, denn sie alle waren für einen Tag zusammengekommen, damit keine Freude mir fehle ... Und dann wurde ich unter der Leitung eines guten, frommen, klugen, eifrigen Priesters Ausdauer gelehrt; mein Großvater ermutigte mich mit Wort und Tat auf dem Weg der Frömmigkeit; die frömmsten und schönsten Seelen meiner Familie überhäuften mich mit Aufmunterung und Güte, und Du, mein Gott, hast in meinem Herzen die Anhänglichkeit an sie so tief eingewurzelt, daß die folgenden Stürme sie nicht auszureißen vermochten, und Du hast Dich später, als ich im Bösen wie tot und ertrunken war, dieser Anhänglichkeit bedient, um mich zu retten ...

Und als ich, trotz aller Gnaden, anfing, mich von Dir zu entfernen, wie milde hast Du mich durch die Stimme meines Großvaters zurückgerufen, wie barmherzig hast Du verhindert, daß ich mich in die letzten Abgründe fallen ließ, indem Du meinem Herzen die Zärtlichkeit für meinen Großvater bewahrtest! ... Doch trotz allem entfernte ich mich – leider! – entfernte ich mich immer weiter von Dir, mein Herr und mein Leben ... Und auch mein Leben wurde allmählich zum Untergang oder war vielmehr schon Untergang in Deinen Augen ... Und selbst in diesem Zustand hast Du mich noch immer bewahrt. Du hast in meiner Seele die Erinnerung an Vergangenes bewahrt, die Wertschätzung des Guten und – gleich einem Feuer, das unter der Asche schläft, doch immer noch vorhanden ist – die Anhänglichkeit an bestimmte schöne und fromme Seelen, die Hochachtung vor der katholischen Religion und den Ordensleuten. Jeder Glaube war geschwunden.

Aber Hochachtung und Wertschätzung waren unversehrt geblieben ... Du hast mir noch andre Gnaden erwiesen, mein Gott, Du hast mir die Lust am Studieren, an ernster Lektüre, an schönen Dingen bewahrt, und den Abscheu vor Laster und Häßlichkeit .... Ich tat das Böse, doch ich billigte und liebte es nicht ... Damals ließest Du mich eine schmerzhafte Leere, eine Traurigkeit fühlen, die ich niemals sonst empfand; sie suchte mich jeden Abend heim, wenn ich allein in meinem Zimmer war, ... sie machte mich stumm und niedergeschlagen bei den sogenannten Festen: ich organisierte sie zwar, doch wenn der Augenblick gekommen war, verbrachte ich sie stumm, voll Abscheu, in unendlichem Überdruß ... Du schenktest mir diese vage Unruhe eines schlechten Gewissens, das – auch wenn es tief schläft – noch nicht ganz gestorben ist. Nur damals habe ich diese Traurigkeit empfunden, dieses Unbehagen, diese Unruhe. Mein Gott, sie waren also ein Geschenk von Dir ... wie fern lag mir diese Vermutung! Du bist so gut! ... Und zu derselben Zeit, in der Du mit erfinderischer Liebe verhindertest, daß meine Seele unrettbar unterging, bewahrtest Du meinen Leib: denn wäre ich damals gestorben, so wäre ich in die Hölle gekommen ... Die auf wunderbare Weise verhüteten, abgewendeten Unfälle beim Reiten! Die Duelle, die Du verhindert hast! Die Gefahren bei der Expedition, die Du alle beseitigt hast! ... Meine unerschütterliche Gesundheit in den ungesündesten Gegenden, trotz der großen Strapazen! O mein Gott, wie sehr hieltest Du die Hand über mich und wie wenig spürte ich sie! Du bist so gut! Wie bargst Du mich unter Deinen Fittichen, während ich nicht einmal an Deine Existenz glaubte! Und während Du mich so behütetest, verging die Zeit, Du hieltest den Augenblick für gekommen, mich zur Herde zurückzuführen ... Trotz meines Widerstandes löstest Du alle schlechten Bindungen, die mich von Dir fernhielten; ... Du löstest sogar alle guten Bindungen, die mich vielleicht gehindert hätten, in den Schoß jener Familie zurückzukehren, wo Du mich das Heil finden lassen wolltest, und mich gehindert hätten, eines Tages ganz Dir zu gehören ...

Anfang Oktober 1886, nach sechs Monaten Familienleben, bewunderte und wollte ich die Tugend, aber Dich kannte ich nicht ... Auf welch erfinderische Weise, Gott der Güte, hast Du Dich mir zu erkennen gegeben? Welcher Umwege hast Du Dich bedient? Welcher milden und kraftvollen äußeren Mittel? Welcher Folge erstaunlicher Umstände, da alles zusammenspielte, um mich zu Dir hinzudrängen: unverhoffte Einsamkeit, Gemütsbewegungen, Erkrankungen geliebter Menschen, glühende Herzensgefühle, Rückkehr nach Paris infolge eines überraschenden Ereignisses! Und wie viele innere Gnaden! Dieses Bedürfnis nach Einsamkeit, nach Sammlung, nach frommer Lektüre, dieses Bedürfnis, in Deine Kirchen zu gehen, ich, der ich nicht an Dich glaubte, dieses Suchen nach Wahrheit, dieses Gebet: „Mein Gott, wenn es Dich gibt, laß es mich erkennen!" All das war Dein Werk, mein Gott, Dein Werk ganz allein ... Eine schöne Seele half Dir dabei, doch nur durch ihr Schweigen, ihre Milde, ihre Güte, ihre Vollkommenheit. Sie war sichtbar, sie war gut und anziehend, aber sie handelte nicht. Du, mein Jesus, mein Erlöser, Du wirktest alles, innen wie außen! Durch die Schönheit einer Seele, in der die Tugend mir so wunderbar erschienen war, daß sie unwiderruflich mein Herz entzückte, hattest Du mich zur Tugend hingezogen ... Durch die Schönheit derselben Seele zogst Du mich zur Wahrheit. Du erwiesest mir dann vier Gnaden. Die erste bestand darin, mir folgenden Gedanken einzugeben: Da diese Seele so klug ist, kann die Religion, an die sie unverbrüchlich glaubt, nicht – wie ich annahm – Narrheit sein. Die zweite bestand in der Eingebung eines weiteren Gedankens: Wenn diese Religion keine Narrheit ist, besitzt sie dann vielleicht die Wahrheit, die auf Erden weder in einer anderen Religion noch in irgendeiner Philosophie zu finden ist? Die dritte Gnade war, daß ich mir sagte: Ich will also diese Religion studieren, einen gebildeten katholischen Priester als Religionslehrer nehmen und sehen, was an ihr ist und ob man glauben muß, was sie lehrt. Die vierte war die unvergleichliche Gnade, mich wegen dieser Religionstunden an Hochwürden Huvelin zu wenden. Als Du mich seinen Beichtstuhl betreten ließest – an einem der letzten Oktobertage, zwischen dem 27. und dem 30. denke ich –, hast Du, mein Gott, mir alle Güter geschenkt: Wenn im Himmel Freude ist über einen Sünder, der sich bekehrt, dann hat es damals, als ich den Beichtstuhl betrat, Freude gegeben! ... Welch gesegneter Tag, welch ein Tag voll Segen! ... Und seit diesem Tag war mein ganzes Leben eine Kette von Segen! Du hast mich unter den Flügeln dieses Heiligen geborgen, und ich blieb es fortan. Du hast mich auf seinen Händen getragen, und das bedeutete Gnaden über Gnaden. Ich bat um Religionsunterricht; er hieß mich niederknien und beichten und schickte mich sofort zur heiligen Kommunion ... Wenn ich daran denke, muß ich weinen, und gegen diese Tränen will ich nicht ankämpfen, fließen sie doch zu Recht, mein Gott! Bäche von Tränen müßten aus meinen Augen rinnen, wenn ich an diese große Barmherzigkeit denke! Wie gut bist Du gewesen! Wie glücklich bin ich! Wodurch habe ich das verdient! Und seither, mein Gott, war alles eine Kette immerzu wachsender Gnaden ... eine steigende, immerzu steigende Flut.[2]

Briefe an seine Kusine, Madame de Bondy, aus dem Kloster in Syrien

9. Januar 1893
Ich denke immer an unsern Herrn, an die allerseligste Jungfrau ... und ich lebe glücklich in dieser lieben Gesellschaft. Wenn ich die Kleider der kleinen Waisenkinder flicke,

preise ich mich glücklich, eine Arbeit zu verrichten, die im Hause von Nazareth eine der alltäglichen war ... Ich bin dieser Gnaden so ganz unwürdig! Stellen Sie sich vor, was für eine seltsame Arbeit ich letzte Woche drei Tage lang hatte: Das Kindermädchen der Waisenknaben war leicht erkrankt, und man beauftragte mich, es untertags zu ersetzen. Sie können sich denken, wie seltsam mir das vorkam, mich plötzlich zur Überwachung über neun kleine Türken, im Alter von 6–15 Jahren, gesetzt zu sehen. Als ich mich inmitten dieser kleinen Familie sah, konnte ich nicht umhin, an jene zu denken, die meinen, man gehe ins Kloster, um den Sorgen des Lebens zu entrinnen. Man hat nicht die gleichen, aber man hat recht schwere Sorgen, wenn Gott es will ... Die armen Kleinen waren so artig, wie sie nur sein konnten.[3]

28. Februar 1893

Seit Anfang der Fastenzeit habe ich mit der Theologie begonnen. Das ist sehr bedeutungsvoll. Noch hoffe ich, daß mich das nicht zum Priestertum führen wird ... Vorläufig habe ich ungefähr drei Stunden Studium täglich. Überdies – Sie werden lachen und haben Grund dazu – gebe ich jede Woche einem jungen Pater eine Stunde Algebra ... Außer dem mir so lieben Holzspalten, mit dem ich mich kaum noch beschäftigen kann, bin ich damit beauftragt, den Bau einer Straße zu beaufsichtigen. Sie sehen, man scheut sich nicht, mich für Ämter zu verwenden, von denen ich nichts verstehe ... Welches Vertrauen haben meine Obern in die Gnade Gottes und die Tugend des Gehorsams![4]

Brief an Abbé Laurain

25. Mai 1903: Nur eines kommt den Sünden meiner Jugend gleich, ja übertrifft sie, nämlich die Treulosigkeit, die Feigheit, die Lauheit meines reifen Alters, meine alltägliche

Erbärmlichkeit. (Und dabei) überschüttet mich Gott mit Gnaden und Erbarmungen, und das bringt mich in Verwirrung. Beten Sie für mich, ich flehe Sie an, daß ich endlich treu bleibe. Bitten Sie, daß ich liebe und diene! Bitten Sie, daß mein Leben nur Alleluja und Gehorsam sei. Beten Sie, daß ich kleines Atom inmitten dieser Millionen von Seelen, die nie von Jesus reden hörten, das Werk vollbringe, zu dem Er mich gesandt hat. Beten Sie für Marokko, für die Sahara, beide, ach, ein versiegeltes Grab! Beten Sie, daß wir, wie die Engel, aus all unsern Kräften für das Heil der Menschen arbeiten und uns aus ganzer Seele an der Glückseligkeit Gottes freuen![5]

Gebet

Ich muß trachten, Dich kennenzulernen, mein Gott, um Dich besser zu lieben. Je mehr ich Dich kenne, desto mehr werde ich Dich lieben, denn alles in Dir ist vollkommen, bewundernswürdig, liebenswert. Dich ein wenig besser kennen heißt, die Schönheit strahlender, durchsichtiger sehen, heißt, hingerissen sein von Liebe ... Du bist Gedanken, Worte und Werke, mein Gott. – Unaufhörlich erkennst Du Dich selbst in Deinem eigenen Geist ... Deine Gedanken ändern sich nicht ... Immerzu siehst Du Dich selbst, Deine Vollkommenheit und – in Dir – Deine Werke, Deine gegenwärtigen und zukünftigen und alle Deine möglichen Werke aus allen Jahrhunderten und aus allen Zeiten. Du siehst Dich, denn Du bist Verstand ... Du liebst Dich, den Du bist Wille ... Du liebst Dich unendlich, und das muß so sein, denn Du bist gerecht, und weil Du gerecht bist, liebst Du unendlich das unendlich liebenswerte, das unendlich vollkommene Wesen, Dich selbst ...

Mein Gott, der Du in mir bist, um mich, mein Herr Jesus, mein Gott, der Du mir so nahe bist in dieser ausgesetzten Hostie, hier hast Du Deine Gedanken: ein Blick und eine

Liebe ... Ein Blick auf Dich selbst, auf Dich allein; und mit diesem Blick auf Dich allein schaust Du alle Deine Werke. Eine erhabene, unendliche Liebe zu Dir selbst, eine notwendige Liebe, die sein muß, weil sie die Folge Deiner unendlichen Gerechtigkeit ist. Und in dieser Liebe liebst Du Deine Werke, einerseits Deiner selbst wegen, weil sie von Dir ausgehen, weil sie die Werke des unendlich liebenswerten und geliebten Wesens sind; anderseits wegen der Schönheit, die ihnen eigen ist, wegen des Teilchens Deines Seins, wegen des Widerstrahls göttlicher Schönheit, den Du in jedes einzelne gelegt hast und der gut und liebenswert ist; aber auch einfach aus reiner Güte, quoniam bonus, weil Du gut bist und weil es Deiner Natur entspricht, zu lieben ...[6]

Meine Zukunft auf Erden

Verzeihung und „misericordias Domini in aeternum cantabo" (=Von der Barmherzigkeit des Herrn werde ich in Ewigkeit singen)! Das ist meine Vergangenheit und meine Gegenwart ... Wie wird meine Zukunft sein? Lang oder kurz hier auf Erden? Trost- oder schmerzensreich? Heilig, wie ich es so sehr wünsche? Voll Sünden, vor denen mich zu bewahren ich Dich anflehe? Niemand weiß es ... Sie wird das sein, was Du willst, mein Gott ... Nur um eines flehe ich Dich an: daß ich sie nicht benutze, um Dich zu beleidigen. Du willst das nicht, Du hast uns, uns allen befohlen, vollkommen zu sein, und mich – mich hast Du mit unvergleichlichen Gnaden überschüttet und hast mir dabei gesagt: „Von dem, dem viel gegeben wurde, wird auch viel verlangt" ... Deshalb, wie immer auch meine Zukunft sein mag, ob lang oder nur einen Tag, trostreich oder schmerzensreich, Dein Wille ist, daß sie heilig sei ... Was soll ich dazu tun? ...[7]

Ein Rat

Wir müssen versuchen, uns vom Geist des Herrn durchtränken zu lassen, indem wir unablässig seine Worte und seine Beispiele lesen und wieder lesen, betrachten und wieder betrachten, damit sie in unserer Seele wirken wie der Wassertropfen, der wieder und wieder auf dieselbe Stelle einer Steinplatte fällt.[8]

Brief an einen Freund

Jetzt, da das Leben beinahe zu Ende ist für uns, beginnt das Licht, in das wir bei unserm Tode eingehen werden, uns zu leuchten und uns zu zeigen, was ist und was nicht ist ... Diese Wüste hat für mich etwas zutiefst Beglückendes; es ist so beseligend und so heilsam, in der Einsamkeit zu verweilen im Angesicht der ewigen Dinge. Man fühlt, wie die Wahrheit allmählich immer mehr in uns einströmt. Daher ist es hart für mich zu reisen, diese Einsamkeit und dies Schweigen zu verlassen. Aber der Wille des Geliebten, wie immer er sei, muß nicht nur vorgezogen, sondern angebetet, geliebt und gepriesen werden ohne Ende.[9]

Eva von Tiele-Winckler

(1866–1930)

Eva von Tiele-Winckler wurde in Oberschlesien im Schloss zu Miechowitz bei Beuthen als achtes von neun Kindern in eine reiche Industriellenfamilie hineingeboren. Ihre Mutter war katholisch und beeinflusste Eva mit einer mystisch geprägten Frömmigkeit, der Vater war evangelisch. Mit 13 Jahren verlor sie ihre Mutter. Der Vater heiratete wieder, die evangelische Stiefmutter bemühte sich, die Kinder religiös zu erziehen. Im Zuge ihrer Konfirmation, die sie zunächst ablehnte, erlebte Eva eine „Erweckung". Gleichzeitig erwachte in ihr eine besondere Liebe für alle armen, hilfsbedürftigen Menschen, die durch die Industrialisierung in Not geraten waren. Um Jesu willen wollte sie alles verlassen. Sie versuchte, Armenspeisungen zu organisieren und Kleider zu verschenken, doch ihr Vater unterband diese Aktivitäten zunächst. Sie lernte Polnisch, um den Menschen in ihrer Umgebung wirklich helfen zu können.

Mit 19 Jahren wurde sie von ihren Eltern nach Bethel bei Bielefeld geschickt, wo sie in Friedrich Bodelschwingh (1831–1910) ihren geistlichen Vater fand und in seinen „Bodelschwinghschen Anstalten" die Kranken- und Altenpflege erlernen konnte. Nach ihrer Rückkehr erhielt sie von den Eltern die Erlaubnis, in Oberschlesien mit einem Dienst unter den Armen zu beginnen. 1888 finanzierte der Vater an ihrem Heimatort den Bau eines Hauses, das „Friedenshort" genannt wurde; eine diakonische Einrichtung für Alte, Behinderte, Arme und Nichtsesshafte. Mit 23 Jahren wurde sie Hausmutter. Aus dieser ersten Station entwickelte sich ein großes diakonisches Werk.

In Bethel wurde sie als Diakonisse eingesegnet und gründete 1892 in Miechowitz eine eigene Schwesternschaft, in der sie als Vorsteherin und zugleich als Schwester unter Schwestern den Lebensberuf der Diakonisse ausübte. Die Grenzen, die ihr ihre Gesundheit setzte, überschritt sie mit ihrer diakonischen Arbeit häufig bis zur totalen Erschöpfung. 1895–1901 holte Bodelschwingh sie daher als Oberin in das Diakonissenhaus Sarepta bei Bethel.

Ihr eigentliches Ziel war es, ein Heiligungsleben im Heiligen Geist zu erreichen. Daher reiste sie 1905 nach Wales, um die dortige Erweckungsbewegung aufzusuchen, und machte Erfahrungen, die ihr Leben veränderten. In der folgenden Zeit verstärkte der Friedenshort vor allem seine Arbeit für Kinder. 1910 wurde bei Breslau ein erstes Kinderhaus gegründet, aus dem sich die „Heimat für Heimatlose GmbH" mit über 40 Häusern in ganz Deutschland entwickelte. Eva Tiele-Winckler verwirklichte entgegen der üblichen Praxis, die Kinder in Heimen und Anstalten unterzubringen, den Gedanken der „Kinderfamilie", die Erziehung von 10 bis 15 Kindern aller Altersstufen in „Familien" unter der Leitung einer als „Mutter" bezeichneten Diakonisse. Sie wurde damit zum Vorbild für Reformansätze in der Heimerziehung und viele spätere Kinderheime. 1923 gab es mehr als 60 Kinderfamilien an 35 Orten und über 500 Frauen in der Schwesternschaft.

Prägend für Schwester Evas Leben war auch die Begegnung mit dem China-Missionar James Hudson Taylor (1832–1905). 1912 entsandte sie Schwestern aus ihrer Schwesternschaft in die Äußere Mission.

Sie verfasste zahlreiche Schwesternbriefe, viele religiöse Betrachtungen, Bibelauslegungen, Erfahrungstexte, Spruchweisheiten, Gedichte und geistliche Lieder. Unbeeindruckt von akademisch-theologischer Gelehrsamkeit und wissenschaftlicher Bibelkritik wollte sie als schreibende Laientheologin zur Entfaltung einer religiösen Innerlichkeit beitragen und zugleich Anweisungen zu einem Gott wohlgefälligen äußeren

Leben geben. Ihre Wurzeln gründen in mittelalterlicher Mystik, im Pietismus und in unterschiedlichen Strömungen der zeitgenössischen internationalen Erweckungsbewegung.

Ihr diakonisches Werk besteht bis heute unter dem Namen „Stiftung Diakonissenhaus Friedenshort".

Erste geistliche Eindrücke

Unser Vater übte uns früh in der Überwindung von Schwierigkeiten, Furcht und Nachgiebigkeit gegen uns selbst. Am Sonntagnachmittag nahm er uns oft mit hinaus in den Wald. Noch ganz klein mußten wir durch tiefen Schnee stapfen, selbst den Weg durch verschneite Schonungen bahnen, wobei wir manchmal bis zum Gürtel, ja, bis an den Hals im Schnee versanken. Nie durften wir über Schmerzen weinen, und wenn uns bei einer plötzlichen Verletzung oder bei einem Zusammenstoß unwillkürlich die Tränen kamen, dann war die Furcht, daß sie gesehen werden möchten, größer als der Schmerz. Es ging uns gegen die Ehre, je über Ermüdung, Frost oder Hitze zu klagen, und diese Abhärtung und Gewöhnung an Selbstüberwindung ist mir in meinem späteren Berufsleben sehr nützlich gewesen und hat mich manche ungewohnte Anstrengung und Schwierigkeit leichter überwinden lassen.

Einmal auf der Parkmauer stehend, hinter der sich ein tiefer, breiter Graben befand, rief mir der Vater zu: „Eva, spring hinüber!" Ich zögerte einen Augenblick. Es war selbst für uns ein Wagnis, die wir im Springen geübt waren. „Wirf das Herz hinüber und spring nach!", lautete der Befehl. Ich sprang und erreichte den jenseitigen Grabenrand. Der Vater wußte, was er uns zumuten konnte.

Meine ersten geistlichen Eindrücke liegen weit zurück. Einmal war ich allein bei meiner Mutter. Ich hatte mich an sie gelehnt, und sie sprach zu mir von Gott, daß er Licht sei. Dieses geheimnisvolle Wort bewegte ich lange im Herzen. Vom Tode Jesu hörte ich nur einmal mit Bewußtsein in meiner Kinderzeit. Es war an einem Karfreitag. Meine Mutter war krank, und ich saß auf ihrem Bett. Da erzählte sie, daß die Menschen Jesus ans Kreuz genagelt hätten. Sonst wurde uns Kindern gegenüber alles vermieden, was uns mit dem Begriff Sünde vertraut gemacht hätte. Damit fiel natürlich auch die Notwendigkeit einer Erlösung fort, und die Person Christi blieb uns fern und unverstanden. Und doch regte sich die Sünde im kleinen Herzen, und ich denke noch mit Schrecken an einen Moment, als ich noch sehr klein war und auf den Gedanken kam, Gott zu versuchen. Aber auch anderer Regungen erinnere ich mich. Wenn ich mir mit großem Ernst vornahm, von jetzt ab ganz artig zu sein und nie mehr etwas Böses zu tun. Ich empfand dann schon im voraus die Siegesfreude, die aber leider nicht lange währte, denn sehr schnell war die alte Eva wieder da mit ihrem Trotz und ihrer Empfindlichkeit, und ein Gefühl von Enttäuschung bemächtigte sich meiner.

Ich fing an, sehr gern in der biblischen Geschichte zu lesen, wollte aber nicht, daß es jemand merkte. Hätte ich jemand gehabt, der die Sehnsucht meines Kinderherzens nach Gott verstanden und mir den Weg gezeigt hätte, so wären mir wohl später manche Jahre des Zweifels und innerer Finsternis erspart geblieben. Man meint so oft, Kinder seien noch zu jung, um die Geheimnisse des Gottesreiches zu verstehen und um zu wissen, was Sünde und Erlösung ist, aber ich weiß aus eigener Erfahrung, wie im Verborgenen sich die Sehnsucht nach Licht und Frieden regt und wie ein Kinderherz unbewußt danach schmachten kann, daß seine unausgesprochenen Fragen ihm gelöst und seine Sehnsucht nach dem unbekannten Gott gestillt werde.[1]

Sehnsucht und Zweifel

Nach dem Tode meiner Mutter habe ich eine tiefe Sehnsucht im Herzen gehabt nach irgend etwas, an dem ich mich festhalten könnte. Ob es die Sehnsucht nach meiner Mutter war oder etwas anderes, ich wußte es nicht. Oft saß ich in ihrem Zimmer und las dort am liebsten in ihren Büchern, sie hatte viele religiöse. Ich fand da eins, „Die

Unwahrheiten der Völker", und suchte darin nach Gott. Ich betete auch in dieser Zeit ein halbes Jahr lang: „Lieber Gott, hilf mir glauben." Danach kam ich in Zweifel und Unglauben hinein und gefiel mir darin, wollte gar nicht mehr glauben. ... Mein Vater heiratete wieder, als ich 15 Jahre alt war. Erst war mir der Gedanke, eine andere an dem Platze meiner so heiß-geliebten Mutter zu sehen, gar nicht recht. Doch wir sahen, wie einsam sich unser Vater fühlte, er war auch damals immer so viel auf Reisen und wir oft allein. Meine zweite Mutter war evangelisch, und ich ging zum ersten Mal in eine evangelische Kirche. Mama fand, es wäre auch Zeit, daß ich konfirmiert würde. Ich wollte nicht, denn ich wollte nie etwas bekennen, das ich nicht glaubte. Ich biß die Zähne zusammen, rannte hinauf in mein Zimmer und drohte mit der Faust. Ich wollte mir meine Freiheit nicht rauben lassen. Schließlich überlegte ich mir die Sache, es ist vielleicht ganz gut, wenn du es dir mal anhörst. Aber ich hatte vom ganzen Unterricht nichts. Der war ganz planmäßig, und ich hörte nur den 1. Artikel, wo über Gottes siebenfache Eigenschaften gesprochen wur-de. Ich kam immer mehr in Unglauben und Zweifel hinein, war jetzt oft so unglücklich, hatte gar keinen Halt mehr, lag manchmal auf der Erde, weinte und wälzte mich und wußte nicht, was mir war.

Da schlug ich einmal, als ich 16 Jahre alt war, die Bibel auf und las Johannes 10, wie Jesus sich den guten Hirten nennt. Das hatte ich noch nie gelesen und wußte nicht, daß Jesus das selbst sagte, denn wir durften bis dahin die Bibel nicht in die Hand nehmen. Jetzt zum Unterricht mußte ich sie zum Lernen haben. Mir war das Wörtchen „mein" so groß geworden, „mein Hirte!"[2]

Nichts ist unmöglich!

Eine abgeschlossene weltferne Kindheit, ein großer Geschwisterkreis, die Mutter eine nach Wahrheit suchende, nach Gott dürstende Seele, der Vater das Bild der Kraft, der schöpferischen, alles beherrschenden Energie, ein großes Haus, Park, Feld und Wald, das war mein Kinderland!

Mit 13 Jahren verlor ich meine Mutter. Es war der erste tiefe Schmerz. Mit ihr ging die Sonne unter. Einsam und ernst war's im Hause, der Vater in sich gekehrt und unnahbar, oft abwesend. Augenblicke in seinem Zimmer und weite Gänge durch Wald und Feld mit ihm waren Lichtpunkte. Ich fing an, die Wahrheit zu suchen, und las die Bücher meiner Mutter von der „Urwahrheit in den Völkern". Im häuslichen Schulunterricht wenig christliche Unterweisung, kein Kirchenbesuch, keine Hausandacht, kein Tischgebet. So wuchs ich auf.

Eine zweite Mutter kam ins Haus, der unsere Herzen entgegenflogen. Sie gab uns vorbereitenden Religionsunterricht, las sonntags eine Predigt und nahm sich unser an. Die Frage der Konfirmation wurde erörtert. In mir erweckte sie ein entschlossenes Nein! Die Person Christi war mir ein verhülltes Rätsel. Ich wollte mich unter keinen Umständen zu einem Bekenntnis zwingen lassen, das mir nicht Herzenssache und Lebensbedürfnis war. Trotzig und verschlossen ging ich meinen Weg. Mein großer Hund Thor war mein einziger Freund in jener Zeit, der Wald mein Tröster, der Sturm, der durch die Wipfel brauste, mein Choral. Einige weiche Regungen wachten im Herzen auf, als ich ein armes krankes Kind kennenlernte, das hinter dem Walde in kleiner Hütte wohnte. Es hatte Wunden im Bein, und oft eilte ich vor der Schule mit meinem Hunde zu ihm, um den kranken Fuß mit Jodoform und Gaze zu verbinden. Leise Regungen der Gnade begannen ihren verborgenen Einfluß auszuüben.

Als dann die Zeit nahte zur Rückkehr in das Winterquartier im Berliner Haus, war ich bereit, den Religionsunterricht mitzunehmen, um das Wesen des Christentums, das mir noch völlig fremd war, kennenzulernen. Die freie Entscheidung, wie ich mich persönlich dazu stellen würde, behielt ich mir vor. In dieser Zeit erhielten wir zum ersten Mal ein Neues Testament zum eigenen Gebrauch. Der Unterricht machte zunächst keinen Eindruck auf Herz und Gewissen. Die Stunden waren auszuarbeiten, Bibelstellen dafür aufzuschlagen. Damit beschäftigt, saß ich in meinem Stübchen, gedankenlos blätternd im Neuen Testament. Da fiel mein Auge auf Johannes 10,27/28: „Meine Schafe hören Meine Stimme und Ich kenne sie, und sie folgen Mir; und Ich gebe ihnen das ewige Leben, und sie werden nimmermehr umkommen, und niemand wird sie Mir aus Meiner Hand reißen." Das war der Augenblick meiner Erweckung. Zum erstenmal sah ich, wie in einer plötzlichen Erleuchtung, durch das Wort die Herrlichkeit Jesu als „Guter Hirte", der das Verlorene sucht. Nie war Er mir in dieser Gestalt begegnet, nie hatte ich von Ihm in dieser Weise gehört! Überwältigt und bezwungen lag ich zu Seinen Füßen: Herr, wenn es wahr ist, daß Du der Gute Hirte bist, so will ich auch zu Deiner Herde gehören! Tiefe innere Gewißheit durchzog mein Herz. Wie Sonntagsruhe nach heißem Kampf, so wurde es still in meiner Seele: Er ist – Er lebt – ich bin Sein! Weiter ging meine Erkenntnis nicht, für den Anfang war's genug! Aus dem Tode erwacht zum Leben!

Gleichzeitig mit dieser inneren Offenbarung kam in mein Herz eine ganz neue, bis dahin ungekannte Liebe zu allem, was arm, verlassen, elend, hilfsbedürftig ist. Hatte ich vorher oft fragend vor dem Sinn des Lebens gestanden, vor dem Zweck meines Daseins, jetzt war die Antwort gegeben: Ein Leben der Liebe für andere, das war mein Ziel! Eine längere Krankheit, die gerade dann einsetzte, gab mir Gelegenheit, viel allein zu sein und die Heilige Schrift, die mir ja noch ein fremdes Buch war, zu lesen. Da ging mir eine Wahrheit nach der anderen auf. Auch der ganze Ernst der göttlichen Forderungen an eine ungeteilte Hingabe, an ein Leben der Selbstverleugnung und des Opfers. „Wer nicht absagt allem, was er hat, der kann nicht Mein Jünger sein!" Eine Jüngerin wollte, mußte ich sein, ich konnte nicht mehr zurück, folglich: allem absagen, alles verlassen, Ihm nach!

Obgleich ich dem realen Leben vollständig fremd war, zeigte mir Gott wie in einer weiten Perspektive im Geist die Not der Welt, ganz besonders aber die Armut und Hilfsbedürftigkeit des oberschlesischen Volkes. Das war das Nächste, da lag meine Aufgabe! Das sollte die Liebe meines Lebens werden! Ich fing an, Polnisch zu lernen, als erste Vorbereitung für späteren Dienst. Der Tag der Konfirmation wurde ein Tag persönlicher Weihe und Hingabe und ein freudiges Bekenntnis des Glaubens, der mir zu innerem Erleben geworden war.

Dann ging's nach Oberschlesien zurück. Gern wäre ich dem Drange meines Herzens gefolgt und hätte meine 17jährigen Lebensmöglichkeiten in den Dienst des Volkes meiner Heimat gestellt. Die häuslichen Schranken und der eiserne Wille meines Vaters hielten mich noch zurück. Nur wenn die Mittagsglocken läuteten, ein kurzer Besuch in den unteren Küchenräumen, ein Austeilen der Armensuppe an die Ärmsten und Bettler des Dorfes, der Höhepunkt des Tages! Dort war auch die erste Begegnung mit dem ersten Kind, dem ich meine Liebe schenkte. Der blasse Trinkersohn Norbert, zerlumpt, hungrig, verprügelt und elend aussehend, wurde der Gegenstand meines höchst irdischen Interesses. Ihm helfen, für ihn leben, ihn retten, welch eine Aufgabe! Ich wollte ihn unterbringen bei einer alten Suppenfrau, für ihn zahlen, für ihn nähen und arbeiten. Heimlich nahm ich mein Waldkleid aus dem Schrank, zerschnitt es in ein paar Höschen und sann über das Problem nach, wie es zu einem Anzug sich gestalten ließe. Doch schneller, als ich dachte, fand dieser zarte Frühlingstraum hilfreicher Liebe sein Ende. Mein Vater erfuhr von dem Plan. Mit fester Hand machte er einen Schnitt durch alles: kein Besuch mehr im Küchenflur, keine Beschäftigung mit Norbert, keine weitere Betätigung nach dieser Richtung. Ich war ja auch erst 17 Jahr! Nun hieß es gehorchen. Mit heißen Tränen begrub ich mein Glück, mein grünes Höschen im Flickensack der Nähstube. Warten, die Tage zubringen als Haustochter auf dem Lande, es war schwer und doch heilsam! Denn jetzt lernte ich die erste Lektion von dem großen Wort: Nichts unmöglich!

In meiner Bibel fand ich's wieder und wieder. Der Prophet Jesaja führte mich im 58. Kapitel in die Linien der Aufträge Gottes für mein Leben, und vor der Majestät des Höchsten niedersinkend, antwortete ich auf die Berufung: Hier bin ich, sende mich!

Nach zwei Jahren hatte die Wartezeit ein Ende. Mein Vater gewährte mir den Wunsch, in Bethel unter Pastor von Bodelschwinghs Leitung die Kranken- und Armenpflege zu erlernen. Selige Zeit! Fünf Monate frohen Dienstes an Kranken und Kleinen, an Armen und Verirrten. Ich wußte bis dahin nicht, wie schön das Leben ist: ich war in meinem Element!

... Zurück nach Berlin! Das Schwesternhäubchen abgelegt in der Eisenbahn; noch einmal der Versuch, mich hineinzuziehen in die Welt! Gottes Hand war darüber. Ich brauchte nicht ins Theater! Ich durfte die Kranken in der Charité besuchen! Ich erhielt die Erlaubnis, bei meiner Rückkehr nach Oberschlesien mit dem Dienst im Dorf unter den Armen zu beginnen. Gott ist groß, und alle Wege sind Sein! Er lenkt Herzen wie Wasserbäche; nichts ist ihm unmöglich!

Am 27. Februar 1888 erster Gang ins Dorf! Bald öffneten sich die Türen und Fenster der Häuser, wenn ich vorüberging: „Freliczka, kommen Sie hierher!", wurde mir auf polnisch zugerufen, „hier liegt eins krank." Das Kind, der Mann, die Frau, wie's gerade kam und traf: Verletzungen, Fieber,

Siechtum, und ich keine Ahnung von dem, was eigentlich Krankenpflege ist, trat ein mit dem leisen Flehen um Gottes Leitung und begann meine Kur. Allerhand Hausmittel standen mir zur Verfügung und das heilbringende Wasser in Umschlägen und Wärme, je nach Bedürfnis, schließlich auch der Stahlmagnet, den meine Mutter in ihrer sinnenden Weise als Heilfaktor ergründet und angewendet hatte. Bald hatte ich eine große Praxis im Dorf, war doch kein Arzt weit und breit zu haben, und alle wandten sich mit allen Anliegen an mich um Hilfe.

Ob es wohl viele so glückselige Menschen auf Erden gab? – Wenn ich mit meiner Kanne mit Mehlsuppe und meinem Krankenkorb durchs Dorf zog, überall begehrt, überall zur Tat der Liebe bereit, wer konnte glückseliger sein! Meine kleine Nähschule blühte, mein Verbandszimmer wurde täglich von allerhand Leidenden besucht. Das Morgenfrühstück für die hungernden Kinder, die sonst bis Mittag nichts in den Magen bekamen, war eine Quelle der Freude. Ach, und wie bewegte mein Herz der Einblick in die Lebensnot und Lebensschuld, der ich überall auf meinen Gängen begegnete!

Das war der Anfang! Und als dann am Weihnachtsfest 1888 der Plan von dem ersten Haus auf meinem Tisch lag unter all dem Lichterglanz der Weihnachtskerzen, da war es, als ob der Himmel sich über mir geöffnet hätte, und mit Tränen der Freude hielt ich den sichtbaren Beweis des Wortes in Händen: „Alle Dinge sind möglich bei Gott!"

Nach 1½ Jahren war der Bau vollendet, die Einweihung wurde gefeiert. Ein unvergeßliches Fest! In der kleinen Kapelle versammelte sich zum ersten Mal die winzige evangelische Gemeinde. Der Festgottesdienst wurde gehalten, und an seinem Schluß durfte die 23jährige Hausmutter den Segen zu ihrem Amt empfangen, mit dem Worte des Propheten: „Brich dem Hungrigen dein Brot, und die so im Elend sind, führe in das Haus." Dann kam das Hochzeitsmahl, das große Freudenfest der Armen, an dem fast 100 alte Frauen und Männer im gegenüberliegenden Raum teilnahmen. So gut hat wohl selten das Gastmahl eines Fürsten geschmeckt, wie dieses Freudenfest unseren Armen! Die meisten hatten sich fürsorglich schon ein Töpfchen mitgebracht, unter ihrem großen Umschlagetuch verborgen. Der gefüllte Teller wurde gleich in das bereitstehende Töpfchen auf dem Schoß entleert, so oft bis es voll war, dann erst stillten sie ihren Hunger. Sie fühlten sich zu Hause, die geliebten Alten und Armen! Sie hatten nun eine „Mutterliczka", ein kleines Mütterchen, ach so ein dummes, ein so unpraktisches, ein so untüchtiges! Nur eine Kunst kannte und verstand es: das Liebhaben, und noch eine andere lernte es: das Glauben![3]

Paul Claudel
(1868–1955)

Paul Louis Charles Marie Claudel wuchs zunächst in der Picardie auf, verbrachte aber seine letzten Schuljahre auf einem Pariser Traditionsgymnasium, wo er eine klassisch-philosophische Bildung erhielt. Seine Schwester war die spätere Bildhauerin Camille Claudel.

Als junger Skeptiker besuchte Claudel mit 18 Jahren die Weihnachtsmesse in Notre-Dame, um das fromme Schauspiel zu genießen, als ihn gewissermaßen der Blitz traf und er sich bekehrte. Fortan war er ein gläubiger Katholik. Einen Bericht über diese Bekehrung hat Claudel 1909 verfasst, aber erst 1913 veröffentlicht, also 27 Jahre nach diesem Erlebnis. Die Veröffentlichung fiel ihm nach eigenem Bekunden nicht leicht, aber er überwand auf Bitten anderer seine Scham, sein Innerstes offenzulegen.

Er studierte Politik und Rechte und schrieb daneben Gedichte. Danach wollte er fernöstliche Sprachen studieren. Er bewarb sich aber für eine Ausbildung als Diplomat im konsularischen Dienst, in dem er bis zu seiner Pensionierung tätig war. Zwischen 1893 und 1934 lebte er meist außerhalb Frankreichs, unter anderem in den USA, in China und jeweils für kürzere Zeit in Deutschland, Italien, Brasilien und Dänemark. Von 1921 bis 1927 arbeitete er in Tokio, anschließend nochmals in den USA (1927–1933) sowie in Belgien.

In einem Gespräch mit dem gleichaltrigen Schriftsteller André Gide äußerte Claudel 1905, dass er zunächst glaubte, die Kunst der Religion opfern zu müssen, und daher nichts mehr

~ 127 ~

geschrieben habe. Doch dann habe er erkannt, „dass Kunst und Religion in uns keinen Antagonismus bilden müssen". Ihm erschien jedenfalls eine „rein ästhetische Existenz" nicht akzeptabel, außerdem nahm er seinen diplomatischen Dienst sehr ernst. Gide hingegen – den Claudel lange für den katholischen Glauben und eine Bekehrung zu gewinnen versuchte – meinte bildhaft, Claudel verwüste mit den Schlägen der Monstranz die Literatur.

Claudel ist bekannt als Repräsentant des „Renouveau catholique", der katholischen Erneuerungsbewegung Frankreichs. Sein dichterisches Werk lebt aus dem Katholizismus. Es umfasst Lyrik, Philosophisch-Essayistisches und wenig bühnengeeignete Theaterstücke. Als sein Hauptwerk gilt das Drama „Le soulier de satin" („Der seidene Schuh", 1925), das eine Summe seines Denkens darstellt. Es ist eher als ein Gesamtkunstwerk zu bezeichnen, das Tanz, Musik und alle anderen Mittel der modernen Bühne einbezieht.

Außerdem verfasste er Textbücher für mehrere Opern (Arthur Honegger, Darius Milhaud). In den letzten 30 Jahren seines Lebens schrieb Claudel nur noch gelegentlich Gedichte und Bühnenwerke; er widmete sich vielmehr dem Studium und der dichterischen Auslegung der Heiligen Schrift: „Fast 20 Jahre lang gipfeln alle meine Anstrengungen darin, Liebe zu diesem Buch zu verbreiten, nachdem die Gelehrten nichts anderes erreicht haben, als es verächtlich zu machen." Seine Exegesen der biblischen Texte sind allerdings aus inhaltlicher Sicht fragwürdig.

1946 wurde Claudel in die Académie Française aufgenommen. Der Einfluss seiner Werke blieb durch den kompromisslos vertretenen Katholizismus eingeschränkt.

Meine Bekehrung

Am 6. August 1868 wurde ich geboren. Meine Bekehrung vollzog sich am 25. Dezember 1886. Ich war also achtzehn Jahre alt. Doch war ich zu jenem Zeitpunkt in meiner geistigen Entwicklung bereits sehr weit fortgeschritten. Obwohl ich von beiden Seiten in einer Ahnenreihe von Gläubigen stand, die der Kirche eine Reihe von Priestern gestellt hatte, war meine Familie religiös gleichgültig und stand seit unserer Übersiedlung nach Paris allen Dingen des Glaubens entschieden fremd gegenüber. Zuvor hatte ich eine schöne erste Heilige Kommunion gefeiert, die wie für die meisten jungen Menschen damals zugleich die Krönung und den Schlußpunkt meines religiösen Lebens bildete. Zunächst wurde ich durch einen freidenkerischen Professor, dann in Provinzgymnasien und schließlich im Lycée Louis-le-Grand erzogen, richtiger gesagt unterrichtet. Beim Eintritt in diese Anstalt hatte ich meinen Glauben bereits verloren, der mir unvereinbar schien mit der Vorstellung von der Pluralität der Welten. Die Lektüre des „Leben Jesu" von Renan lieferte neue Vorwände für diesen Wandel in meinen Überzeugungen, den in meiner Umgebung übrigens alles erleichterte, ja sogar ermutigte. Man entsinne sich nur jener traurigen Zeit der achtziger Jahre, jener Epoche der Hochblüte der naturalistischen Literatur. Niemals schien das Joch der Materie dauerhafter geschmiedet. Alles, was in Kunst, Wissenschaft und Literatur einen Namen hatte, war irreligiös. Alle (sogenannten) großen Männer des ausklingenden Jahrhunderts hatten sich durch ihre Feindseligkeit gegenüber der Kirche ausgezeichnet. Renan beherrschte das Feld. Er präsidierte die letzte Preisverteilung am Lycée Louis-le-Grand, bei der ich anwesend war; wenn ich mich recht entsinne, empfing ich aus seinen Händen einen Preis. Victor Hugo war soeben in einer Apotheose entschwunden. Mit achtzehn Jahren glaubte ich also, was die Mehrzahl der sogenannten gebildeten Menschen jener

Zeit glaubten. Der große Gedanke vom Individualismus und von der Fleisch gewordenen Wahrheit war in mir getrübt. Ich eignete mir die monistische und mechanistische Hypothese in ihrer ganzen Strenge an; ich glaubte, alles sei „Gesetzen" unterworfen, und diese Welt sei eine Verkettung von Ursachen und Wirkungen, welche die Wissenschaft bereits übermorgen vollständig entwirren würde. All das kam mir im übrigen sehr betrüblich und äußerst langweilig vor. Den Kantschen Pflichtgedanken, den mein Philosophieprofessor, Burdeau, vor uns entwickelte, vermochte ich niemals zu verdauen. Im übrigen führte ich ein unmoralisches Leben und verfiel nach und nach in einen Zustand der Verzweiflung. Der Tod meines Großvaters, den ich monatelang an Magenkrebs dahinsiechen sah, hatte mir einen tiefen Schrecken versetzt; seitdem verließ mich der Gedanke an den Tod nicht mehr.

Alles, was Religion betraf, hatte ich vollständig vergessen, und ich befand mich in diesem Betracht im Zustand der Unwissenheit eines Wilden. Ein erster Schimmer der Wahrheit drang zu mir durch die Begegnung mit den Büchern eines großen Dichters, dem ich hierfür ewigen Dank schulde; bei der Formung meines Denkens hat er eine überragende Rolle gespielt: es war Arthur Rimbaud. Die Lektüre der „Illumination" und einige Monate später der „Saison en enfer" waren für mich ein entscheidungsvolles Ereignis. Zum erstenmal wurde durch diese Bücher eine Bresche in mein materialistisches Bagno geschlagen, sie vermittelten mir den lebendigen, beinahe physischen Eindruck des Übernatürlichen. Mein mir bereits zur Gewohnheit gewordener Zustand der Betäubung und Verzweiflung blieb jedoch unverändert.

So stand es um das unglückliche Kind, das sich am 25. Dezember 1886 in Notre-Dame de Paris begab, um dort dem Weihnachtshochamt beizuwohnen. Damals fing ich zu schriftstellern an und hatte die Vorstellung, ich könnte in den katholischen Zeremonien, die ich mit dünkelhaftem Dilettantismus betrachtete, ein geeignetes Reizmittel und den

Stoff für ein paar dekadente Übungen finden. In dieser Stimmung wohnte ich, von der Menge gestoßen und gedrückt, dem Hochamt mit mäßigem Vergnügen bei. Dann, da ich nichts Besseres zu tun hatte, kam ich zur Vesper wieder hin. Die Knaben der Singschule in weißen Gewändern sangen gerade, und die Schüler des kleinen Seminars Saint-Nicolas-du-Chardonnet, die ihnen dabei zur Seite standen, hatten eben, wie ich später erfuhr, das „Magnificat" angestimmt. Ich selbst stand unter der Menge in der Nähe des zweiten Pfeilers am Choranfang, rechts auf der Seite der Sakristei. Da nun vollzog sich das Ereignis, das für mein ganzes Leben bestimmend sein sollte. In einem Nu wurde mein Herz ergriffen, ich glaubte. Ich glaubte mit einer so mächtigen inneren Zustimmung, mein ganzes Sein wurde geradezu gewaltsam emporgerissen, ich glaubte mit einer so starken Überzeugung, mit solch unbeschreiblicher Gewißheit, daß keinerlei Platz auch nur für den leisesten Zweifel offenblieb, daß von diesem Tage an alle Bücher, alles Klügeln, alle Zufälle eines bewegten Lebens meinen Glauben nicht zu erschüttern, ja auch nur anzutasten vermochten. Ich hatte plötzlich das durchbohrende Gefühl der Unschuld, der ewigen Kindschaft Gottes, einer unaussprechlichen Offenbarung. Bei dem Versuch, den ich schon öfter angestellt habe, die Minuten zu rekonstruieren, die diesem außergewöhnlichen Augenblick folgten, stoße ich auf eine Reihe von Elementen, die indessen nur einen einzigen Blitz bildeten, eine einzige Waffe, deren die göttliche Vorsehung sich bediente, um endlich das Herz eines armen verzweifelten Kindes zu treffen und sich den Zugang zu ihm zu verschaffen: Wie glücklich doch die Menschen sind, die einen Glauben haben! Wenn es wirklich wahr wäre? Es ist wahr! Gott existiert, er ist da. Es ist jemand, es ist ein ebenso persönliches Wesen wie ich! Er liebt mich, er ruft mich. Tränen und Schluchzer überkamen mich, und der liebliche Gesang des „Adeste" trug noch das seinige zu meiner Erschütterung bei. Eine recht süße Erschütterung übrigens, der sich dennoch ein Gefühl des Schauders, ja beinahe des Schreckens zugesellte! Denn meine philosophischen Überzeugungen blieben unangetastet. Gott achtete ihrer nicht und überließ sie ihrem Schicksal; sie zu ändern, sah ich keinen Anlaß; die katholische Religion kam mir nach wie vor wie eine Sammlung törichter Anekdoten vor; ihre Priester und Gläubigen flößten mir immer noch den gleichen Widerwillen ein, der sich bis zu Haß, ja bis zu Ekel steigerte. Das Gebäude meiner Ansichten und Kenntnisse brach nicht zusammen, an ihm entdeckte ich keinen Fehler. Es war nur eines geschehen, ich war aus ihm herausgetreten! Ein neues, gewaltiges Wesen mit schrecklichen Forderungen an den jungen Menschen und Künstler, der ich war, hatte sich offenbart; doch ich verstand nicht, es mit irgend etwas von dem, was mich umgab, in Einklang zu bringen. Der Zustand eines Mannes, den man mit einem Griff aus seiner Haut reißt und in einen fremden Körper in einer ihm unbekannten Welt verpflanzt, ist der einzige Vergleich, der annähernd diesen Zustand völliger Fassungslosigkeit veranschaulichen könnte. Was meinen Ansichten und Neigungen am meisten widersprach, gerade das sollte wahr sein, gerade damit sollte man sich wohl oder übel zurechtfinden. Ach! Dann aber wenigstens nicht, ohne daß ich nicht alles, was in meiner Macht stünde, an Widerstand aufzubieten versucht hätte.

Dieser Widerstand hat vier Jahre lang gedauert. Ich wage zu behaupten, daß ich mich tapfer geschlagen habe und daß der Kampf ohne allen Falsch und bis zum Ende geführt wurde. Nichts wurde unversucht gelassen. Alle Verteidigungsmöglichkeiten wandte ich an und mußte dennoch eine nach der andern meiner Waffen strecken, sie verhalfen mir zu nichts. Es war die große Krise meines Lebens, jene geistige Auseinandersetzung auf Leben und Tod, von der Arthur Rimbaud geschrieben hat: Der geistige Kampf ist ebenso brutal wie das Schlachtgetümmel der Menschen. Harte Nacht! Noch dampft das getrocknete Blut auf meinem Gesicht! Junge Menschen, die so leichtfertig ihren Glauben wegwerfen, wissen nicht, was es kostet, ihn wiederzuerlangen, mit was für Qualen sie dafür zahlen müssen. Der Gedanke an die Hölle und auch der Gedanke an all das Schöne und die Freuden, die zu opfern meiner Meinung nach die Rückkehr zur Wahrheit mir auferlegte, waren es vor allem, die mich zurückhielten.

Und doch hatte ich noch am Abend jenes denkwürdigen Tages in Notre-Dame, nachdem ich durch die regennassen Straßen, die mir nun ganz fremd vorkamen, nach Hause zurückgekehrt war, nach einer protestantischen Bibel gegriffen, die eine deutsche Freundin früher einmal meiner Schwester Camille gegeben hatte, und zum erstenmal vernahm ich dem Klang jener sanften und doch unbeugsamen Stimme, die seither unablässig in meinem Herzen nachhallt.[1]

Das Schlechte und die Freiheit

Aber weshalb hat Gott dem Menschen diese Freiheit denn gegeben, wo Er doch voraussah, jener werde einen schlechten Gebrauch davon machen?

Ich antworte, daß Gott einen unfreien Menschen so wenig schaffen konnte wie ein eckiges Rad. In jedes Wesen hat Er eine Kraft gesenkt, die dessen Natur entspricht und notwendig ist zu dessen Wirksamkeit. Bei Steinen und Pflanzen ist sie rein stofflich, bei den Tieren triebhaft und einer bestimmten Zahl von Daseinsbedingungen angepaßt, beim Menschen vernünftig, so daß sich dieser durch die Erfassung des Allgemeinen zurechtfindet und berufen ist, durch Einsicht in die Ursachen und durch deren Ins-Werk-Setzen das ganze Weltall auszubeuten. Wer einer Ordnung unterworfen ist, ist nicht frei; wer unter allen möglichen Ordnungen zu wählen hat, kann nicht anders sein als frei. Denn seine Wahl wird nicht mehr durch Notwendigkeit bestimmt, sondern durch ein vernünftiges Wohlgefallen am Besseren.[2]

Alfred Döblin

(1878–1957)

Alfred Bruno Döblin entstammte einer jüdischen Kaufmanns-
familie aus Stettin. Nachdem der Vater die Familie verlassen
hatte, siedelte die Mutter mit den fünf Kindern 1888 nach Berlin über.
Döblin studierte Medizin in Berlin und Freiburg/Breisgau,
wo er 1905 promovierte. 1910 wurde er Mitarbeiter der expres-
sionistischen Zeitschrift „Der Sturm". Er gehörte zu den ersten Schriftstellern, die den Rundfunk als Medium nutzten.
Seit 1911 arbeitete er zunächst als Praktischer Arzt und
Gynäkologe, später als Nervenarzt in Berlin. Von 1913 an
publizierte er Romane, Dramen und Essays. Aus der jüdischen
Gemeinde war er ausgetreten. 1914 diente er freiwillig als
Militärarzt im Ersten Weltkrieg, 1918 trat er der USPD bei, und
1919 legte er in einem Zeitschriftenartikel ein Bekenntnis zum
Atheismus ab (siehe Text 1 und Text 2). Bereits 1926 wurde er
Mitglied der Preußischen Akademie der Schönen Künste. 1929
erschien sein Roman „Berlin Alexanderplatz", der erste und
bedeutendste deutsche Großstadtroman, der das Berlin der
20er Jahre mittels Simultantechnik und inneren Monologen
unnachahmlich einfing und Döblin zu einem der wichtigsten
Romanautoren der klassischen Moderne machte. In der Berliner Zeit schrieb Döblin auch zahlreiche politische Zeitungs-
artikel unter dem Pseudonym „Linke Poot".
1933, als seine Bücher den Bücherverbrennungen der
Nationalsozialisten zum Opfer fielen, floh er mit seiner Frau
und dem jüngsten von vier Kindern nach Paris, wo er im

französischen Informationsministerium tätig wurde. 1936 eingebürgert, musste Döblin 1940 wieder vor den Nationalsozialisten fliehen und gelangte über Südfrankreich, Spanien und Portugal nach New York. Über diese qualvolle Zeit berichtet er in seinem nach dem Krieg veröffentlichten Werk „Schicksalsreise" (1949). Darin beschreibt er auch, wie er, Zuflucht suchend in der Kathedrale von Mende in Südfrankreich und anderen Gotteshäusern, zum Glauben an Jesus Christus fand und schließlich zum katholischen Glauben übertrat. Am 30. November 1941 wurden Döblin, seine Frau Erna und sein Sohn Stephan in Hollywood katholisch getauft. Die Eltern wollten, dass ihr Sohn katholisch erzogen wurde. Im Jahr 1943, als die intellektuelle Prominenz aus Deutschland im Exil in Santa Monica Döblins 65. Geburtstag feierte, ergriff er selbst vor Bert Brecht, Heinrich und Thomas Mann, Hanns Eisler, Fritz Kortner und anderen das Wort und berichtete von seiner Bekehrung und Taufe, was einen Eklat auslöste. Am schroffsten fiel wohl Brechts Reaktion aus, der seinen Abscheu vor Döblins unerwarteter Wende in dem Gedicht „Peinlicher Vorfall" kundtat.

Wie viele andere Emigranten taten Döblin und seine Familie sich in der fremden Umgebung sehr schwer und fühlten sich kulturell isoliert. Auch beruflich konnte er nicht Fuß fassen. Als einer der ersten Exilautoren kehrte er 1945 nach Deutschland zurück und wurde Literaturinspecteur bei der Französischen Militärverwaltung.

Erst mit der Veröffentlichung seines Religionsgesprächs „Der unsterbliche Mensch" (1946) wurde sein Übertritt zum Christentum einer breiten Öffentlichkeit bekannt. Er stieß auf Spott und Überheblichkeit in der damals notorisch religionskritischen Literaturszene und wurde diskreditiert. Man verdächtigte ihn der Flucht aus der Wirklichkeit und des Abgleitens ins Mystizistische und Irrationale. Seine späteren, vom katholischen Glauben geprägten Werke wurden kaum rezipiert. Er musste miterleben, wie ihm – möglicherweise auch wegen seiner Konversion – der große Erfolg verwehrt blieb. So erhielt er nie den Literaturnobelpreis, obwohl er mehrmals dafür vorgeschlagen wurde. Er kommentierte dies mit den Worten „So viel wie die langweilige Limonade Hermann Hesse [Literatur-Nobelpreis 1946] bin ich schon lange."

In der politischen Restauration der Nachkriegszeit konnte Döblin sich nicht mehr zurechtfinden und so ging er 1953 wieder nach Frankreich. 1956 kehrte er aber nach Deutschland zurück. Bitterkeit und Enttäuschung prägten neben der Parkinson-Krankheit, an der Döblin starb, seine letzten Jahre.

Jenseits von Gott!

Man sage nicht, daß Gott tot sei für die Ungläubigen. Als etwas, das nicht lebt und nicht stirbt, als ein Gespenst geht er unter ihnen um in einem schrecklichen erschütternden Marasmus (=Energiemangel).

Was dies ist, Gott, und was mit ihm zusammenhängt? Ein Anachronismus, den wir alle nur so nennen, der er nicht sein will, ein nur literarisch Überwundenes, das spöttisch immer wieder vor uns aufsteht. Dieser Antaios findet immer wieder zu dem Boden zurück, von dem er sich Kräfte holt.

Ich selber nach solcher Schulung in den blühenden Wissenschaften trage Gott als wirksames Element in mir, weise ihn von mir, schäme mich, seiner und der Mythen, die um ihn sind, wüte gegen das Brandmal, fühle mich versklavt – und er lockt wieder, ist da ist da. Er findet sich in mir vor, wie etwas Selbständiges, das ich nicht aus meinem Haus weisen kann, ja, das mitbesitzend in diesem Hause wohnt. Aber ich will ihn nicht, ich brauche ihn nicht, er steht leichenhaft in mir herum.

Ich muß feststellen, was das ist, das ihn so verewigt; der Boden muß durchwühlt werden. Es soll niemand ein Unrecht geschehen, weder mir noch ihm. Nicht darauf kommt es an, das Gespenst zu beseitigen, sondern darauf, sowohl das Gespenst zu beseitigen als auch zu etwas anderem hinzufinden, wonach ich offenbar dränge, und was sich ratlos jetzt noch an die Leiche, das Gespenst, eine historische Blüte hängt, sie begießend, die längst wurzellos und eingetrocknet ist.

In einem unhaltbaren gepeinigten ärgerlichen Durcheinander befinde ich mich. Daß ich nicht längst reinen Tisch gemacht habe. Verwahrlosung: der erbärmliche Zustand, in dem ich mich befinde. ... Es ist in mir, so alt ich bin, zu keiner Klarheit, Reinigung, Durchdringung gekommen, die Entschlossenheit fehlte, es brannte mir nicht auf den Nägeln, oder doch nicht sehr. Aber von Jahr zu Jahr brennt es heftiger.

Es muß dazu kommen: Gott muß beseitigt werden; erst muß es heißen: los von Gott.[1]

„Gott" gibt es nicht

Unbestritten der Antiquitätswert der Religionen. Unbestritten die weitgehendenden höchst geschickten Anpassungsversuche. Unbestritten aber unsere Existenzberechtigung. Alle Jungbrunnen-Kuren dieser Religionen, zauberischen Umwandlungen helfen nichts. Wir sitzen auf einem trockenen Ast. Die Bemühungen werden zur Quälerei. Einmal geht's nicht mehr, es ist schon zuviel daran gebogen, es ist einfach kaputt.

Es gibt mit Sicherheit nichts, was „Gott" wäre. Eine üble und peinliche Anstrengung, Gott noch irgendwie unterzubringen; wie wenn man eine rostige Maschine überlebtester Konstruktion noch durchaus verwenden wollte, statt sie zum alten Eisen zu werfen. Pietät und kein Ende, Trägheit und kein Ende, Verschlampung, Verphrasung, Verwahrlosung. In einer Republik arbeitet man nicht mehr mit Fürstentiteln, Wappenschildern, und sie waren doch schön. Es hat keinen Zweck, Gott auf die Beine zu helfen, indem man ihn mit der Natur identifiziert; nichts entsteht dabei als Blendwerk, falsche Leitideen, falsche Richtungen, Scheuklappen, Unfähigkeit, die Sache gegenständlich, unmythologisch zu sehen.

Die Gesellschaften, Gruppen, Lebensverbände von jetzt haben kein Interesse mehr an dem Fahneneid für den jüdischen Nationalgott, kein übertriebenes Interesse an den Klassenkampfideen des Christentums und den entsprechenden Legenden. Zu viel Acker bleibt dabei unbestellt; man glaubt selbst Existenzberechtigung zu haben.

Die abgestorbenen oder absterbenden Religionen leben wesentlich vom Mangel an Konkurrenz. Dazu werden für ihre Pflege, Bedienung, Anpreisung große Scharen Menschen aufgeboten, die sich mit diesen verdorrten Dingen befassen, von der Beschäftigung leben. Das stützt sich gegenseitig. Der Apparat ist enorm ausgebaut. Von Wegblasen kann keine Rede sein.[2]

Habe keiner Angst, der gläubig ist, um seinen Glauben. Fürchte sich keiner vor einem Angriff von Ketzern auf die Religion. Hier handelt es sich um die Ungläubigen, die es aber ablehnen, sich mit diesem Wort charakterisieren zu lassen. Es handelt sich für uns um Selbstbehauptung, um entschlossene Aufrichtung neben der erdrückenden bodenbedeckenden Größe der Kirche. Ich lebe nicht im Schatten der alten Religion, bin nicht abgefallen. Bin weder Kirchler noch Ketzer, sondern für mich.[3]

Die Götter meiner Jugend

Zu Kleist, den ich in mein erwachendes Herz schloß, gesellte sich Hölderlin. Kleist und Hölderlin wurden die Götter meiner Jugend. „Du sollst keinen anderen Gott neben mir haben, ich bin der Herr, dein Gott" – das hatte ich gelesen und gehört, aber dabei war es geblieben. Denn wodurch bewies er sich mir als Gott? Die Welt verlief draußen als sichtbar, nachweisbar, berechenbar, ohne Gott, nach Naturgesetzen. Sie verlief „natürlich". Ich fragte noch nicht, was denn aber „natürlich" war. Und die Geschichte verlief im Rahmen des Staates und der menschlichen Gesellschaft. Und wenn die Anhänger Gottes, der keinen anderen neben sich wollte, an ihn glaubten, so mochten sie es tun, aber es war ihre Privatsache. Meine eigene Privatsache war etwas anderes.[4]

Auf der Flucht – Station in Mende

Ein neuer Tag. Gestern beim Sonntagsgottesdienst wurde mir klar, warum mein Gefühl – von den geheimen Kräften, die unser Schicksal leiten – und der Jesusgedanke so schwer zusammengehen.

Jesus am Kreuz mit der Dornenkrone sehe ich als Inkarnation des menschlichen Jammers, unserer Schwäche und Hilflosigkeit. Aber, es ist nicht das, was ich suche. Diese Wahrheit leugne ich nicht. Aber was kann sie mir jetzt bedeuten? Es ist eine Wahrheit für andere Situationen als für meine. Der Gekreuzigte ist ein Anblick für „glückverhärtete Herzen". Aber wurde nicht auch gesagt, er sei der Heiland? Es hieß, er bringe „die gute Botschaft", sei der Sohn Gottes, sei von Gott gesandt, um das Elend der Menschen zu wenden. Wo sehe ich das?

Statt dessen quälen sie mich. Sie reden von seiner Passionsgeschichte. Aber daß unser Dasein qualvoll und voller Leiden ist – dies uns zu sagen, braucht kein Gott zu kommen. Nötig wäre die Begründung, die Rechtfertigung unseres Zustandes und das siegreiche Wort, daß wir nicht vergeblich und hoffnungslos leiden.

Um den Passionsweg haben sie aber alles gruppiert. Es bleibt das Andere, das Eigentliche, das, was uns allen fehlt und was keine sonstige Wissenschaft lehrt: die Vernichtung des Elends und der Schwäche durch die Erhebung, der Sieg über die kreatürliche Bedürftigkeit.

Wie die Priester finster in der Kathedrale am Altar wirken. Wie die Gläubigen still herumgehen und sitzen. Warum nur, man ist in einer christlichen Kathedrale und es ist keiner gestorben, sondern einer auferstanden!

Wirklich, die Kirche hat aus Gründen, die ich nicht kenne, hier etwas vernachlässigt.

... Ich saß wieder lange in der Kathedrale und suchte meine Gedanken – von den geheimen Kräften, die unser Schicksal leiten, von dem ewigen Urgrund, der uns trägt und

hält – mit dem Bild des Gekreuzigten zu verbinden. ... Der
Gekreuzigte lässt mich nicht los. Seine Figur und wie sich die
Religion um ihn gebildet hat, erregen mich. Aber ich gelange
nicht dazu, das, was ich als wahr empfinde, mit seinem Bild
zu verknüpfen.[5]

Unter dem Kruzifix

Ich sitze in Sichtweite des Kruzifixes.
Wenn ich die Augen schließe, fühle ich das Kruzifix oben
rechts als eine strahlende Wärme.

Ich saß in Mende auf der Bank, in der fast leeren Kirche,
meine Blicke wanderten zu dem, der dort schrecklich hing,
fragten, kehrten leer wieder. Ich erinnere mich. Jetzt – ist eine
Vertraulichkeit da zwischen dem Kruzifix und mir. Es besteht
ein Geheimnis zwischen uns. Der am Kreuz hängt, spricht
nicht zu mir, aber ich spreche zu ihm. Ich frage nicht. Ich
fühle: Oh du! Ich nicht, ich bin auf der Flucht, und da ist man
gehetzt und es gibt Grauen. Aber was ist das, verglichen mit
dem Grauen, durch das du hast gehen müssen auf unserer
Erde, unter uns Menschen.

Siehe da, stelle ich fest: es ist doch nicht alles verloren
und aufgegeben von Mende. Ich trage etwas davon in mir. Ich
habe in Beziers meine Kleider gewechselt, aber alles habe ich
nicht abgelegt.

Ich brauche nicht in die Kirche zu gehen. Der Anblick
der Kirchen erfreut mich. Denn da drin – weiß ich, hängt Er
am Kreuz.

Oh ich habe oft ungeheure Sehnsucht nach Ihm, nach
Dir. Aber – ich nähere mich nicht. Es ist über meine Kraft. Ja,
ich fürchte mich. Es müßte einer kommen und mich anfas-
sen und hinziehen.[6]

Es geht nicht weiter

Es bleibt etwas Schreckliches um das Grübeln; das mir noch keine Ruhe läßt. Manchmal ist es, als ob ein Satan mir einen Strich durch die Rechnung macht. Die Dinge kommen nicht zur Ruhe, weil ich keinen Abschluß finde. Einmal sitze ich da und bekritzele das Papier mit Notizen. Ich will schreiben: „Wer Gott ist und was er mit uns vorhat." Und wie ich es nachher ansehe, steht da: „Wer Gott ist und was er mit sich vorhat." Darüber sitze ich und kann nicht weiter.[7]

Was würde Jesus heute sagen?

Schwer zu denken, was Jesus heute sagen würde, wenn er uns sähe – was er zu „Seinen" Kirchen, „Seinen" Priestern sagen würde. Unsere Not ist so groß wie zu seiner Zeit. Wir wissen uns nicht zu helfen, und man spricht nicht deutlich zu uns. Man spricht über uns hinweg. Wo sind wir nur? Man läßt uns nicht leben, Staaten, Einrichtungen, Konventionen handeln und nehmen die Bühne ein, unsere Bühne, und wir müssen uns mit den Plätzen stummer passiver Zuschauer begnügen.

Jesus wollte die Menschen einrenken, in ihre ursprüngliche Beziehung zum göttlichen Grund ihres Daseins bringen. Die natürliche Beziehung ist die der Kinder zum Vater. Das ist nicht die Beziehung von Geschöpfen zu ihrem Macher. Sogar im Alten Testament war der Mensch kein bloßer Erdenkloß; der göttliche Odem wurde ihm eingeblasen.

Die schweren Kirchen, der Prunk, der ungeheure Apparat und die Theologie. Was Jesus wollte, lief auf das Einfachste hinaus, das ist: Zu Gott beten, ihm für das Dasein danken, sich dem menschlichen Geschick unterwerfen, seine Verantwortung kennen, Brüder und Schwestern in allen Menschen sehen, und so leben, mutig und aufrecht, und auch den Tod als unsern Tod, zu uns gehörig, annehmen und begrüßen. Wie sind wir abgeglitten.[8]

Eine christliche Erziehung?

Man konnte den Jungen nicht so aufwachsen lassen, ohne Wissen von dem, was die Welt und die menschliche Existenz war, ohne Kenntnis von unserem Los, ohne Weg und ohne Halt. Denn weder der Unterricht in Sprachen, Mathematik, Naturkunde noch der gute Gemeinschaftsgeist konnte es leisten. Woran sollte eine junge Pflanze sich hochranken? Wir waren selbst so aufgewachsen. Wir hatten Sprachen, Mathematik und Naturwissenschaften geschluckt, mit welchem Ergebnis? Wie hatte es uns geformt? Der Junge sollte besser geführt werden.

Wir sprachen vom Christentum. Wie kam ich darauf, davon zu sprechen? Es war so: ich ließ die Dinge, wie es meine Gewohnheit war, sich hinziehen, ohne sie zu bedrängen. Aber wie ich den Jungen so sah, schien es mir, man konnte zwar mit sich so umgehen und die Dinge so hinziehen lassen, aber ihn so zu lassen, war unrecht.

Ich hatte mich inzwischen nicht bewußt um die christlichen Dinge bemüht. Ich ließ sie in mir arbeiten. Ich wartete, bis die Dinge reif wurden und etwas an mein Bewußtsein kam. Wir waren, meine Frau und ich, nun der Meinung, man müßte die bisherige unernste Art unseres Hinlebens beenden. Wir konnten den Jungen nicht in derselben Weise an die Schule, den Staat und die Dinge des Tages weggeben, wie man uns ihnen einmal hingegeben, weggegeben, hingeworfen hatte, und wir sollten sehen, wie wir mit ihnen fertig würden, falls sie nicht vorher mit uns fertig wurden. Ein wirkliches Koordinatensystem mußte das Leben haben, und keinen bloßen, leblosen Rahmen.

Der Tag, die Politik, Krieg und Frieden durfte nicht das A und O der Existenz bilden. Unter dem Namen: „Der Ursinn" stand mir ja seit lange eine Wahrheit fest, ich hatte sie dunkel im Gefühl und fand sie sichtbar bestätigt in der Natur, in ihren großen und kleinen Dingen – aber weder auf mein Handeln noch auf die Ordnung des täglichen Lebens gewann diese Wahrheit Einfluß. Sie blieb stumme Wahrheit, regloses Wissen. Ein Kind ließ sich damit gewiß nicht führen, und ich selber konnte sie nicht in meinen Alltag tragen. Nun sollte das, was ich in mir trug, an den Tag. Es verlangte danach. Es war so weit. Das Herz war voll und der Mund ging über.

Die Katastrophe, in die ich hineingerissen war, sollte aufbewahrt werden und der Verschüttung durch die Zeit entgehen. Es sollte ihr ein Denkmal gesetzt werden. Und das sollte kein bloßes Erinnerungszeichen sein. Das Christentum – war ich schon so weit? Womit? Worin? In Gedanken, in formulierbaren, war ich kaum fortgeschritten. Aber die dunkle Neigung, der Hang, ja der Wille war gebieterisch geworden. Mir war sicher, obwohl ich nicht wußte warum: es war das Christentum, Jesus am Kreuz, was ich wollte. Ich hatte keine Schritte getan, um mich ihm zu nähern, ich hatte keine Bücher gewälzt. Kaum daß ich einmal in die Evangelien blickte. Ich mochte es nicht. Ich mochte nichts tun, um mich zu nähern – aus Scheu, denn ich fühlte, jede Bewegung in dieser Richtung, von mir ausgeführt, konnte falsch sein, gefährlich. Wie ein zartes Flämmchen hielt ich, beschützte ich ein Gefühl in mir, das da seit langem brannte. Es brannte wahrhaftig verloren, wie eine einzelne Altarkerze in einem schwarzen Dom.[9]

Wo ist die Wahrheit?

Als es darum ging, sich um die Erziehung des Jungen zu kümmern, öffnete ich den Mund. Ich sprach mit meiner Frau und brachte das Gespräch auf das Christentum.

Wenn auch über meine Gedanken das Christentum noch keine Kraft hatte, mein Schiffchen suchte diesen Kurs und ließ sich nicht aufhalten. Ich empfand eine große Wärme, eine unbedingte Sicherheit in mir, wenn diese Dinge in mir auftauchten. Ich sollte mich jetzt konkreter und bewußter mit ihnen befassen, die ich geglaubt hatte, noch weiter sprachlos, formlos als Gefühl in mir zu bewahren.

Ich überzeugte mich in den Bibliotheken: es gab nicht nur die alte Spaltung in zwei orthodoxe Kirchen, und nicht nur die jüngere Spaltung in eine orthodoxe und reformierte protestantische Kirche, sondern noch innerhalb der abgespaltenen protestantischen Kirche gab es hunderte Spielarten, verschiedene Bekenntnisse und Sekten. So viele Kirchen und Kirchlein, und alle gruppierten sich um das Kreuz. Wo war die Wahrheit, wohin sollte ich mich wenden? Wie sollte ich mich orientieren, was diese verschiedenen Bekenntnisse voneinander trennte – denn ich mußte zu einem bestimmten Bekenntnis gehen und konnte nicht isoliert und im leeren geistigen Raum bleiben. In welche Haut sollte ich schlüpfen?

Man mußte sich schon umsehen; es war eine zum Verzweifeln schwere Sache. Wie sollte das überhaupt sein, daß man eine Religion „wählte", und sie sich quasi aus einer Kollektion aussuchte! In der Tat, nachdem ich einige Wochen in Bibliotheken gesucht und gelesen hatte, sah ich keinen Weg. Diese Bemühung ermüdete und war sinnlos. Ich hatte sogar Furcht, dabei das Flämmchen in mir auszulöschen.

Wie sich aber schon auf der Reise, bei der Flucht, so oft der Finger Gottes gezeigt hatte, so tat er es jetzt. Und nachträglich meine ich: es war eigentlich selbstverständlich, nein, naheliegend und zu erwarten, daß er sich hier einmischte, der Himmlische, wo es sich um den Weg zu ihm selber handelte. Wir standen in freundschaftlicher Verbindung mit einem Kunsthistoriker, einem deutschen Gelehrten, der erst vor kurzem mit seiner Familie Deutschland verlassen hatte. Er war

Westfale und aus einem frommen katholischen Hause. Mit ihm kamen wir ins Gespräch, auch über das Thema, das uns beschäftigte, und da meinte er: wir wohnten ja in der Nähe einer Kirche, an der gute, gebildete und aufgeschlossene Priester waren, eine jesuitische Kirche. Die Priester seien gewiß zu Besprechungen bereit.

Es kam zu einer Verabredung mit ihnen. Die Priester wußten, was wir wollten. Wir kamen oft. Von uns wurde es aufgefaßt als eine Gelegenheit, sich zu informieren. Es wurde rasch mehr und etwas anderes. ... Ich nahm an den Stunden teil, wie gesagt, um über den christlichen Glauben etwas zu erfahren aus dem Munde eines Katholiken. Ich wollte wissen, wie der katholische Glaube das Christentum, die Lehre von dem Gekreuzigten, vom Gott am Kreuz, begriff, aufbewahrte. Ich nahm Kenntnis, zunehmend mehr Kenntnis. Aber was bedeutet Kenntnis in diesen Dingen?[10]

Hier war Religion

Das reiche, pompöse Äußere vieler katholischer Kirchen hatte man früher mit ästhetischem Interesse zur Kenntnis genommen, wie sich das für Gebildete gehört. Kirche und Religion war zu Kunst verblaßt. Jetzt ging es uns nicht um Kunst und um das herrliche Äußere. Wir traten in das Innere ein, und hier war Religion.

Die Priester entwickelten Paragraph nach Paragraph des Katechismus. Nicht alles verstand ich, nicht alles wurde durchsichtig und plausibel. Aber darauf kam es nicht an. Es konnte schon dies und jenes unklar bleiben, und war dennoch nicht falsch. Ich war in ein uraltes, weitläufiges Gebäude eingetreten. Man führte mich durch Saal um Saal, durch viele Säle, über breite Treppen, durch hallende Korridore. Man öffnete diese Tür und jene. Ich blickte in neue, weitere Räume, helle und dunkle. Es war nicht nötig, daß ich das ganze Gebäude besichtigte und in jedes Zimmer eintrat. Für vieles wird sich noch Zeit finden. Die Gelegenheit wird es mit sich bringen.

Es war uns klar, wenn wir uns zu den Priestern aufmachten, daß wir nicht mehr zu einer Information, sondern zu einer Vorbereitung, zu einer Instruktion gingen; und daß wir mehr und mehr bereit waren, ja herzlich wünschten, zu dieser Gemeinschaft zu gehören, deren geistige Grundlagen diese waren, deren Mitglieder sich dieses Bild von der Welt, von unserer Existenz und unserem Geschick machten, und deren Vertreter so waren und so sprachen, wie die Jesuväter.

Es war uns nicht zweifelhaft, daß wir zu ihnen gehören wollten, ja schon zu ihnen gehörten. Denn die Begegnungen und Gespräche mit ihnen, das Nachdenken, Vorfühlen und Nachfühlen, das Aufnehmen der mitgeteilten Lehren erfüllte uns mit Freude, ja mit einer Seligkeit, wie wir sie nie empfunden hatten.

Der Finger Gottes! Das Zeichen! Nun wurde das Zeichen in dieser Form gegeben, in dem Glücksgefühl. Wie noch zweifeln, ob man auf dem rechten Weg war. Wir zögerten nicht, den Weg zu gehen.

Der Junge wurde in die religiöse Schule bei der Kirche zu Schwestern gebracht. Er verstand im Beginn nicht, warum wir ihn umschulten. Das wurde bald anders. Die große gläubige Menschlichkeit der Schwestern übte ihre Wirkung. Seine Seele entnahm gesunde und ihr gemäße Nahrung und fühlte es.[11]

Reaktionen auf die Konversion

Natürlich gab es später auch Angriffe auf mein Religionsbuch, und einer schrieb: „Das Buch ist ein Zeugnis vom Wege eines Avantgardisten, der zur anti-religiösen Radikal-Linken gehörte, um zum Kreuz Christi zu gelangen."

Wozu ich nur zu sagen habe, daß ich keine Zeit meines Lebens anti-religiös war. Es wird mir schriftlich gegeben, daß ich „als Denker vor der Mystik kapitulierte". Ich sehe in der Anerkennung der Rätselhaftigkeit und des Geheimnisses dieser Welt nichts von Kapitulation. „Er trat seine Flucht aus der Welt der realen Dinge an." Aber im Gegenteil ließ ich Illusionen fallen und stand der Realität gegenüber. „Wenn rationales naturwissenschaftliches Denken schon dem Lehrer des Thomas, Alfred von Bollstadt, als größte Errungenschaft galt, lenkt der siebzigjährige Döblin die letzte Strecke seines Lebens in die Metaphysik, ins Irrationale und Mystizistische." Ich bin rational wie nur einer. Wie verhalten sich aber die Herren vor der jenseits jeder Rationalität liegenden Realität? Sie drehen ihr den Rücken. Aber sie existiert und verliert dadurch, daß sie ignoriert wird, weder ihre Existenz, noch ihre Wichtigkeit. Wenn sie, wie es den Anschein hat, der Meinung sind, dies sei die einzige Welt, die ganze, und wir hätten uns hier zu bewegen und uns in Denken, Tun und Haltung auf das zu beschränken, was die Sinnesorgane liefern, so stimme ich mit ihnen nicht überein. Sie isolieren sich damit und engen künstlich sich auf einen kleinen Ausschnitt der menschlichen, sogar der menschlichen Vermögen ein. Nicht einmal das Denken findet bei ihnen den richtigen Platz; nicht einmal, was Ratio ist, verstehen sie richtig.

Sie haben Theorien und versperren sich damit den Blick in die Wirklichkeit. Sie kämpfen gut, wenn sie gegen die Tyrannei des Zwangsstaates kämpfen oder gegen soziale Ungerechtigkeit. Aber der gute Kampf genügt ihnen nicht. Sie glauben aus einer selbstverfertigten Theorie sich erst die Berechtigung holen zu müssen. Die Theorie schadet der Sache. Sie sind Idealisten.[12]

Marie-Joseph Pierre Teilhard de Chardin

(1881–1955)

Marie-Joseph Pierre Teilhard de Chardin wurde als viertes von elf Kindern einer adligen Familie in der Auvergne geboren. Sein Vater hatte neben der Bewirtschaftung seiner Güter naturwissenschaftliche Interessen und leitete seine Kinder an, Sammlungen anzulegen und die Natur zu erforschen. Seine Mutter – eine Großnichte Voltaires – war streng religiös. Teilhard besuchte eine Jesuitenschule und trat 1899 in den Jesuitenorden ein. Er studierte Geologie, Physik und Chemie sowie Philosophie. Am Jesuitenkolleg in Kairo lehrte er von 1905 bis 1908 Physik und Chemie und unternahm geologische Exkursionen. In jener Zeit las er das 1905 erschienene Werk „L'évolution créatrice" („Die schöpferische Evolution") von Henri Bergson, das auf ihn tiefen Einfluss ausübte. Von 1908 bis 1912 studierte er Theologie in England. 1911 wurde er zum Priester geweiht, 1912 nahm er noch ein paläontologisches Studium in Paris auf.

Im Ersten Weltkrieg diente er als Sanitäter an der Front (Ypern, Verdun) und verfasste die ersten Schriften, unter anderem Tagebücher, in denen auch seine tiefe, mystisch geprägte Spiritualität zum Ausdruck kommt.

Im Jahr 1922 wurde Teilhard promoviert und erhielt eine Professur für Geologie am Institut Catholique de Paris. Forschungsreisen führten Teilhard unter anderem nach Birma, Äthiopien, Indien, Java und China. 1929 gehörte er zu den

Entdeckern des Peking-Menschen. Sein fast 20-jähriger Aufenthalt in China kann gewissermaßen als Exil gelten: Teilhard sah die traditionelle Lehre von der Erbsünde kritisch und vertrat die Lehren der Evolutionstheorie, die damals von der Kirche noch abgelehnt wurden. Zudem wurden ihm pantheistische Auffassungen vorgeworfen; deshalb musste er seine Lehrtätigkeit, 1926 auch seine Professur in Paris aufgeben. Für theologische Schriften erhielt er ein Publikationsverbot, er musste sich auf naturwissenschaftliche Veröffentlichungen beschränken. Sein 1940 fertiggestelltes Hauptwerk, „Le Phénomène Humain" („Der Mensch im Kosmos"), durfte trotz vieler Umarbeitungen zehn Jahre lang auf Anweisung des Vatikan nicht erscheinen. Teilhard lehnte es aber ab, außerhalb von Kirche und Orden zu publizieren. 1946 kehrte er nach Frankreich zurück, wo er die Arbeiterpriester unterstützte. Im selben Jahr erlitt er – möglicherweise im Zusammenhang mit einer erneut angedrohten Indizierung seiner Werke – einen Herzinfarkt.

1947 wurde ihm von seinem Ordensgeneral abermals die Veröffentlichung theologischer und philosophischer Texte untersagt. 1948 verbot man ihm, einen Ruf als Professor am paläontologischen Institut des Collège de France anzunehmen. Er veröffentlichte nichts Theologisches und Philosophisches mehr, erhielt aber zahlreiche Anerkennungen für seine geowissenschaftlichen Leistungen; so wurde er 1950 zum Mitglied der französischen Akademie der Wissenschaften ernannt. 1951 beugte sich Teilhard wieder der Ordensdisziplin und verließ Frankreich. Er wirkte bei der Wenner-Gren-Foundation in New York, in deren Auftrag er mehrere Forschungsreisen nach Südafrika unternahm. Am Ostersonntag 1955 starb er unerwartet; kurz zuvor hatte er sich gewünscht, am Tag der Auferstehung zu sterben.

Seine Bücher und die Schriften aus dem Nachlass, die nach seinem Tod gedruckt werden konnten, erreichten Millionenauflagen. Er überschritt mit seinem Versuch, Glaube und Naturwissenschaft zusammenzudenken, die Toleranzgrenzen der kirchlichen Lehre, die versuchte, das enorme Echo auf seine Thesen durch die Verbote einzudämmen. Seine Bücher durften auch nach seinem Tod weder in katholischen Büchereien stehen noch in katholischen Buchhandlungen verkauft werden. Noch 1962 warnte ein Schreiben des Vatikan vor Teilhards gefährlichen und schweren Irrtümern, erst nach dem 2. Vatikanischen Konzil durften die Bücher auch in der katholischen Kirche gelesen und diskutiert werden, die Vorbehalte in Bezug auf die Kirchenlehre wurden jedoch bis heute nicht zurückgenommen. In den 1960er Jahren erhielt Teilhard geradezu Kultstatus.

Teilhard sieht Leben und Kosmos in einer von Gott bewirkten kreativen Bewegung, die noch nicht an ihr Ziel gelangt ist. Kennzeichen dieser Bewegung ist die ständige Zunahme von Organisiertheit und organischer Einheit. Das Streben in diese Richtung, also der Motor der Evolution, ist für Teilhard die Liebe. Diese Liebe, die das letzte Ziel, die organische Einheit alles Seienden, vorwegnimmt, war für Teilhard im Herzen eines Menschen vollkommen verwirklicht: in Jesus Christus, für ihn der „kosmische Christus". Seine Werke sind geprägt von immenser naturwissenschaftlicher Fachkenntnis und zugleich von seiner tiefen (Herz-Jesu-)Frömmigkeit.

Die Wahrnehmung der göttlichen Dimension

Eine Brise weht in der Nacht. Wann hat sie sich erhoben? Woher kommt sie? Wohin geht sie? Niemand weiß es. Niemand kann erzwingen, daß sich der Geist, der Blick, das Licht Gottes auf ihn lege.

Eines Tages wird sich der Mensch bewußt, daß er für eine gewisse Wahrnehmung des Göttlichen, das überall ausgegossen ist, empfindungsfähig geworden ist. Fragt ihn, wann dieser Zustand für ihn begonnen habe. Er kann es nicht sagen. Er weiß nur, daß ein neuer Geist sein Leben durchdrungen hat.

„Es fing mit einem eigenartigen und seltsamen Weiterschwingen an, das jeden Einklang steigerte mit einem unbestimmten Leuchten, das jede Schönheit umstrahlte ... Empfindungen, Gefühle, Gedanken, alle Elemente des seelischen Lebens wurden eines nach dem andern ergriffen. Durch ein unbestimmbares, aber immer durch das gleiche Etwas wurden diese von Tag zu Tag wohlriechender, farbiger und hinreißender. Dann begannen Ton, Duft und Licht, zuerst verschwommen, bestimmter zu werden. Und schließlich gelangte ich dazu, gegen alles Herkommen und gegen alle Wahrscheinlichkeit zu fühlen, was allen Dingen auf unaussprechliche Weise gemeinsam ist. Die Einheit teilte sich mir mit, indem sie mir die Gabe mitteilte, sie zu erfassen. Ich hatte wirklich einen neuen Sinn erhalten – den Sinn für eine neue Eigenschaft oder neue Dimension. Doch die Veränderung ging noch tiefer. Es hatte sich sogar in meiner Wahrnehmung des Seins eine Umwandlung vollzogen. Das Sein war mir von jetzt an gewissermaßen faßbar und schmackhaft geworden. Indem es alle Formen, mit denen es sich schmückte, übertraf, begann das Sein selbst mich anzuziehen und mich zu berauschen."

Das könnte mehr oder weniger ausdrücklich jeder Mensch erzählen, der in der Fähigkeit zu fühlen und sich selbst zu analysieren etwas weiter vorangeschritten ist. Dieser Mensch ist äußerlich vielleicht ein Heide. Und wenn er zufällig Christ ist, so wird er gestehen, es komme ihm vor, diese innere Umkehr habe sich in den profanen, „natürlichen" Teilen seiner Seele vollzogen.

Lassen wir uns vom Anschein nicht trügen! Lassen wir uns nicht einmal durch die offensichtlichen Irrtümer verwirren, in die viele Mystiker beim Versuch, das universelle Lächeln festzuhalten oder es nur zu benennen, verfallen sind. Jede Fähigkeit – je reicher sie ist, um so mehr – ist bei der Geburt ungeformt und unklar. So auch der Sinn für das Ganze. Wie Kinder, die zum erstenmal die Augen öffnen, setzen die Menschen die Wirklichkeit, die sie hinter den Dingen ahnen, an den falschen Platz. Ihr Tasten begegnet oft nur einem metaphysischen Trugbild oder einem plumpen Abgott. Doch seit wann vermögen Bilder und Widerschein etwas gegen die Wirklichkeit der Dinge und des Lichtes?[1]

Tagebuch, 5. Februar 1916

Ich fühle mein Herz voll von dem, was ich nicht auszudrücken vermag. Mein Sein sucht offensichtlich etwas, sich daran festzuklammern: eine zu erwärmende Liebe, einen auszuübenden Einfluß, eine zu schaffende Strömung ... Das einzige Objekt, das mich wirklich zu sättigen vermag, ist offensichtlich unser Herr. Doch ist damit genug gesagt? Gewiß, eine liebende Bekehrung zu seinem Herzen, eine intensive Konvergenz auf ihn hin befriedigen die grundlegenden Bedürfnisse meines Lebens und bedeuten mir einen unsagbaren und unzerstörbaren Gewinn. Aber ebenso wie das Wort „Caritas" [Liebe] keine genügend genaue Antwort auf die sozialen Erfordernisse ist und eine Spezifizierung in Funktion des derzeitigen Zustandes verlangt (vergleiche die Gewerkschaften ...), verlangt auch die Geste meiner Hinwendung zu Jesus weitere Präzisierungen, Spezifizierungen. Indem ich Jesus begegne, fühle ich mich neu aufbrechen zu einem großen, christlichen Werk, das hier unten zu verwirklichen ist. In mein Streben zu Gott mischt sich, so fühle ich, eine große Liebe zur Erde und ihrem greifbaren Werden, und mir scheint, diese beiden Leidenschaften müssen sich verbünden. Die letztere muß nur gereinigt, rehabilitiert werden. Wie Newman selbst es zur Zeit der Ereignisse sagte, die seiner Bekehrung vorausgingen: „I am on journey", „God is taking me" (Ich bin unterwegs, Gott nimmt mich).[2]

Tagebuch, 18. Februar 1916 (Camp Juniac)

Wo finden wir um uns herum in dem, was uns ruft und mit Leidenschaft erfüllt, Göttliches, Absolutes, das wir umarmen können? ...

– Wie kommt es, daß ich in meiner Umgebung (unglücklicherweise) die praktizierenden Katholiken daran erkennen kann, daß sie schüchtern, voller Skrupel sind? ... Sollte die Anerkennung Gottes in unserem Leben das Ergebnis haben, daß sie uns weniger offen, weniger kühn in der Eroberung der Welt macht? ... Mir scheint manchmal sehr deutlich, daß die Einstellung der Katholiken zum sozialen und menschlichen Fortschritt sich ändern, verständnisvoller werden muß ... Doch ist dieser immanent gewordene Katholizismus, diese Liebe zu Gott, die die Welt und die Materie umgreift, nicht eine Chimäre, eine Häresie ... Zumindest muß man eine offene Situation entwerfen, die die natürlichen Tendenzen und den Dienst am Fortschritt mit dem Gesetz der Entsagung und der Selbstverleugnung versöhnt ... Verhaspeln wir uns nicht, uns und unsere Askese, zwischen der Leidenschaft für die Welt und der Liebe zu Gott ?[3]

Tagebuch, 27. Juni 1916

In diesem Monat habe ich eine Verfinsterung meiner Lebenslust erfahren (nichts mehr begeisterte mich: weder Fakten noch Ideen). Das Prinzip selbst meiner Kraft war ausgelaugt – „si sal evanuerit, in quo salietur?" [=wenn das Salz die Kraft verliert, womit soll man salzen? Matthäus 5,13] ... Dieser Art war wahrscheinlich, unendlich viel stärker, die Angst Christi. Was soll man in diesem Falle tun, da jeder Haltepunkt fehlt, außer sich, ohne irgend etwas zu empfinden, an den Herrn anklammern und beten, bis der Strom des Tuns wieder einsetzt ...[4]

Tagebuch, 3. Oktober 1916

P. de S. sagte zu mir, „wenn ich nicht an Gott glaubte, würde ich nicht mehr arbeiten und meine Pfeife rauchen ...". Und ich würde genau das Gegenteil tun aus dem Grimm, ein Absolutes zu finden, mir einen Gott zu machen. Das Stellen dieser Frage ist sehr typisch und unterscheidend. Je nach der Antwort kann man als „kosmisch" oder nicht eingestuft werden.[5]

Tagebuch, 24. November 1916

In manus tuas, Domine ..." In Deine Hände, o Herr, in Deine so sanften, so machtvollen, so bis in das Mark des Seins wirkenden Hände ... in Deine Hände, die gesegnet haben, das Brot gebrochen, die Kinder gestreichelt, die Gottesverächter verjagt haben ... in Deine Hände, die wie die unsrigen sind, bei denen man niemals weiß, ob sie sich als sanft erweisen oder ob sie zerbrechen werden, was sie halten ... in diese Hände werfe ich mich, und ihnen liefere ich mich um so mehr aus, je dunkler oder von den Wurzeln in der Vergangenheit abgeschnittener ich mein Schicksal sehe ...[6]

Die Schatten des Glaubens

Ich habe die Gründe und die Modalitäten meines Glaubens vollends aufgezählt. Mir bleibt nur noch zu sagen, welche Klarheit oder Sicherheit ich in den Anschauungen finde, denen ich anhänge. Und dann habe ich die Geschichte meines Glaubens zu Ende erzählt.

Aufgrund dessen, was ich zu meiner Überzeugung erklärt habe, daß es einen personalen göttlichen Zielpunkt der universellen Evolution gibt, könnte man annehmen, daß für mein Leben nach vorn die Zukunft sich friedlich und hell darstellt. Mir erscheint der Tod gewiß wie ein tiefer Schlaf, bei dem wir nicht daran zweifeln, daß nach ihm ein glorreicher Morgen anhebt.

Das stimmt nicht.

Wenn ich auch sicher, immer sicherer bin, daß ich so durch die Existenz schreiten muß, als ob mich am Zielpunkt des Universums Christus erwartete, so verspüre ich dennoch keinerlei besondere Gewißheit über seine Existenz. Glauben heißt nicht sehen. Ebenso wie jeder andere, nehme ich an, schreite ich durch die Schatten des Glaubens. Die Schatten des Glaubens ... Um diese so seltsam mit dem göttlichen Licht unvereinbare Dunkelheit zu rechtfertigen, erklären uns die Doctores, daß der Herr sich willentlich verbirgt, um unsere Liebe zu erproben. Man muß sich unheilbar in die Spielereien des Geistes verloren haben, man darf niemals bei sich selbst und bei anderen dem Leiden des Zweifels begegnet sein, wenn man nicht spüren will, daß diese Lösung hassenswert ist. Wir, mein Gott, deine Geschöpfe stünden vor dir, verloren und angsterfüllt, um Hilfe rufend. Du müßtest nur, um sie auf dich zustürzen zu lassen, einen Strahl deiner

Augen, den Saum deines Mantels zeigen und du würdest es nicht tun? Die Dunkelheit des Glaubens ist meines Ermessens nur ein Sonderfall des Problems des Übels. Und um dessen tödliches Ärgernis zu überwinden, sehe ich nur einen möglichen Weg: nämlich anzuerkennen, daß Gott uns deshalb leiden, sündigen, zweifeln läßt, weil er uns nicht jetzt und mit einem Schlag heilen und sich zeigen kann. Und wenn er es nicht kann, so einzig deshalb, weil wir infolge des Stadiums, in dem das Universum sich befindet, einer größeren Organisation und eines helleren Lichtes noch nicht fähig sind. Im Laufe einer Schöpfung, die sich in der Zeit entwickelt, ist das Übel unvermeidlich. Auch hier wiederum wird uns die befreiende Lösung durch die Evolution gegeben. Nein, Gott verbirgt sich nicht, dessen bin ich sicher, sofern wir ihn nur suchen, ebensowenig wie er uns leiden läßt, um unsere Verdienste zu mehren. Ganz im Gegenteil, über seine Schöpfung gebeugt, die zu ihm aufsteigt, arbeitet er mit allen seinen Kräften daran, sie zu beseligen und zu erhellen. Wie eine Mutter betrachtet er sein Neugeborenes. Doch meine Augen vermögen ihn noch nicht wahrzunehmen. Braucht es nicht gerade eben die ganze Dauer der Jahrhunderte, damit unser Blick sich dem Lichte öffne? Unsere Zweifel sind wie unsere Übel der Preis und sogar die Bedingung einer universellen Vollendung. Unter diesen Bedingungen nehme ich es auf mich, bis ans Ende einer Straße zu marschieren, deren ich immer gewisser bin, in Richtung von immer mehr in Nebel eingetauchten Horizonten.

Das ist mein Glaube.[7]

Der Andere in Gott

Mein Gott, ich bekenne, ich verhielt mich lange und ich verhalte mich leider noch der Nächstenliebe gegenüber widerstrebend. So sehr ich voll Feuer die übermenschliche

Freude gekostet habe, mich in den Seelen zu brechen und zu verlieren, für die die recht geheimnisvolle Affinität der menschlichen Zuneigung mich bestimmte – so sehr fühle ich mich ursprünglich feindselig und verschlossen angesichts des gewöhnlichen Menschen unter jenen, die Du mich zu lieben heißest. Was im Universum oberhalb oder unterhalb von mir (auf ein und derselben Linie könnte man sagen) steht, integriere ich leicht in mein inneres Leben: die Materie, die Pflanzen, die Tiere und dann die Kräfte, die Herrschaften, die Engel – ich nehme sie mühelos an und erfreue mich des Gefühls, in ihrer Hierarchie Halt zu finden. Doch „der Andere", mein Gott – nicht nur „der Arme, der Lahme, der Verwachsene, der Beschränkte", sondern einfach der Andere, der Andere schlechthin – jener, der auf Grund seines, anscheinend dem meinen verschlossenen Universums unabhängig von mir zu leben scheint und für mich die Einheit und das Schweigen der Welt zu zerbrechen scheint – wäre ich ehrlich, wenn ich sagte, meine instinktive Reaktion sei nicht, ihn zurückzustoßen? Und der bloße Gedanke, mit ihm in geistige Kommunikation zu treten, sei mir ein Ekel?

Mein Gott, laß für mich im Leben des Anderen Dein Angesicht aufleuchten. Dieses unwiderstehliche, auf dem Grund der Dinge entzündete Licht Deiner Augen hat mich schon auf jedes zu vollbringende Werk und auf jede zu durchquerende Mühsal gestürzt. Gib mir, selbst und vor allem im Innersten, im Vollkommensten, im Fernsten der Seele meiner Brüder Dich wahrzunehmen.[8]

Die Taufe

Wer würde nicht in dieser allgemeinen Geschichte der Materie die große, symbolische Geste der Taufe erkennen? In die Wasser des Jordan, Sinnbild der Kräfte der Erde, taucht Christus ein. Er heiligt sie. Und wie der heilige Gregor

von Nyssa sagt, verläßt er sie triefend, die Welt mit sich empor-
tragend. Immersion und Emersion, Teilhabe an den Dingen
und Sublimation, Besitz und Verzicht, Hindurchgehen und
Mitreißen: das ist die doppelte und einzige Bewegung, die auf
die Herausforderung der Materie antwortet, um sie zu retten.

Faszinierende und starke Materie, Materie, die du liebkost
und die du ermannst, Materie, die du reich machst und die du
zerstörst – im Vertrauen auf die himmlischen Einflüsse, die
deine Wasser mit Wohlgeruch erfüllt und gereinigt haben –
ich überlasse mich deinen machtvollen Schichten. Die Kraft
Christi ist in dich eingegangen. Durch deine Anziehung reiße
mich mit, durch deinen Saft nähre mich. Durch deinen Widerstand härte mich. Durch dein Losreißen befreie mich. Durch
dein ganzes Selbst schließlich vergöttliche mich.[9]

Der Ruf der Welt (Nicht datierte Schrift)

Ich habe den Hammer niedergelegt. Ich habe mich gesetzt
... den Blick gen Süden ... dorthin, wo der große Fluß aus
dem geheimnisvollen und vergoldeten Nebel auftaucht ... Die
Sonne versinkt hinter der Pyramide und neigt sich über die
große Wüste des Westens ...

– Dort hat der Geist der Welt mich von neuem berührt,
und ich habe einen großen, vagen Ruf vernommen, der aus
dem ganzen Universum kam und mich mit meinem ganzen
Wesen erzittern ließ ...

– Was beweinst Du und was versprichst Du mir? Und
was ist diese Grundschwingung in mir, sie, zu der meine
Leidenschaften nur schwache Harmonien sind, die die weiten
Wogen kräuseln ?

Ich wollte wissen, wer mich rief, was mich verwirrte?

Und ich habe die ganze Wirklichkeit um mich herum
ausgelotet ... Ich wollte den Schleier, die Hülle durchdringen,
zerreißen ...

I. Ich habe mich zunächst an die Wissenschaft, an die Erkenntnis gewandt ...

A. Mir schien, die Stimme, die mich rief, kam aus der Vergangenheit – als ob ich dem Brennpunkt des Lebens näher gewesen wäre, als die Kalifen in ihrer Herrlichkeit im Kaïrath spazieren gingen oder als der Pharao ... oder als die pliozänen Meere an die Felsen von Mokattan schlugen oder als die großen Ströme, der Vater des Nils, die Kadaver des Arsinoetherium aus der Tiefe Afrikas hinabtrieben ... Und so habe ich mich im Geiste in der Zeit zurücktreiben lassen ... doch in dem Maße, wie ich in die Schichten der Vergangenheit vordrang, stellte ich fest, daß die Lösung immer mehr zerrann.

Ich meinte, an den Nahtstellen würde ich ein Aufquellen finden, das mir Zugang zu den Untergründen des Lebens geben würde ... Nichts als Antezedenzien, die sich ineinander fügen. Keine Bruchstelle ... Selbst wenn wir das Auftreten des Menschen des Lebens erleben könnten, würden wir keine Lücke in dem Panzer finden, mit dem sich das Geheimnis des Lebens schützt ...

Da die Vergangenheit mir nichts gab, wollte ich den Raum ausloten. Ja, gewiß er ist es, der mich ruft ... Die weite Wüste, der Strom mit den geheimnisvollen Quellen. – Und mein Herz erzitterte bei dem Gedanken, eine großflügelige Barke zu besteigen, die der Nordwind immer weiter nach Süden treiben würde – sich einer Karawane von Meharisten anschließen ... immer weiter zum Westen. Ja, in der Ferne des Raumes findet sich das Geheimnis, das mich ruft ...

– Aber ach ... der Fluß hat seine Quelle. Und die Wüste war durchquert, ohne daß sich irgendein Zugang zum Geheimnis öffnete. Und je näher die Ferne kommt, um so mehr schrumpft sie zur Banalität ... Kein Spalt.

Dann habe ich meinen Blick auf die Zukunft geworfen ... Glücklich die Zeiten, da man glauben konnte, der Nil habe seine Quelle bei den Göttern, die Hölle befinde sich unter unseren Füßen und der Himmel über unseren Köpfen, und das Geheimnis der Materie in einem Tiegel.

Heute wissen wir, daß das erfahrbare menschliche Werden seine Quelle und seine Mündung in bekanntem Land hat.

Die Erfahrungswelt ist leer. Wir können sie überschauen, ohne die niedere Sphäre zu durchbrechen ...

Die Wissenschaft kann alles gründlich prüfen, ohne mir zu sagen, welche Stimme mich ruft ...

II. Da die Wissenschaft unfähig war, den undurchdringlichen Schleier zu durchbrechen – wollte ich mich vereinen, da ich nicht zu wissen vermochte.

Und ich habe mit Schrecken festgestellt, daß ich mich mit nichts vermischen konnte ... Unmöglich, von der Flut der mich umgebenden Wesen durchnäßt zu werden. Von dem Tage an, da der Äther zerriß, stoßen die Zentren einander immer weiter ab, und in mir strebt die Isolierung ihrem Paroxysmus zu ... Etwas isoliert mich unüberwindlich von den anderen, und der Abgrund wird immer tiefer ...[10]

Manfred Hausmann
(1898–1986)

Manfred Hausmann stammt aus einer Kasseler Fabrikanten-familie. Schon in seiner Jugendzeit war er in den „Wandervogel" eingetreten, für den er viele Fahrtenlieder schrieb. Die Erlebnisse und Ideale dieser naturverbundenen Jugendbewegung haben viele Spuren in seinem Werk hinterlassen. 1916 legte er als Soldat im Ersten Weltkrieg ein Notabitur ab und kehrte 1918 verletzt aus dem Krieg nach Göttingen zurück. In Göttingen und München studierte er Germanistik, Philosophie und Kunstgeschichte und wurde 1922 promoviert. 1923 begann er eine Kaufmannslehre in Bremen, 1924 und 1925 war er Feuilletonredakteur der „Weser-Zeitung" und veröffentlichte seine ersten Novellen („Frühlingsfeier"). Gleichzeitig wurde er Vater von Zwillingen, später kamen noch zwei weitere Kinder dazu.

Ende 1925 legte er seine Arbeit bei der „Weser-Zeitung" nieder und zog ein Jahr als Landstreicher durch Deutschland. Danach ließ er sich als freier Schriftsteller in Worpswede bei Bremen nieder, wo er sich lange Jahre in der Kommunalpolitik engagierte. 1928 erschien sein erster Roman, „Lampioon küsst Mädchen und kleine Birken. Erlebnisse eines Wanderers". Ein Welterfolg wurde der Roman „Abel mit der Mundharmonika" (1931; 1933 verfilmt). Entscheidend gefördert wurde der Autor vom Verleger Gottfried Bermann-Fischer, der ihn bereits 1929 an den S. Fischer Verlag band. 1938 erschien sein erster Gedichtband „Jahre des Lebens".

Ungefähr um 1933 wandte er sich nach jahrelangem Suchen und Nachdenken dem Christentum zu, beeinflusst

~ 162 ~

durch Predigten Karl Barths und die intensive Auseinandersetzung mit dessen Theologie sowie mit Büchern Søren Kierkegaards, den Romanen Dostojewskis und der Bibel. In ihrem Licht erschien ihm das rein poetische Verhältnis zur Wirklichkeit mehr und mehr als Flucht vor dem verantwortlichen Handeln.

Seine Haltung gegenüber dem Nationalsozialismus erscheint zwiespältig; einerseits schrieb er auch für die von Goebbels kontrollierte Zeitung „Das Reich", andererseits lebte er zurückgezogen und bot in seinem Haus intellektuellen „Querdenkern" Zuflucht. Heftig reagierte er, als während des Zweiten Weltkriegs der Ortsgruppenleiter von Worpswede ihn wegen kritischer Äußerungen zur Wehrmacht anzeigen wollte: er ohrfeigte den Amtsträger auf offener Straße. Das Verfahren vor dem Kriegsgericht endete mit einer milden Strafe.

Nach dem Ende des Zweiten Weltkriegs schrieb Hausmann für „Die Neue Zeitung" und war von 1945 bis 1952 Schriftleiter beim „Weser-Kurier" Bremen für das Feuilleton. Thomas Mann hatte 1945 in seinem „Offenen Brief an Deutschland" alle Bücher, die während der Zeit des Nationalsozialismus in Deutschland gedruckt worden waren, zu wertlosen Werken erklärt: Ihnen hafte ein Ruch von Schande und Blut an. Viele Autoren, die in der inneren Emigration in Deutschland geblieben waren, empörten sich darüber. Die Redaktion des „Weser-Kuriers" beauftragte Hausmann mit einer Antwort an den berühmten Schriftsteller, sie fiel subjektiv und polemisch aus.

Zahlreiche Reisen führten den Autor Hausmann in die USA, nach Kuba, Italien, Griechenland, in die Türkei und nach Palästina, besonders in die nordeuropäischen Länder Schottland, Island, Norwegen und Dänemark.

Hausmann schrieb Gedichte, Erzählungen, Essays, Dramen, verfasste theologische Schriften und eine literarische Neu-Bearbeitung des Hohelieds Salomos; außerdem übertrug er dänische, altgriechische, chinesische und japanische Gedichte in die deutsche Sprache, letztere unter dem Pseudonym

Toyotano Tsuno. 1968 wurde er zum ehrenamtlichen Ältesten-prediger der Bremischen Evangelischen Kirche ordiniert; er übernahm Predigtdienste auch im Gefängnis sowie Vorträge und sprach im Rundfunk und auf Kirchentagen.

Das Christsein spielte für ihn eine entscheidende Rolle. Aber seit seiner Hinwendung zum Christentum lebte er in einem ständigen Konflikt zwischen seiner Berufung zum Dichter einerseits und zum Theologen andererseits. Der Versuch, „dichtend" zu verkündigen, verlief sowohl für ihn als auch für seine Leser unbefriedigend. Erst die Ordination zum Ältesten-prediger in seiner evangelisch-reformierten Kirchengemeinde brachte eine Lösung: Kunst und Verkündigung wurden vonein-ander getrennt: Seine Predigten sind keine Dichtung und seine späten Dichtungen sind frei von Verkündigung.

Ich glaube an nichts (1932)

Wenn ich sage, daß ich an nichts glaube, so bringe ich das nicht prahlerisch und selbstsicher vor, sondern eher verzweifelt und sehr leise. Ich bin nicht imstande, an irgend etwas zu glauben. Das ist das Ergebnis einer langen, unnachsichtigen Selbsterforschung. Meine innerste Natur ist Unglaube mir selbst gegenüber, Zweifel, Mißtrauen. Daß überlieferte Dogmen und Religionen, mögen sie noch so tief in ihrer Symbolik sein, als Gegenstand eines lebendigen und schöpferischen Glaubens nicht in Frage kommen, versteht sich von selbst. Ein Glaube darf sich nicht auf einem Bildungserlebnis – und so etwas bedeutet das Ergreifen einer überkommenen Religion wohl immer –, er muß sich auf einem Urerlebnis aufbauen.

Was mir aber an Urerlebnissen beschieden wurde, erwies sich, wenn es auch im Augenblick urgewaltig oder beseligend war, bei späterem Besinnen doch als fragwürdig. So etwa eine Fahrt im Freiballon mit dem fast mystischen Gefühl der Hilflosigkeit und des Ausgeliefertseins an die Mächte des Luftraums, so die Trommelfeuer im Krieg, so ein Sturm auf See, so das Hinneigen zu einem geliebten Menschenkind, so, um auch das Unscheinbare zu erwähnen, das Versinken in einer Minute des Nachsinnens, wenn die Zeit nicht mehr ist und die Dinge den Atem anhalten und man nicht weiß, was eigentlich mit einem geschieht, auch der Anblick eines schlafenden Kindes in seiner Unschuld, auch der kleine Laut eines Vogels in der Totenstille der Nacht. Das alles bewegt und erschreckt mich tief. Es ist voller Unbegreiflichkeit. Man sollte meinen, es sei etwas für den Glauben. Aber beim ersten Versuch, das Geheimnisvolle und Schwebende, das diesen Erlebnissen eigen ist, zu berühren, und sei es auch nur mit dem Glauben, vergeht es. Es hat keinen Bestand. Es ist nur wirklich, solange man es erlebt. Was bleibt, ist eine Erinnerung, verwischt und zweifelhaft wie alle Erinnerungen. Man kann nichts damit anfangen. Ist es Leben oder Einbildung? Wahrheit oder Traum? Ich weiß es nicht.

Manchmal versuche ich, das armselige bißchen Erinnerung durch die Sätze und Verse, die ich niederschreibe, wieder zu seiner alten Wirklichkeit zu beleben. Aber es gelingt mir nicht und wird mir auch wohl nie gelingen. Denn die Wörter und Begriffe sind tot. Die Wahrheit ist aber lebendig und unbegreiflich.

So gehe ich auf der Erde umher: hilflos und ohne Hoffnung. Zwar werden mir immer wieder Erlebnisse geschenkt, die mich durch ihren Wahnsinn und durch ihre Süße überwältigen. Aber wenn ich über sie nachdenke, verflüchtigen sie sich. Sie sind wie nichts. Was ich weiß, ist ein Nichts. Ein Kind kann mich durch beharrliches Fragen schnell ans Ende meiner Weisheit bringen. Ich glaube an nichts. Vielleicht glaube ich an meinen Unglauben, obgleich nicht einmal das sicher ist. Wenn ich einen Bleistift in der Hand habe und ein Blatt Papier vor mir, dann merke ich, daß ich doch nicht so recht an diesen meinen Unglauben glaube. Ich glaube an nichts, aber nicht an das Nichts. So ungefähr sieht es in mir aus.[1]

Karl Barth

An einem Sonntag des Jahres 1921 besuchte ich, ein zweiundzwanzigjähriger Student, mit meinen Eltern den Gottesdienst in der kleinen Kirche der evangelisch-reformierten Gemeinde zu Göttingen. Es geschah durchaus meinen Eltern zuliebe und nicht etwa meiner religiösen Erbauung wegen. Mein Sinnen und Trachten war auf etwas ganz anderes gerichtet. Ich kam aus München, wo ich germanistischen, kunstgeschichtlichen und philosophischen Studien oblag oder zu obliegen vorgab, in Wirklichkeit aber einer mehr oder weniger fragwürdigen politischen Tätigkeit nachging. Als ich zwei

Jahre vorher mit durchschossenem Fuß, den ich einem französischen Granatsplitter und ihm wiederum wahrscheinlich mein Leben verdankte, in München eingetroffen war, hatte ich nach ein paar Tagen meinen Ausweisungsbefehl in den Händen. Ausländische Studenten – und ich war als Preuße natürlich Ausländer – durften in München nicht studieren. Nur wer einen anderweitigen Arbeits- oder Anstellungsvertrag vorzeigen konnte, bekam die Zuzugsgenehmigung ...

Ich marschierte in jedem Demonstrationszug hinter der roten Fahne her, sang aus hingabevollem Herzen das „Brüder, zur Sonne, zur Freiheit, Brüder, zum Lichte empor" mit, wetzte, wenn Schüsse fielen, hinter die nächste Ecke, schrie und trampelte in Versammlungen und diskutierte in Schwabinger Ateliers mit Gläubigen und Ungläubigen bis zum Morgengrauen über die paradiesische Zukunft und über den Weg dorthin. Kaum einer von uns hatte „Das Kapital" gelesen. Und wer sich daran gemacht hatte, war nicht damit fertig geworden. Ich auch nicht.

Aus dieser gärenden und widerspruchsvollen Welt kam ich also, und an diese Welt dachte ich, als ich an jenem Sonntag die Kirche betrat. Ich ahnte nicht im geringsten, was mich erwartete. Statt des mir vertrauten Gemeindepfarrers hielt ein anderer den Gottesdienst, ein Fremder mit einer kehligen und leicht angerauhten Aussprache, der den Predigttext auf eine so ungewohnte Weise anging, daß ich sofort, ob ich wollte oder nicht, gepackt wurde. Das Gepacktwerden steigerte sich im Verlauf des Gottesdienstes zu einem Aufgewühltwerden, zu einem Umundumgekehrtwerden, zu einer Erschütterung, die bis in die letzten Tiefen meines Wesens drang. So etwas hatte ich bei einer Predigt noch nicht erlebt. Ich verließ die Kirche als einer, der nicht mehr wußte, wo er bleiben sollte. Der Blitz war nicht neben mir niedergefahren, sondern mitten in mich hinein. Ich taumelte nur so. Hier war die Revolution, von der ich die ganze Zeit über etwas geahnt hatte, dunkel nur und unklar, aber doch unabweisbar, die Revolution, die nicht die Dinge, sondern erst einmal den Menschen veränderte, und zwar mit einer Radikalität, von deren Gewalt und Unheimlichkeit die Leute in München und anderswo sich nichts träumen ließen. Denn hier war vermittels dieses merkwürdigen Pfarrers einer am Werke, von dem ich mir bislang eine grundfalsche Vorstellung gemacht, dessen Existenz ich bezweifelt, mit dem ich mich weiter nicht eingelassen hatte. Aber jetzt hatte er sich mit mir eingelassen und wie er sich mit mir eingelassen hatte! Jetzt wurde alles anders.

Von meinem Vater, der dem Gottesdienst weit gelassener gefolgt war als ich, erfuhr ich, daß der Fremde Karl Barth hieß, aus Basel stammte, Professor der Theologie war – was beides nicht ganz stimmte – und hin und wieder in unserer Kirche predigte. Ein Kommentar von ihm über den Römerbrief scheint die Theologen und nicht nur die Theologen ziemlich durcheinandergebracht zu haben. Ich konnte mir's gut vorstellen.

Die Begegnung mit Karl Barth in Göttingen war der Anfang einer über Jahre und Jahrzehnte sich hinziehenden Revolutionierung meines Gewissens, durch die meine Haltung in der Welt von Grund auf verändert wurde: Die Haltung verwandelte sich in ihr Gegenteil, in ein Gehaltenwerden. Aus dem Vertrauen auf die Macht des menschlichen Geistes wurde die Einsicht in die Gebrechlichkeit und Hilflosigkeit eben dieses Geistes. Aus der versteckten Anbetung der Selbstherrlichkeit die offene Anbetung der Gottesherrlichkeit.

Durch Karl Barth kam ich zu Kierkegaard, zu Dostojewski, zur Bibel und noch einmal und immer wieder zur Bibel. Sie hat nicht ihresgleichen auf Erden, weder als Dichtung – dem größten Teil der Menschheit wird diese atemraubende Dichtung freilich vorenthalten –, weder als Dichtung noch als Kunde vom Wesen des Menschen, noch als Offenbarmachung des dreieinigen Gottes. Und dabei bin ich geblieben, denn hier ist gut sein. Aber nicht im Sinne eines Gefeit- und Abgesichertseins gegen die Mächte des Abgrunds,

sondern in immer neuer Angefochtenheit und Verzweiflung
und in immer neuer Geborgenheit.[2]

Glauben (1946)

Wenn einer die drohende Richterhand,
die ausholt schon zum gewaltigen Schlag,
nicht über sich mehr zu ertragen vermag
und flieht bis an des Daseins Rand,

wenn einer die grausige Kluft erkennt,
die ihn von Gottes Göttlichkeit trennt,
und irrt am Absturz hin und her
und weiß nicht vorwärts noch rückwärts mehr,

wenn einer so wild und verzweifelt ist
an Leib und Leben, an Seele und Sinn,
daß er die Tiefe nicht mehr mißt,
und neigt das Angesicht über sie hin
und wirft sich plötzlich kopfüber hinein
und schreit und läßt nicht ab zu schrein
und überschlägt sich in sausender Fahrt
und stürzt und stürzt mit schreiendem Mund
und sieht nur das Nichts und sieht keinen Grund
und schreit nach Gott die Kehle sich wund:
dann glaubt er auf die richtige Art.[3]

Gefahr und Rettung – über Goethe (1949)

Und wie steht es mit ihm selbst? Mit dem Menschen
selbst? Er erkennt und empfindet sich weithin als einen
ins Nichts Geschleuderten. Das Nichts, das Nihil, die große
Wert- und Sinnlosigkeit hat eine Gewalt gewonnen wie selten

~ 169 ~

zuvor. Unzählige Menschen treiben, an irgendein Wrackstück geklammert, das Beruf heißt oder Sport oder Verein oder Freundschaft oder Liebesgetändel oder Genuß oder Leidenschaft oder Idealismus oder Humanität oder Wissenschaft oder Philosophie oder Kunst oder „Religion" – das aber, bei aller relativen Bedeutsamkeit, doch ein Wrackstück ist und bleibt, weil es eben nicht mehr zu einem sinnvoll geordneten Ganzen, zu einer heilen Welt gehört – unzählige Menschen treiben, an solch ein Wrackstück geklammert, auf dem nächtlichen Ozean des bewußten oder unbewußten Nihilismus umher. Und wer wagt zu behaupten, er gehöre nicht oder habe nicht, wenigstens zeitweise, zu ihnen gehört? In unseren nachdenklichsten Stunden, wenn wir den Mut haben, rückhaltlos ehrlich uns selbst gegenüber zu sein, sehen wir unsere Lage so, wie sie wirklich ist, nämlich nahezu hoffnungslos. Daher die Verstörtheit, die von einem schlechten Gewissen „Nervosität" genannt wird, daher die Flucht in Rausch und Betäubung, in Illusion und Traum. Daher das Selbstmorden, daher der Wahnsinn allüberall.

Es hat den Anschein, als solle der Menschheit unmißverständlich vor Augen geführt werden, wohin sie kommt, wenn sie sich auf sich selbst oder auf die von ihr erschaffenen Götter, Götzen, verläßt.

Nichts kennzeichnet die veränderte und verdüsterte Lage deutlicher als die Tatsache, daß die Möglichkeit eines gewaltsamen Weltunterganges, die noch vor fünfzig, vor vierzig Jahren keinen vernünftigen Geist beunruhigte, heute als etwas Selbstverständliches diskutiert wird. Und es ist kein rächender Gott oder neidischer Dämon der außermenschlichen Finsternis, der sich anschickt, das Zerstörungswerk zu betreiben, sondern wiederum er selbst, der Mensch selbst. Er will mehr Macht mit Hilfe der Technik, und er gewinnt den Tod.[4]

Über Søren Kierkegaard

Dem Schriftsteller Kierkegaard kommt es nicht auf das Schriftstellern, sondern auf das Bewußtmachen, auf das Wirken an. Er ist kein Literat, der interessant, witzig oder tiefsinnig zu schreiben versteht, sondern einer, der um den Menschen ringt. Er schreibt nicht als ein Selbstherrlicher und nur sich selbst Verantwortlicher, sondern als einer, der sich in Pflicht genommen weiß, als einer, dem das Schreiben keine Lust, sondern ein verbissener Ernst ist, als einer, der das fragwürdige Amt erhalten hat, anklagend und fordernd das Christentum in die Christenheit einzuführen, das heißt, aus einer christlichen Lehre ein christliches Sein, eine christliche Wirklichkeit zu machen. Ist es verwunderlich, daß ein suchender und verzweifelnder Mensch, in diesem Falle also ich, durch die Begegnung mit den Büchern dieses radikalen Geistes, die keine Bücher, sondern Peitschenhiebe sind, so tief getroffen wird, auch in seinem schriftstellerischen Wesen, wie ein Mensch überhaupt getroffen werden kann? Ist es weiter verwunderlich, daß dieser selbe Mensch, der bislang sein Denken und seine Bewußtheit gehaßt und verwünscht hat, weil er darin das Haupthindernis sah, zur ersehnten Einfachheit und Einfalt und Wahrheit zu finden, aufhorchte, als er aus Kierkegaards Mund vernahm, der Mensch müsse nicht zurück, sondern vorwärts gehen, unter anderem deshalb, weil es kein Zurück gäbe? Er könne und dürfe, als der Mensch, der er nun einmal sei, erst dann in Einfalt und Herzensreinheit anbeten, wenn er dem Denken und der Bewußtheit, wenn er dem Intellekt und der Dialektik das Äußerste abgefordert habe? Intellekt und Denken, Bewußtheit und Dialektik seien nicht nur keine Hindernisse auf dem Wege zur Wahrheit, sie seien vielmehr, wie die Dinge eben lägen, gerade der Weg selbst.

Ist es schließlich verwunderlich, daß wiederum dieser selbe Mensch, dieser schöngeistige Schriftsteller, der sich jahrelang darum gemüht hatte, das Unsagbare dennoch zu sagen, der um den inneren Widerspruch, um das Paradox eines jeden künstlerischen Unterfangens schmerzlich wußte, bestürzt war, als er auf Sätze stieß wie diese: „Doch soll man nicht schlecht denken vom Paradox, denn das Paradox ist des Gedankens Leidenschaft, und der Denker, der ohne Paradox ist, ist wie der Liebende, der ohne Leidenschaft ist: ein mäßiger Patron. Aber das höchste Paradox einer jeden Leidenschaft ist immer, den eigenen Untergang zu wollen ... Das ist des Denkens höchstes Paradox, etwas entdecken zu wollen, das es doch nicht denken kann."

Als ich Kierkegaard begegnet war, begann ich die Bibel noch einmal zu lesen. Und da geschah es, daß alles ganz neu wurde ... Aber auf eine höchst unbequeme, höchst beunruhigende, höchst erschreckende Weise neu. Mein ganzes Leben wurde auf den Kopf gestellt. So kam es zum Beispiel nicht mehr darauf an, die richtigen Antworten auf meine Fragen, sondern die richtigen Fragen für die bereits vorhandenen ungeheuerlichen Antworten, für die Antworten Gottes, zu finden. So wurde die Knechtschaft zur Freiheit und die Schwachheit zur Kraft. So wurde – und das war wirklich bitter und mehr als bitter – das Dichten, das für mich immer so etwas wie eine Aussage der „tieferen Wahrheit" gewesen war, zum Verfälschen der Wahrheit, der Wirklichkeit, der Existenz vor Gott. Der Dichter verzichtet um des Werkes willen auf die Existenz. Und das heißt doch letztlich: auf das ewige Heil. Wer existiert, dichtet nicht, kann nicht dichten. Und wer dichtet, existiert nicht, kann nicht existieren. Ich habe bis heute noch niemanden getroffen, der an dieser grausamen Wahrheit mit stichhaltigen Argumenten hätte rütteln können.

Kierkegaard hat sein Leben lang entsetzlich unter dem gelitten, was er „den Pfahl im Fleisch" nannte. Nun, auch ich, der Schriftsteller, trage, seit ich über Kierkegaards Bücher geraten bin, einen Pfahl im Fleisch mit mir herum. Er heißt Kierkegaard.[5]

Madeleine Delbrêl

(1904–1964)

Die Kindheit Madeleine Delbrêls war von ständigen Wohnungswechseln geprägt, weil ihr Vater Angestellter der Eisenbahn war. Sie konnte nicht zur Schule gehen, erhielt aber Privatunterricht. Sie beschreibt ihre Familie als ungläubig, doch brachten Freunde ihr den katholischen Glauben nahe. Mit 16 Jahren studierte sie in Paris Philosophie und Kunst und bekannte sich zum Atheismus. Sie hatte eine große künstlerische Begabung und erhielt für ihre Gedichte 1927 einen bedeutenden französischen Literaturpreis. Seelische Erschütterungen und Krisen – die Erblindung ihres Vaters und der Eintritt ihres Verlobten in ein Kloster – ließen sie nach Gott fragen. Sie begann zu beten und erlebte 1924 eine nach eigenen Worten „stürmische Konversion", eine Begegnung mit Gott, die sie überwältigte und zur Umkehr führte. Einen Eintritt ins Kloster, den sie zunächst plante, verwarf sie wieder.

Unter Begleitung des Priesters Abbé Lorenzo fand sie Zugang zu einer Pariser Pfarrgemeinde. Sie wurde Gruppenführerin der Pfadfinder, engagierte sich diakonisch und erkannte, dass ihr Leben mit Gott bei den Menschen stattfinden sollte. Im Oktober 1931 begann sie eine Ausbildung zur Sozialarbeiterin.

Mit zwei Kameradinnen übernahm sie 1933 in Ivry, einer durch Industrialisierung und Arbeiter geprägten Stadt bei Paris, die Sozialstation. Die Frauen lebten als Laien in einer geistlichen Lebensgemeinschaft nach den „evangelischen Räten" (das heißt, gemäß dem Evangelium, in Armut, Ehelosigkeit und Gehorsam). Ihre wichtigste Aufgabe sahen sie in der Erfüllung des Doppelgebotes der Liebe. Sie arbeiteten erst im Auftrag der Pfarrei, doch brachte ihre Arbeit Kontakte mit Arbeitern und Kommunisten mit sich. Die Gleichgültigkeit der christlichen Arbeitgeber gegenüber dem Elend der Arbeiter konnten sie nur schwer ertragen. So arbeiteten sie mit den in Ivry regierenden Kommunisten zusammen, die sich um soziale Gerechtigkeit bemühten, und öffneten ihr Haus für alle Hilfesuchenden. Delbrêl war vom Kommunismus fasziniert, aber dessen atheistische Grundlage lehnte sie ab („Nos autres, gens de rue. Texte missionaires", „Wir Nachbarn der Kommunisten. Diagnosen", deutsche Ausgabe 1975). Christsein war für sie untrennbar verbunden mit Kirchesein.

Im Zweiten Weltkrieg wurde ihr die Leitung der Sozialdienste der ganzen Region anvertraut. Gegen die Entchristlichung wurde von der Katholischen Kirche eine Arbeitermission („Mission de France") gegründet, der Delbrêl mit ihrer Gruppe nahestand. 1946 gab sie ihren Beruf auf und führte als Hausmutter und Gastgeberin in ihrer Gemeinschaft ihr Engagement für sozial Schwache und politische Gefangene fort. Sie vermittelte beim Papst in den Diskussionen um die Arbeiterpriester und den Kommunismus. 1961 wurde sie gebeten, bei den Vorbereitungen zum 2. Vatikanischen Konzil mitzuarbeiten.

Ihre Texte, in denen ihre große schriftstellerische Begabung aufleuchtet, zeichnen sich durch große Ausdruckskraft, eine bildhafte, poetische Sprache, klare Analysen sowie die Nähe zum Alltag der Menschen aus. Sie vermitteln lebendig das Glück, das sie in der Begegnung mit Gott erfuhr und das sie allen weitergeben wollte.

Im Jahr 1993 wurde Madeleine Delbrêl als „Dienerin Gottes" seliggesprochen.

Gibt es einen Gott?

Als ich nicht an Gott glaubte, wurde mir immer deutlicher – mit dieser Bestandsaufnahme hatte ich begonnen, als ich fast sechzehn war –, daß die Welt und die Geschichte, unsere Welt und unsere Geschichte die unheilvollste Farce waren, die man sich vorstellen kann. Doch selbst hundert noch verzweifeltere Welten hätten mich keinen Schritt weiter bewegen können, falls mir ein religiöser Glaube als tröstliche Hoffnung angeboten worden wäre. Ich war viel zu stolz auf die intellektuellen Fähigkeiten des Menschen, um in einer „Wette" klein beizugeben. Wetten und sich selbst als Einsatz wählen, das war für mich eine der großen menschlichen Kapitulationen im stärksten Sinn des Wortes. Seither habe ich dieses Urteil nuanciert, denn ich stellte fest, daß Menschen, die „Wetten" für ein ewiges Leben eingehen, zumeist eine wissenschaftliche Veranlagung oder Ausbildung haben. Zweifellos kannten oder erahnten sie die Bedeutung der Intuition und der Hypothese bei experimentellen Forschungen besser als ich. Erfindung kommt für sie weniger von schöpferischer denn von intuitiver Einbildungskraft. Letztlich war Pascal als Urheber der „Wette" vielleicht mehr ein Mann der Wissenschaft als ein Philosoph ...

Unabhängig davon, ob der Glaube bloß unser Denken oder auch unser Handeln bestimmt, läßt er sich jedenfalls nicht mit dem Idealismus in Einklang bringen. Vielleicht stand ich dem Glauben schon näher, als ich meinte. Zunehmend verlangte ich von meiner Aufmerksamkeit dem Wirklichen gegenüber eine fortgesetzte Anstrengung des Bedenkens und des Urteilens.

Diese Art elementarer Methode bei der Suche nach Antworten auf die Lebensfragen ließ mich meine Grundfrage: „Wie läßt sich die Inexistenz eines Gottes bestätigen?" dahingehend ändern: „Gibt es einen Gott?" Zwischen diesen beiden Fragestellungen hatte sich jedoch etwas ereignet: Ich war mehreren Christen begegnet, die weder älter noch dümmer, noch idealistischer waren als ich, die vielmehr dasselbe Leben wie ich lebten und ebensoviel wie ich diskutierten und tanzten. Sie hatten mir sogar einiges voraus: Sie arbeiteten mehr als ich, hatten eine wissenschaftliche und technische Ausbildung, die mir fehlte, politische Überzeugungen, die ich weder hatte noch praktizierte.

Diese Kameraden waren also damals ein Faktum meiner Wirklichkeit, das ich wie die übrigen Fakten zu beobachten, zu beurteilen und einzusetzen hatte. Doch das Faktum stand zu jener Zeit im Widerspruch mit den Überlegungen, zu denen ich gelangt war: Gott im 20. Jahrhundert war absurd und mit der gesunden Vernunft sowohl als religiöser Glaube wie als philosophische Hypothese unvereinbar, er war unannehmbar, da nicht einzuordnen.[1]

Begegnung mit anderen Christen

Bisher hatte ich nur sehr wenige Christen in meiner Nähe gehabt. Ihre Religion erschien mir wie ein Sozialverhalten, das behandelt und eingestuft werden mußte wie andere indifferente oder tragische „Sitten und Gebräuche". Sie bereiteten keine der Probleme, wie etwa ein Glaube sie stellt. Meine Kameraden hingegen befaßten sich brutal und ausschließlich mit den Schwierigkeiten, die ein Glaube verursacht. Ja, sie bewegten sich frei in all dem für mich Wirklichen, doch brachten sie etwas mit, das ich wohl als „ihr Wirkliches" bezeichnen mußte, und was für ein Wirkliches! Sie redeten über alles, aber auch über Gott, der ihnen unentbehrlich zu sein schien wie die Luft. Sie verkehrten ungezwungen mit jedermann, doch mischten sie in alle Diskussionen, Pläne und Erinnerungen mit einer Unverfrorenheit, für die sie sich manchmal sogar entschuldigen mußten, Worte, „Ideen", Richtigstellungen Jesu Christi. Hätten sie Christus einen Stuhl hingeschoben, er wäre nicht lebendiger gegenwärtig gewesen. Ja, sie arbeiteten, vergnügten und ärgerten sich wie jedermann, alles das war für sie völlig existent. Doch waren sie ebenso interessiert an dem, was wie der große Wandel ihrer Lebenssituation und die Vereinigung mit diesem Gott erschien, den zu sehen sie schon im vorhinein so sehr beglückte.

Bei den häufigen Begegnungen mit ihnen über mehrere Monate konnte ich ehrlicherweise, wenn auch nicht ihren Gott, so doch Gott nicht mehr im Absurden lassen. Damals hat sich meine Frage gewandelt. Damals änderte ich auch, was ich, um meinem Anti-Idealismus treu zu bleiben, für ein Detail in meiner Lebenshaltung hielt. Wenn ich aufrichtig sein wollte, so konnte ich einen Gott, den es möglicherweise gab, nicht behandeln, als sei er mit Gewißheit inexistent. Ich wählte das, was mir den Wandel meiner Perspektive am besten auszudrücken schien: Ich entschloß mich zu beten. Die gewöhnliche Lebenserfahrung dieser wenigen Monate hatte mich übrigens eines Tages auf diese Idee gebracht, als nämlich bei irgendeiner lauten Auseinandersetzung Teresa von Avila und ihr Wort erwähnt wurde: jeden Tag fünf Minuten still an Gott zu denken.

Vom ersten Mal an betete ich kniend, erst noch aus Furcht vor dem Idealismus. Ich tat es an jenem Tag und an vielen anderen Tagen, ohne auf die Uhr zu blicken. Seitdem habe ich lesend und nachdenkend Gott gefunden. Aber betend habe ich geglaubt, daß Gott mich gefunden hat, daß er die lebendige Wahrheit ist, die man lieben kann, wie man eine Person liebt.

Diese umsonst empfangene Wahrheit erhielt ich umsonst ich schulde sie Gott, der sie mir geschenkt hat, und ich schulde sie den Menschen, denn Menschen haben mir geholfen, der Wahrheit zu begegnen, sie für möglich zu halten, mir die ersten Worte von dem, was sie ist, anzueignen.[2]

Begegnung mit Christus

Ich schreibe „BEGEGNUNG" groß und im Singular. Diese Arbeit ist gewiß durch Begegnungen angeregt worden. Oder tiefer noch durch eine Initialbegegnung, aus der sich die folgenden ergaben.

Diese war meine eigene Begegnung mit Christus dem Herrn. Durch sie war mir ein für allemal klar geworden, was die Menschen sich zu schenken vermögen und was sie entbehren. Ich hatte wie ein Faktum die Kostbarkeit ertastet, die ein jedes Ding erlangt, wenn der Mensch mit Gott verbunden ist und, im Gegensatz dazu, die unerbittliche Entwertung, die den Gütern droht, wenn der gleiche, aber areligiöse Mensch sie sich anzueignen sucht.

Wenn Christus sagt: „Ich bin der Weg", so hat er, noch bevor er hinzufügt: „... die Wahrheit und das Leben", erahnen lassen, daß das Geschick der Seinen eine sichere Wahrheit sein wird, ein gesichertes Leben im Dunkel des Glaubens wie im ewigen Licht, daß dieses Geschick aber auch ein dunkler Zustand der Begegnung sein wird, jenseits einer menschlichen Erschütterung der Umkehr, nämlich die wahrhaftige, schon im Lauf unseres Lebens beginnende, doch stets noch unvollendete Begegnung mit dem lebendigen Gott.

Nur das, was in den Realismus dieser Begegnung einzufalten war oder was sich daraus wie eine notwendige Folge auszufalten vermochte, schien mir von da an wahr zu sein.[3]

Entschieden

Auf einen einzigen Schlag war alles entschieden. Ich erinnere daran, daß ich Neukonvertierte war – ich war von Gott überwältigt worden und bin es noch. Es war mir und es bleibt mir unmöglich, in die eine Schale der Waage Gott, in die andere alle Güter dieser Welt zu legen, mögen es die meinen oder die der ganzen Menschheit sein.

Ich sagte die Dinge so, wie ich sie erlebte, meinen Kameraden ... und seither habe ich sie so oft wiederholt, als es nötig war. In Ivry war es mir recht, mit ihnen zusammen für bestimmte zeitlich begrenzte Ziele zu arbeiten, jedesmal wenn diese Ziele mit den Geboten des Herrn übereinstimmten. Jedesmal aber, wo gemeinsames Handeln mit den Kameraden ein direktes oder indirektes Tun gegen Gott war, habe ich mich geweigert. Und wann immer es nötig war, gab ich meine Gründe an: die Worte Christi. Ich füge bei, daß ich mich auch weigerte, von einer Aktion in die andere zu springen, wenn mir dazwischen nicht die Zeit gelassen wurde, nachzudenken und zu beten – dadurch wurden mir unklare Verstrickungen erspart ... So geht es zu seit dreißig Jahren.[4]

Eine atheistische Umwelt

Das wahre Glaubensleben hält stand und entwickelt sich in atheistischer Umgebung. Im voraus weiß es sich harten Schlägen ausgesetzt, es braucht sie nicht eigens suchen zu gehen, und wenn sie kommen, weiß es, daß alles in Ordnung ist. In diesem Leben ist der Friede ein Kampf, und eine weichliche Ruhe ist verdächtig.

Wir müssen lernen, daß der Glaube der streitenden Kirche ein gewaltsamer Zustand ist.

Bekehrung ist ein gewaltsames Ereignis. Schon auf seinen ersten Seiten ruft uns das Evangelium zur „metanoia“: Bekehrt euch, das heißt: kehrt euch um, schaut euch nicht selber mehr an, kehrt euer Antlitz mir zu.

Die Taufe hat diese gewaltsame Umkehr bewirkt. Diese kann in uns fast gar nicht oder vollständig bewußt, fast gar nicht oder vollständig gewollt, fast gar nicht oder vollständig frei sein.

Bekehrung ist ein entscheidender Augenblick, der uns abkehrt von dem, was wir über unser Leben wissen, damit wir, Aug in Auge mit Gott, von Gott erfahren, was er davon hält und daraus machen will. In diesem Augenblick wird Gott für uns zum Allerwichtigsten; wichtiger als jedes andere Ding, wichtiger als jedes Leben, selbst und vor allem das unsrige. Ohne diesen höchsten, überwältigenden Primat des lebendigen Gottes, der uns einfordert, seinen Willen unserem Herzen vorstellt, damit es in Freiheit ja oder Nein antworte, gibt es keinen lebendigen Glauben.

Aber wenn diese Begegnung das blendende Hingerissensein unseres ganzen Ich zu Gott ist, dann muß sie, um völlig wahr zu sein, doch auch völlig dunkel sein. Den lebendigen Glauben haben heißt von ihm geblendet sein, um von ihm gelenkt zu werden; und es wird uns schwer, uns ihm, den man „das schwarze Licht" genannt hat, anzuvertrauen.

In der Schule von Ivry lernt man, daß die Bekehrung und ihre Gewaltsamkeit das ganze Leben lang dauert.

Immer streben wir dahin, aus dem neuen Leben, der neuen Welt, in der das „schwarze Licht" uns leitet, wieder das alte Leben und jene Welt zu machen, die der Mensch sich selber erbaut: ein Leben, in dem der Glaube nichts mehr auf den Kopf stellt, mit dem der Glaube ohne Schwierigkeit sich verständigt.[5]

Wer mir folgt, wandelt nicht in der Finsternis

Man muß sich der beiden dunklen Räume bewußt geworden sein, zwischen denen unser Leben sich abspielt: unergründliches Dunkel Gottes und Finsternis des Menschen: dann kann man sich mit Leib und Seele dem Evangelium verschreiben, kann durch unser doppeltes Nichts hindurch unsere Kreatürlichkeit und unser Sündersein wahrnehmen.

Man muß in das Todesmilieu dessen eingetaucht sein, dem unser menschliches Lieben gilt: in die Verwüstungen durch die Zeit, die allgemeine Gebrechlichkeit, die Todesfälle, den allmählichen Zerfall der Zeit, aller Werte, der sozialen Gemeinschaften, unserer selbst.

Und am andern Pol muß man die undurchdringbare Welt des Insichseins Gottes angerührt haben, um in sich ein solches Grauen vor der Finsternis zu entdecken, daß das Licht des Evangeliums uns nötiger wird als Brot.

Nur dann klammern wir uns daran wie an ein über einem doppelten Abgrund gespanntes Seil.

Verloren muß man sich wissen, dann will man gerettet werden.

Wer das schmale Evangelienbuch nicht mit der Entschlossenheit eines Menschen ergreift, dem eine einzige Hoffnung verbleibt, wird es weder entziffern noch dessen Botschaft empfangen.

Es kommt dann auch nicht darauf an, ob dieser selig Verzweifelte, aller irdischer Erwartung Beraubte das Buch aus einer reichen Bibliothek hervorholt oder aus der Tasche seines zerschlissenen Rockes oder aus einer Studentenmappe zieht; auch nicht, ob er es an einem Haltepunkt seines Lebens oder an einem gewöhnlichen Alltag ergreift; in einer Kirche oder in seiner Küche; auf offenem Feld oder in seinem Büro; er greift zwar nach dem Buch, wird aber selber ergriffen werden von den Worten, die Geist sind. Sie werden in ihn eindringen wie das Saatkorn in den Acker, wie die Hefe in den Teig, wie der Baum in die Luft; und wer sich nicht verweigert, kann schlicht zu einem neuen Ausdruck dieser Worte werden.

Das ist das große Geheimnis, das im Evangelienbuch verborgen liegt.[6]

Schweigen

Warum sollte der Wind in den Föhren, der Sandsturm, das aufgewühlte Meer voller Schweigen sein, und nicht auch das Stampfen der Maschinen in der Fabrik, das Donnern der Züge durch den Bahnhof, der wirre Motorenlärm an der Straßenkreuzung?

Hier wie dort spielen die großen Gesetze, das Brausen der Schöpfung umringt uns.

Warum sollte Lerchengesang im Kornfeld, Knistern nachts der Insekten, Summen der Bienen im Thymian unser Schweigen nähren und nicht auch der Schritt der Massen auf der Straße, die Stimmen der Frauen auf dem Markt, die Schreie der Männer bei der Arbeit, das Lachen der Kinder im Park, die Lieder, die aus der Bar dringen? All das ist Geräusch von Geschöpfen, die auf ihr Schicksal zuschreiten, alles geordnetes oder unordentliches Echo des Hauses Gottes, alles Signal jenes Lebens, das auf unser Leben zukommt.

Das Schweigen ist keine Ausflucht, sondern Sammlung unserer selbst im Hohlraum Gottes.

Das Schweigen ist keine Blindschleiche, die beim geringsten Geräusch davonflieht, sondern ein Adler mit kraftvollen Schwingen, der das Getöse der Erde, der Menschen und Winde überschwebt.[7]

Glaube und Evangelium

Hätten wir die Wahl, so wäre die Auferstehung Christi gewiß nicht der Ausgangspunkt, den wir uns für unsere Evangelisation aussuchen würden. Aber in ungläubiger Umgebung, zumal in kommunistischer, muß man auf Fragen antworten, und wir haben selten Gelegenheit, diese selber zu bestimmen.

~ 182 ~

Auch das sollen wir uns deutlich klarmachen: Evangelisieren heißt nicht konvertieren. Den Glauben verkünden heißt nicht den Glauben mitteilen. Wir sind verantwortlich dafür, ob wir reden oder schweigen, wir sind nicht verantwortlich für die Wirksamkeit unserer Worte.

Gott ist es, der den Glauben schenkt. Und auch da gibt es noch Dinge, die richtigzustellen sind. Oft sehen wir vor lauter Bäumen den Wald nicht. Der Unglaube oder die religiöse Unruhe Einzelner, die wir näher kennen, schlägt uns leicht ein wenig in ihren Bann. Und doch: wenn wir ihnen gegenüber eine besondere Verantwortung tragen, soll die uns nicht hindern, ein bißchen weiter zu sehen. Sie darf unsere Blicke nicht einengen.

Evangelisieren heißt reden, um die „gute Botschaft" zu künden. Heißt jemanden anreden, um ihm eine frohe Botschaft zu künden.

Und dazu muß man, um einen heute beliebten Ausdruck zu verwenden, Informationen bieten; Leuten, die unsere Nächsten sind, deren Nächster wir sind, müssen wir die Information einer Botschaft vermitteln.

Informieren heißt die praktischen Mittel ergreifen, um diesen Leuten eine Neuigkeit beizubringen, die sie noch nicht kennen. Man bringt sie ihnen bei, weil sie sie betrifft; und damit sie zuhören, müssen sie sich davon betroffen fühlen, sie muß in den Gesamtzusammenhang jener Informationen hineinpassen, die ihr Interesse fesseln. Der Informierende muß entsprechend ausgewiesen sein.

Wer über das Evangelium informiert, muß in andern Gebieten als dem Evangelium als ehrlich, exakt anerkannt sein, als einer, der nicht Luftgebilde mit Realitäten verwechselt.[8]

Gebet

Du lebtest, und ich wußte es nicht.
Du hattest mein Herz nach deinem Maß geschaffen,
mein Leben, um so lange zu währen wie du,
und weil du nicht da warst,
erschien mir die ganze Welt als klein und häßlich
und unser Schicksal als stumpfsinnig und böse.
Als ich erfahren hatte, daß du lebst,
habe ich dir dafür gedankt, daß du mich ins Leben
gerufen hast,
und ich habe dir für das Leben der ganzen Welt gedankt.
Das Leiden, das auf Erden erlitten wird,
erschien mir auf einmal viel größer und viel kleiner
zugleich,
und die Freuden, die hier erfahren werden,
viel wahrer und viel kleiner auch sie.[9]

Dag Hammarskjœld

(1905–1961)

Dag Hjalmar Agne Carl Hammarskjœld war der jüngste von vier Söhnen einer Familie, die seit dem 17. Jahrhundert zum schwedischen Adel gehörte und seitdem ununterbrochen in Diensten des Königshauses stand. Sein Vater Hjalmar wurde 1914 schwedischer Premierminister. Der Sohn Dag Hammarskjœld war ein glänzender Schüler. Er studierte Rechtswissenschaften, Philosophie und Wirtschaftswissenschaften und habilitierte sich an den Universitäten von Uppsala und Stockholm. Von 1936 bis 1945 war er Staatssekretär im schwedischen Finanzministerium, von 1941 bis 1948 Präsident des schwedischen Reichsbankdirektoriums; 1949 wurde er Staatssekretär im Außenministerium. Von 1951 bis 1953 war er stellvertretender Außenminister und Finanzminister.

1949 wurde er schwedischer Delegierter der Generalversammlung der Vereinten Nationen. Durch geschickte Verhandlungsführung gewann er hohes Ansehen. Am 7. April 1953 wurde er zum zweiten Generalsekretär der Vereinten Nationen ernannt. Sein Engagement als UN-Generalsekretär galt vor allem den Menschen in den armen Ländern und der Erhaltung des Friedens. Wichtige Ratgeber waren für ihn Martin Buber und Albert Schweitzer.

Unter seiner Führung gewannen die Vereinten Nationen durch Schlichten internationaler Konflikte Ansehen und Einfluss. 1954 gelang es ihm, in Peking amerikanische Kriegsgefangene des Koreakrieges freizubekommen. 1956 drohte der Konflikt um den Suezkanal zum Weltkrieg zu eskalieren.

Hammarskjoeld gelang es innerhalb von 48 Stunden, eine internationale Friedens- und Polizeitruppe zu schaffen, 6000 Soldaten aus allen Kontinenten zu rekrutieren und so den Konflikt zu entschärfen. Ebenfalls 1956 bemühte er sich um den Friedenserhalt in Ungarn. 1957 wurde er von der UN-Generalversammlung einstimmig für eine zweite Amtszeit eingesetzt. Er vermittelte in der Libanon-Krise (1958) und im Grenzstreit zwischen Kambodscha und Thailand, zudem verstärkte er die UN-Hilfe für Afrika, wo viele Staaten gerade erst unabhängig geworden waren.

Neben seinen aufreibenden Pflichten in der UNO überzeugte er erfolgreich die schwedische Akademie, dass der französische Dichter und Diplomat Saint-John Perse (Alexis Leger) den Nobelpreises für Literatur verdient hatte (den er 1960 erhielt), und übersetzte dessen Hauptwerk ins Schwedische.

1961 kam Hammarskjœld beim Absturz seines UN-Flugzeugs an der Grenze zwischen der abtrünnigen kongolesischen Provinz Katanga und Nordrhodesien, dem heutigen Sambia, zu Tode. Er war unterwegs, um in der Kongokrise zu vermitteln. Die Ursachen des Absturzes und seines Todes – Unglück oder Attentat – blieben ungeklärt. Geheime Unterlagen, die 1998 von der Wahrheits- und Versöhnungskommission in Südafrika vorgelegt wurden, lassen vermuten, dass Hammarskjœld einem Mordkomplott verschiedener Geheimdienste (Südafrika, USA, Großbritannien) zum Opfer gefallen war.

Im Jahr seines Todes wurde ihm postum der Friedensnobelpreis verliehen.

Unter den Papieren, die man in Hammarskjœlds New Yorker Wohnung fand, war ein Tagebuch: eine Sammlung persönlicher Aufzeichnungen in Form von Aphorismen, kurzen Skizzen, Versen und Zitaten. Dieses Tagebuch „Vägmarken" (auf Deutsch: „Zeichen am Weg") wurde von Hammarskjœld selbst in einem Begleitbrief an seinen Freund „eine Art Weißbuch schonungsloser Verhandlungen mit mir selbst – und mit Gott" genannt. Als das Tagebuch 1963 in Stockholm erschien, hatte es einen riesigen Erfolg und wurde in viele Sprachen übersetzt. Hammarskjœld, der verschlossene Politiker, erwies sich in seinen Aufzeichnungen als Gottsucher und Mystiker. Das Buch, das er kurz vor seinem Tod immer bei sich hatte, war die „Nachfolge Christi" von Thomas a Kempis. Er hatte aus einem inneren Ja zu Christus gelebt und den Weg gesucht, der zur Vollendung führt.

Die Wirklichkeit Gottes

Gott ist eine bequeme Formel, auf dem Bücherbrett des Lebens – stets zur Hand und selten gebraucht. In der reinen Ruhe von Stunden der Geburt ist er ein Jubel und frischer Wind – den die Erinnerung nicht halten kann. Werden wir aber gezwungen, uns selbst zu sehen Auge in Auge – dann erhebt er sich über uns in furchtbarer Wirklichkeit, jenseits von allen Diskussionen und allem „Gefühl", stärker als alles schützende Vergessen.[1]

Zeit für Gott

Wie willst du die Fähigkeit zuzuhören bewahren, wenn du niemals zuhörst: Daß Gott für dich Zeit haben soll, hältst du sicher für ebenso selbstverständlich wie dies, daß du keine Zeit für Gott haben kannst.[2]

Gebet

Nicht dadurch wird der Lebensanspruch des Menschentiers zum Gebet, daß er an Gott gerichtet ist.[3]

Sterben

Gott stirbt nicht an dem Tag, an dem wir nicht länger an eine persönliche Gottheit glauben, aber wir sterben an dem Tag, an dem das Leben für uns nicht länger von dem stets wiedergeschenkten Glanz des Wunders durchstrahlt wird, von Lichtquellen jenseits aller Vernunft.[4]

Des Lebens Forderung

Hunger ist meine Heimat im Land der Leidenschaften. Hunger nach Gemeinschaft, Hunger nach Gerechtigkeit – einer Gemeinschaft, durch Gerechtigkeit gebaut, und einer Gerechtigkeit, gewonnen durch Gemeinschaft.

Nur Leben erfüllt des Lebens Forderung. Nur damit wird dieser Hunger gesättigt, daß sich durch Gestalten des Lebens mein Wesen als eine Brücke zu anderen, als Stein im Gewölbe der Gerechtigkeit verwirklicht.

Keine Angst vor sich selbst, sondern seine Eigenart ausleben, ganz, aber zum Guten. Nicht anderen folgen, um Gemeinschaft zu kaufen, nicht das Schickliche zum Recht erheben, statt der Gerechtigkeit zu leben.

Befreiung und Verantwortung. So wird nur einer geschaffen, und wenn er versagt, wird der Einsatz, welcher der seine hätte sein können, ewig fehlen.

Von sich wußte er – wußte ich, was im Menschen ist: an Kleinlichkeit, Gier, Hochmut, Neid – und Verlangen. Verlangen –. Auch nach dem Kreuz.[5]

Gott lieben

Es ist nicht genug, sich täglich unter Gott zu stellen. Darauf kommt es an, nur unter Gott zu stehn: jede Zersplitterung öffnet die Tür für Tagtraum, Geschwätz, heimliches Selbstlob, Verleumdung – alle diese Aftertrabanten des Zerstörungstriebs.

„Wie aber soll ich Gott lieben?" – „Du sollst ihn lieben, wie er ein Nichtgott, ein Nichtgeist, eine Nichtperson, ein Nichtgestaltetes ist: vielmehr nur lautere, pure, klare Einheit, aller Zweiheit fern. Und in diesem Einen sollen wir ewiglich versinken vom Sein zum Nichts. Dazu helfe uns Gott."[6]

Nacht – Licht – Liebe

Nacht. Vor mir führt der Weg vorbei. Hinter mir der Bogen des Pfades zum Haus empor, wie eine Lichtung im Dunkel unter den mächtigen Bäumen des Parks. Weiß, daß Menschen dort draußen vorübergehn, vom Dunkel verdeckt. Weiß, daß von Nacht verborgen Leben um mich bebt. Weiß, daß jemand im Haus auf mich wartet. Einsamer Vogelruf aus dunklem Park: und ich geh dort hinauf.

Licht ohne Quelle, bleiches Gold eines neuen Tages, Seidenweiches graues Blattwerk auf niedrigen Büschen, tauversilbert. Fröstelndes Rosa blüht über den Hügeln. Blauer Horizont. Aus dem dunklen Laubgewölbe der Bachschlucht trete ich hinaus auf den weiten Hang. Tropfen glitzern auf den Händen, die Stirn von Spritzern der schwankenden Zweige gekühlt, verdunstende Feuchte im frischen Morgenwind.

Jetzt. Da ich die Furcht überwunden vor den anderen, vor mir, vor dem Dunkel darunter:
an der Grenze des Unerhörten:
Hier endet das Bekannte. Aber vom Jenseits her erfüllt etwas mein Wesen mit seines Ursprungs Möglichkeit.
Hier wird Begehren zu Offenheit gereinigt: jedes Handeln Vorbereitung, jede Wahl ein Ja dem Unbekannten. Durch die Pflichten des Oberflächenlebens gehindert, mich über die Tiefe zu beugen, aber in ihnen langsam dazu gerüstet, formend in das Chaos niederzusteigen, aus dem der Duft der weißen Anemonen das Versprechen einer neuen Zusammengehörigkeit trägt. An der Grenze –

Wenn du so weit gekommen bist, daß du keine Antwort erwartest, wirst du zum Schluß in einer Weise schenken können, daß der andere entgegennehmen und sich über das Geschenk freuen kann. Wenn der Liebende befreit ist von der Abhängigkeit vom Geliebten durch das Reifen der Liebe zu einem Strahlen, das Auflösung alles Eignen in Licht ist – dann wird auch der Geliebte vollendet, indem er vom Liebenden frei wird.[7]

1952

Bald naht die Nacht –." Wie lang ist der Weg. Aber wie nötig hatte ich nicht die Zeit, die er schon dafür brauchte, mir beizubringen, wo er – vorbeiläuft.

„Weiter werde ich geführt –." Ja, ja – aber warst du nicht blind für die Chancen?

„Dein Wille geschehe –." Laß davon ab, dir den Anstoß zu kleinen Versuchen, dem Schicksal nachzuhelfen, vom Eigeninteresse geben zu lassen; laß auch davon ab, dies anderen gegenüber mit einer Hypothek edelster Begriffe zu beschweren – falls du nur, was am Ende dabei herauskommt, ganz über deinen Kopf weg verfügen läßt – in Glauben.

„Dein Wille geschehe –." Laß dem Inneren den Vorrang vor dem Äußeren, der Seele vor der Welt – wohin es auch führt. Dabei den inneren Wert nicht zur Maske des äußeren werden lassen, sondern sich blind machen für den Wert, den ein Inneres für das Äußere haben kann.

Geburt und Tod, Hingabe und Schmerz – die Wirklichkeit hinter dem Tanz unter den Leuchtröhren sozialer Verantwortung.

Wie gut verstehe ich die Spiegelsymbolik in Cocteaus Orpheus: das zu durchbrechen, was in der Begegnung mit der Wirklichkeit die Begegnung mit mir selber verhindert; zu durchbrechen auch um den Preis, ins Totenreich hinabzusteigen. Was aber, was wünsche ich mehr als gerade das? Wann und wie begegnet es mir? Oder wurde es schon verscherzt?

Ist meine Beziehung zu den Menschen mehr als ein Spiegel? Wer oder was verleiht mir die Chance, sie in eine Pforte zu verwandeln? Zufall oder Zwang? Bin ich nicht zu „klug und ausbalanciert" – also zu sozial ich-bezogen –, um etwas anderem zu weichen als einer Notwendigkeit, die belegt werden kann?

„An der Grenze des Unerhörten." Des Tieftauchens Consummatio bewußt – und ängstlich, aus Instinkt, Erfahrung, Erziehung, „Rücksicht", den Kopf unter Wasser zu bekommen. Unwissend sogar, wie das geschehen sollte!

Der Lebensstrom durch Jahrmillionen, der Menschenstrom durch Jahrtausende. Bosheit, Tod und Not, Opferwille und Liebe –. Was bedeutet „Ich" in dieser Sicht? Zwingt mich nicht die Vernunft, das Meine zu suchen, meine Lust, meine Macht, die Achtung der Menschen vor mir? Und trotzdem „weiß" ich – weiß es, ohne zu wissen –: gerade in dieser Perspektive ist dies das Gleichgültigste von allem. Eine Einsicht, in der *Gott* ist.

Das Schwerste: *recht* zu sterben. – Ein Examen, dem keiner entgeht – wie viele bestehen es? Und du selbst, bete um Kraft für diese Prüfung – aber auch um einen milden Richter.[8]

Glaube I

Glaube ist Gottes Vereinigung mit der Seele." – Glaube *ist* – kann daher nicht erfaßt werden, noch viel weniger identifiziert werden mit Formeln, in denen wir das umschreiben, was ist.

– en una noche oscura. Des Glaubens Nacht so dunkel, daß wir nicht einmal den Glauben suchen dürfen. Es geschieht in der Gethsemane-Nacht, wenn die letzten Freunde schlafen, alle anderen deinen Untergang suchen und Gott schweigt, daß die Vereinigung sich vollzieht.[9]

Glaube II

Glauben – nicht zaudern", aber auch: nicht zweifeln. „Glaube ist Gottes Vereinigung mit der Seele" – ja, aber darin auch die Gewißheit von Gottes Allmacht durch die Seele: für Gott ist alles möglich, denn Glaube kann Berge versetzen.[10]

10. 4. 1958

In dem Glauben, der „Gottes Vereinigung mit der Seele" ist, bis du *eins* mit Gott
und Gott ganz in dir,
gleichwie er ganz für dich ist in allem, was dir begegnet.
In diesem Glauben steigst du im Gebet hinab in dich selbst, um den anderen zu treffen,
im Gehorsam und Licht der Vereinigung;
stehen für dich alle, gleich dir, einsam vor Gott;
ist unser Tun ein fortwährender Schöpfungsakt – bewußt, weil du eine menschliche Verantwortung hast, und gleichwohl gesteuert von der Kraft jenseits des Bewußtseins, die den Menschen schuf, bist du frei von den Dingen, aber begegnest ihnen in einem Erlebnis, das die befreiende Reinheit und die entschleiernde Schärfe der Offenbarung besitzt.
In dem Glauben, der „Gottes Vereinigung mit der Seele" ist, hat darum alles einen Sinn.
So leben, so nutzen, was in deine Hand gegeben wurde ...

Erst im Menschen hat die schöpferische Entwicklung den Punkt erreicht, wo die Wirklichkeit sich selbst begegnet in Urteil und Wahl. Außerhalb des Menschen ist sie weder böse noch gut. – Nur wenn du in dich selber hinabsteigst, erlebst du in der Begegnung mit dem anderen das Gute als die äußerste Wirklichkeit – geeinigt und lebendig, in ihm und durch dich.[11]

Ja zum Leben

Ich bin das Gefäß. Gottes ist das Getränk. Und Gott der Dürstende.

Daß der Weg der Berufung auf dem Kreuz endet, weiß, wer sich seinem Schicksal unterstellt hat – auch wenn dieser Weg durch den Jubel von Genezareth führt und durch die Triumphpforte von Jerusalem.

Frei sein, aufzustehen und alles zu lassen – ohne einen Blick zurück. *Ja* zu sagen.

Keiner ist demütig als im Glauben. Denn die Masken der Schwäche und des Pharisäertums sind nicht der Demut nacktes Gesicht. Keiner ist stolz als – im Glauben. Denn die Spielarten geistig unreifer Anmaßung sind kein Stolz –. Demütig und stolz im Glauben: das heißt dies leben, daß ich nicht in Gott bin, aber Gott in mir.

Ja sagen zum Leben heißt auch ja sagen zu sich selbst.
Ja – auch zu der Eigenschaft, die sich am widerwilligsten umwandeln läßt von Versuchung zu Kraft.[12]

Gebet

Du, der über uns ist,
Du, der einer von uns ist,
Du, der *ist* –
auch in uns;
daß alle dich sehen – auch in mir,
daß ich den Weg bereite für dich,
daß ich danke für alles, was mir widerfuhr.
Daß ich dabei nicht vergesse der anderen Not.

Behalte mich in deiner Liebe,
so wie du willst, daß andere bleiben in der meinen.
Möchte sich alles in diesem meinem Wesen zu deiner Ehre
wenden,
und möchte ich nie verzweifeln.
Denn ich bin unter deiner Hand,
und alle Kraft und Güte sind in dir.

Gib mir einen reinen Sinn – daß ich dich erblicke,
einen demütigen Sinn – daß ich dich höre,
einen liebenden Sinn – daß ich dir diene,
einen gläubigen Sinn – daß ich in dir bleibe.

Das „Unerhörte" – in Gottes Hand zu sein. – Wieder ein Mahnen an dieses einzig Bleibende in deinem Leben – und wieder diese Enttäuschung, die bezeugt, wie lange du brauchst, um zu erkennen.

Nie am Ziel – größere Aufgaben gleichen nur einer höheren Klasse in jener Schule, in der du dich einer Prüfung näherst, die niemand kennen soll, damit du darin *ganz einsam* bist.

Gewiß versucht uns Gott mit „Ebenbürtigkeit", mit jeder Eigenschaft, die zu anderem Gebrauch lockt als seiner Verherrlichung. Je mehr er fordert, je gefährlicher ist das Rohmaterial, das er uns zuteilt für unseren Einsatz. Danken – auch für den Schlüssel zur Höllenpforte.[13]

Gott in mir

Wenn Gott handelt, geschieht es in den entscheidenden Augenblicken – so wie jetzt – mit einer harten Zielbewußtheit, einer Art sophokleischem Raffinement. Wenn die Zeit reif ist, nimmt er das Seine. Was aber hast *du* zu sagen – du bist ja erhört. Gott braucht dich, auch wenn dir das im Augenblick nicht paßt, Gott „welcher Menschen zermalmt, wenn er den Menschen erhebt".

Kommt oder kommt er nie,
Tag, an dem Freude wird groß,
Tag, an dem Sorge sich mindert?

So kam er denn wirklich – der Tag, da die Sorge klein ward. Weil das Schwere, das mich traf, bedeutungslos war im Licht der Forderung, die Gott an mich stellte. Aber wie schwer, zu fühlen, daß dies auch – und eben deshalb – der Tag war, da die Freude groß wurde.

Nicht ich, sondern Gott in mir.[14]

Pfingsten 1961

Ich weiß nicht, wer – oder was – die Frage stellte. Ich weiß nicht, wann sie gestellt wurde. Ich weiß nicht, ob ich antwortete. Aber einmal antwortete ich ja zu jemandem – oder zu etwas.
Von dieser Stunde her rührt die Gewißheit, daß das Dasein sinnvoll ist und daß darum mein Leben, in Unterwerfung, ein Ziel hat. Seit dieser Stunde habe ich gewußt, was das heißt, „nicht hinter sich zu schauen", „nicht für den anderen Tag zu sorgen".
Geleitet durch das Lebenslabyrinth vom Ariadnefaden der Antwort, erreichte ich eine Zeit und einen Ort, wo ich wußte, daß der Weg zu einem Triumph führt, der Untergang, und zu einem Untergang, der Triumph ist; daß der Preis für den Lebenseinsatz Schmähung und daß tiefste Erniedrigung die Erhöhung bedeutet, die dem Menschen möglich ist. Seither hat das Wort Mut seinen Sinn verloren, da ja nichts mir

genommen werden konnte. Auf dem weiteren Weg lernte ich, Schritt um Schritt, Wort für Wort, daß hinter jedem Satz des Helden der Evangelien ein Mensch und die Erfahrung eines Mannes stehen. Auch hinter dem Gebet, es möge der Kelch von ihm genommen werden, und das Gelöbnis, ihn zu leeren. Auch hinter jedem Wort am Kreuz.[15]

Simone Weil
(1909–1943)

Simone Weil wuchs in Paris in einer freidenkenden jüdischen Familie auf. Die hochbegabte junge Frau machte mit 16 Jahren das Abitur, studierte Philosophie und unterrichtete nach Abschluss des Studiums 1931. Als Lehrerin ging sie nach Le Puy. Schon während ihrer Schulzeit engagierte sie sich pazifistisch; in Vorträgen, Diskussionen und Artikeln setzte sie sich mit der sozialen Benachteiligung der Arbeiterschaft auseinander. In Le Puy intensivierte sie dieses Engagement für Arbeitslose, wurde aber wegen politischer Aktivitäten beinahe zwangsversetzt. 1932 reiste sie nach Deutschland, um sich über die Situation dort zu informieren, und publizierte scharfsinnige, auch marxismuskritische Artikel, die sie in linken Kreisen bekannt machten. 1934/1935 arbeitete sie ein knappes Jahr als Hilfsarbeiterin, um das Leben der Industriearbeiter besser kennen zu lernen („Fabriktagebuch"). Aus dieser existentiellen Berührung mit dem Elend der Menschen kam sie nach einer agnostischen Phase zu einer wachsenden persönlichen Verbundenheit mit Christus. Immer wieder wechselten bei ihr Lehrtätigkeit mit Hilfsarbeit oder politischen Aktivitäten ab.

In Assisi (1937) sowie in der Benediktinerabtei von Solesmes (1938) erlebte sie nach eigenen Worten, dass Christus zu ihr herunterstieg und sie ergriff. Sie näherte sich dem Katholizismus an. Mit dem Dominikanerpater Perrin, der sich um ihren Eintritt in die Katholische Kirche bemühte, verband sie seit 1940 ein intensiver Briefwechsel. Simone Weil hielt aber daran fest, dass die christliche Vollkommenheit und die Liebe

Christi von Taufe und Mitgliedschaft in der Kirche, der sie kritisch gegenüberstand, unabhängig sei.

1939 ließ sie sich von ihrer Unterrichtstätigkeit beurlauben, um Widerstand gegen das NS-Regime zu leisten. Danach erhielt sie keine Lehrerstelle mehr. Die Gestapo überwachte sie. 1942 verließ sie Europa, um nach einem Aufenthalt in New York, wohin ihre Eltern emigriert waren, von London aus in einem Befreiungskomitee zu kämpfen. Auch dieser Plan scheiterte, und so arbeitete sie als Redakteurin. 1943 wurde sie, die schon seit ihrer Jugend an quälenden chronischen Kopfschmerzen litt, völlig entkräftet mit Lungentuberkulose ins Krankenhaus eingeliefert, lehnte aber aus Solidarität mit den Kranken und Gefangenen jede Behandlung und Nahrung ab. Ihre Freundin berichtete, Simone habe durch sie im Krankenzimmer die Taufe empfangen. Wenige Wochen später starb Simone Weil mit nur 34 Jahren in Ashford/Kent.

Sie publizierte meist tagespolitisch Aktuelles. Ihre größeren Abhandlungen sowie die spirituellen Texte („La pesanteur et la grâce", „Schwerkraft und Gnade", dt. 1952, „Attente de Dieu", „Das Unglück und die Gottesliebe", dt. 1953) wurden erst nach ihrem Tod veröffentlicht.

Brief an Pater Perrin

Sie haben mir weder den christlichen Geist noch Christus gebracht; denn als ich Ihnen begegnete, war dies nicht mehr zu leisten, es war bereits geschehen, ohne die Vermittlung irgendeines menschlichen Wesens. Wenn dem nicht so gewesen wäre, wenn ich nicht schon, und zwar nicht nur implizite, sondern wissentlich, ergriffen worden wäre, so hätten Sie mir nichts gegeben, denn ich hätte nichts von Ihnen empfangen. Meine Freundschaft für Sie wäre für mich ein Grund gewesen, Ihre Botschaft abzulehnen, denn ich hätte mich vor den Möglichkeiten des Irrtums und der Täuschung gefürchtet, die ein menschlicher Einfluß im Bereich der göttlichen Dinge in sich schließt. Ich kann sagen, daß ich mein ganzes Leben lang niemals, in keinem Augenblick, Gott gesucht habe. Hierin liegt vielleicht auch der gewiß allzu subjektive Grund, warum dies ein Ausdruck ist, den ich nicht liebe und der mir falsch erscheint. Seit meiner Jugend war ich der Ansicht, daß das Gottesproblem ein Problem ist, dessen Voraussetzungen uns hienieden fehlen, und daß die einzige sichere Methode, eine falsche Lösung zu vermeiden (was mir als das größtmögliche Übel erschien), darin besteht, es nicht zu stellen. Also stellte ich es nicht. Ich bejahte weder, noch verneinte ich. Es schien mir unnütz, dieses Problem zu lösen, denn ich dachte, da wir nun einmal in dieser Welt sind, sei es unsere Aufgabe, die beste Haltung gegenüber den Problemen dieser Welt einzunehmen, und diese Haltung hänge nicht von der Lösung des Gottesproblems ab. Das war wahr, zumindest für mich; denn ich habe niemals in der Wahl dieser Haltung geschwankt; ich habe immer als einzig mögliche Einstellung die christliche Einstellung angenommen. Ich bin sozusagen im christlichen Geiste geboren, aufgewachsen und immer darin verblieben. Während selbst der Name Gottes an meinem Denken keinen Teil hatte, besaß ich hinsichtlich der Probleme dieser Welt und dieses Lebens die christliche Auffassung in strenger Ausdrücklichkeit, mitsamt den dazugehörigen sehr besonderen Vorstellungen. Gewisse dieser Vorstellungen sind in mir, soweit ich zurückdenken kann. Von anderen weiß ich, wann, auf welche Weise und unter welcher Form sie sich meiner bemächtigt haben.[1]

Lieber sterben, als ohne Wahrheit sein

Mit vierzehn Jahren verfiel ich einer jener grundlosen Verzweiflungen des Jugendalters, und ich wünschte ernstlich zu sterben, wegen der Mittelmäßigkeit meiner natürlichen Fähigkeiten. Die außergewöhnliche Begabung meines Bruders, dessen Kindheit und Jugend sich mit derjenigen Pascals vergleichen läßt, zwang mich, mir dessen bewußt zu werden. Nicht dies schmerzte mich, daß ich auf äußerliche Erfolge verzichten sollte, sondern daß ich niemals hoffen durfte, den Zugang zu jenem transzendenten Reich zu finden, zu dem einzig die echten großen Menschen Zutritt haben und in dem die Wahrheit wohnt. Ich wollte lieber sterben, als ohne sie zu leben. Nach Monaten innerer Verfinsterung empfing ich plötzlich und für immer die Gewißheit, daß jedes beliebige menschliche Wesen, selbst wenn es so gut wie gar keine natürlichen Fähigkeiten besitzt, in dieses dem Genie vorbehaltene Reich der Wahrheit eindringt, sobald es nur die Wahrheit begehrt und seine Aufmerksamkeit in unaufhörlicher Bemühung auf ihre Erreichung gerichtet hält. So wird auch dieser Mensch ein Genie, selbst wenn dieses Genie mangels Begabung nach außen nicht in Erscheinung treten kann. Später, als der Druck der Kopfschmerzen meine geringen Fähigkeiten in eine Lähmung versetzte, die ich sehr bald als vermutlich unabänderlich ansah, hat diese nämliche Gewißheit mich zehn Jahre lang in Anstrengungen der Aufmerksamkeit ausharren lassen, die von fast keiner Hoffnung auf Ergebnisse getragen waren.

Unter dem Namen der Wahrheit faßte ich auch die Schönheit, die Tugend und jede Art des Guten zusammen, derart, daß es sich dabei für mich um eine Vorstellung des Verhältnisses zwischen der Gnade und dem Begehren handelte. Die Gewißheit, die ich empfangen hatte, bestand darin, daß einer, der nach Brot begehrt, keine Steine empfängt. Aber damals hatte ich das Evangelium noch nicht gelesen.

So gewiß ich war, daß in diesem Bereich des geistlichen Guten in all seinen Gestalten das Begehren durch sich selber eine Wirkungskraft besitzt, so sehr glaubte ich auch gewiß sein zu dürfen, daß es diese Wirkungskraft auf keinem anderen Gebiet besitzt.[2]

Leben im Christentum

Der Begriff der Reinheit, mit allem, was dieses Wort für einen Christen in sich enthalten kann, hat sich meiner mit sechzehn Jahren bemächtigt, nachdem ich während einiger Monate jene Beunruhigungen des Gefühls, die dem Jugendalter natürlich sind, erfahren hatte. Dieser Begriff ist mir unter der Betrachtung einer Gebirgslandschaft aufgegangen und hat sich mir nach und nach mit unwiderstehlicher Gewalt aufgedrängt. Natürlich war ich mir wohl bewußt, daß meine Lebensauffassung christlich war. Darum ist es mir niemals in den Sinn gekommen, ich könnte in das Christentum eintreten. Ich hatte den Eindruck, darin geboren zu sein. Aber dieser Lebensauffassung das Dogma selbst hinzuzufügen, ohne offenkundig dazu genötigt zu sein, wäre mir als ein Mangel an Redlichkeit erschienen. Ja ich hätte sogar geglaubt, unredlich zu handeln, wenn ich mir die Frage nach der Wahrheit des Dogmas als ein Problem gestellt oder wenn ich nur begehrt hätte, diesbezüglich zu einer Überzeugung zu gelangen. Ich habe von der intellektuellen Redlichkeit einen äußerst strengen Begriff; derart, daß ich noch niemals einem

Menschen begegnet bin, der mir nicht in mehrfacher Hinsicht ihrer zu entraten schien; und ich fürchte immer, daß sie mir selber fehlen könnte.

Da ich mich so des Dogmas enthielt, hinderte mich eine Art von Scham, die Kirchen zu betreten, wo ich doch so gerne verweilte. Dennoch hatte ich mit dem Katholizismus drei Berührungen, die wahrhaft zählten.[3]

Ergriffen von Christus

Während meiner Fabrikzeit, als ich in den Augen aller und in meinen eigenen mit der anonymen Masse ununterscheidbar verschmolzen war, ist mir das Unglück der anderen in Fleisch und Seele eingedrungen. Nichts trennte mich mehr davon, denn ich hatte meine Vergangenheit wirklich vergessen, und ich erwartete keine Zukunft mehr, da mir die Möglichkeit, diese Erschöpfungszustände zu überleben, kaum vorstellbar erschien. Was ich dort durchgemacht habe, hat mich so unauslöschlich gezeichnet, daß ich mich noch heutigen Tages, wenn ein Mensch, wer es auch sei, unter gleichviel welchen Umständen, ohne Brutalität zu mir spricht, nicht des Eindrucks erwehren kann, daß hier ein Mißverständnis vorliegen müsse und daß zweifellos dieses Mißverständnis sich leider zerstreuen werde. Dort ist mir für immer der Stempel der Sklaverei aufgeprägt worden, gleich jenem Schandmal, das die Römer den verachtetsten ihrer Sklaven mit glühendem Eisen in die Stirn brannten. Seither habe ich mich immer als einen Sklaven betrachtet.

In dieser Gemütsverfassung, und in einem körperlich elenden Zustand, betrat ich eines Abends jenes kleine portugiesische Dorf, das ach! auch recht elend war; allein, bei Vollmond, eben am Tage des Patronatsfestes. Es war am Ufer des Meeres. Die Frauen der Fischer zogen, mit Kerzen in den Händen, in einer Prozession um die Boote und sangen gewiß sehr altüberlieferte Gesänge, von einer herzzerreißenden Traurigkeit. Nichts kann davon eine rechte Vorstellung vermitteln. Niemals habe ich etwas so Ergreifendes gehört, außer dem Gesang der Wolgaschlepper. Dort hatte ich plötzlich die Gewißheit, daß das Christentum vorzüglich die Religion der Sklaven ist, und daß die Sklaven nicht anders können als ihm anhängen, und ich unter den übrigen.

Im Jahre 1937 verbrachte ich zwei wunderbare Tage in Assisi. Als ich dort in der kleinen romanischen Kapelle aus dem zwölften Jahrhundert von Santa Maria degli Angeli, diesem unvergleichlichen Wunder an Reinheit, wo der heilige Franziskus so oft gebetet hat, allein war, zwang mich etwas, das stärker war als ich selbst, mich zum erstenmal in meinem Leben auf die Knie zu werfen.

Im Jahre 1938 verbrachte ich zehn Tage in Solesmes, von Palmsonntag bis Osterdienstag, und wohnte allen Gottesdiensten bei. Ich hatte bohrende Kopfschmerzen; jeder Ton schmerzte mich wie ein Schlag; und da erlaubte mir eine äußerste Anstrengung der Aufmerksamkeit, aus diesem elenden Fleisch herauszutreten, es in seinen Winkel hingekauert allein leiden zu lassen und in der unerhörten Schönheit der Gesänge und Worte eine reine und vollkommene Freude zu finden. Diese Erfahrung hat mich auch durch Analogie besser verstehen lassen, wie es möglich sei, die göttliche Liebe durch das Unglück hindurch zu lieben. Ich brauche nicht eigens hinzuzufügen, daß im Verlauf dieser Gottesdienste der Gedanke an die Passion Christi ein für allemal in mich Eingang fand. Es gab dort einen jungen katholischen Engländer, der mir zum ersten Male eine Vorstellung von der übernatürlichen Kraft der Sakramente vermittelte, von einem derart engelhaften Glanze schien er nach dem Empfang der Kommunion umkleidet. Der Zufall, denn ich sage stets lieber Zufall als Vorsehung, hat ihn für mich wahrhaft zu einem Boten gemacht. Denn er hat mich auf jene englischen Dichter des siebzehnten Jahrhunderts, die man die metaphysischen

Dichter nennt, aufmerksam gemacht. Als ich sie später las, entdeckte ich das Gedicht, von dem ich Ihnen einmal eine leider recht unzulängliche Übersetzung vorgelesen habe und das den Titel „Liebe" trägt. Ich habe es auswendig gelernt. Oft, wenn meine heftigen Anfälle von Kopfschmerzen auf ihrem Höhepunkt waren, habe ich mich geübt, es herzusagen, indem ich meine ganze Aufmerksamkeit darauf versammelte und von ganzer Seele der Zärtlichkeit zustimmte, die es in sich schließt. Ich glaubte, nur ein schönes Gedicht zu sprechen, aber dieses Sprechen hatte, ohne daß ich es wußte, die Kraft eines Gebetes. Einmal, während ich es sprach, ist, wie ich Ihnen schon geschrieben habe, Christus selbst herniedergestiegen und hat mich ergriffen.[4]

Von Christus berührt

In meinen Überlegungen über die Unlösbarkeit des Gottesproblems hatte ich diese Möglichkeit nicht vorausgesehen: die einer wirklichen Berührung, von Person zu Person, hienieden, zwischen dem menschlichen Wesen und Gott. Ich hatte wohl unbestimmt von dergleichen reden hören, aber ich hatte es niemals geglaubt. In den „Fioretti" [Legendensammlung über Franz von Assisi] waren mir die Geschichten von Erscheinungen eher zuwider, ebenso wie die Wunder im Evangelium. Im übrigen waren an dieser meiner plötzlichen Übermächtigung durch Christus weder Sinne noch Einbildungskraft im geringsten beteiligt; ich empfand nur durch das Leiden hindurch die Gegenwart einer Liebe gleich jener, die man in dem Lächeln eines geliebten Antlitzes liest.

Ich hatte nie irgendwelche Mystiker gelesen, weil ich niemals etwas gespürt hatte, das mir sie zu lesen befahl. Auch bei meiner Lektüre habe ich mich stets bemüht, den Gehorsam zu üben. Nichts ist dem geistigen Fortschritt förderlicher; denn ich lese soweit wie möglich nur das, wonach mich hungert, in dem Augenblick, wo mich hungert, und dann lese ich nicht, ich esse. Gott in seiner Barmherzigkeit hatte mich gehindert, die Mystiker zu lesen, damit mir unwiderleglich klar würde, daß ich diese völlig unerwartete Berührung nicht aus Eigenem erdichtet hatte.[5]

Ein Körnchen Gold

Die beste Stütze des Glaubens ist die Gewähr, daß unser Vater, wenn wir ihn um Brot bitten, uns keine Steine gibt. Jedesmal, wenn ein menschliches Wesen, selbst außerhalb jedes expliziten religiösen Glaubens, eine Anstrengung der Aufmerksamkeit leistet, mit dem einzigen Verlangen, dadurch tüchtiger zu werden zur Erfassung der Wahrheit, erwirbt es diese vermehrte Tüchtigkeit, auch wenn seine Anstrengung keine sichtbaren Früchte gezeitigt hat. Ein Märchen der Eskimo erklärt den Ursprung des Lichtes folgendermaßen: „Der Rabe, der in der ewigen Nacht keine Nahrung finden konnte, begehrte nach dem Licht, und es ward hell über der Erde." Ist das Begehren echt, begehrt man wirklich das Licht, so bringt das Begehren nach dem Licht das Licht hervor. Das Begehren ist echt, wenn man die Aufmerksamkeit anstrengt. Und man begehrt wirklich das Licht, wenn jeder andere Beweggrund fehlt. Selbst wenn die Anstrengungen der Aufmerksamkeit durch Jahre hindurch scheinbar fruchtlos bleiben sollten, so wird eines Tages doch ein dem Grade dieser Anstrengungen genau entsprechendes Licht die Seele überfluten. Jede Anstrengung fügt ein Körnchen Gold zu einem Schatz, den nichts auf der Welt uns rauben kann.[6]

Taufe, ja oder nein?

Es ist durchaus möglich, daß ich, nachdem Wochen, Monate oder Jahre ohne den geringsten Gedanken daran vergangen sind, eines Tages plötzlich den unwiderstehlichen Antrieb verspüre, unverzüglich die Taufe zu erbitten, und hineile, sie zu erbitten. Denn das Wirken der Gnade in den Herzen geschieht im Verborgenen und in der Stille.

Vielleicht auch endet mein Leben, ohne daß ich diesen Antrieb jemals empfunden habe. Eines aber ist unumstößlich gewiß. Nämlich daß, wenn einmal der Tag kommt, an dem ich Gott genugsam liebe, um die Gnade der Taufe zu verdienen, diese Gnade mir an dem gleichen Tage unfehlbar zuteil wird, in der Gestalt, die Gott gefällt, sei es nun durch die Taufe im eigentlichen Sinne oder auf irgendeine andere Weise. Warum also sollte ich mir Sorgen machen? Es ist nicht meine Angelegenheit, an mich zu denken. Meine Angelegenheit ist es, an Gott zu denken. Es ist Gottes Sache, an mich zu denken.[7]

Die Wirklichkeit der Gegenwart Christi

Bis zum vergangenen September war es mir in meinem ganzen Leben niemals geschehen, daß ich auch nur ein einziges Mal gebetet hätte, zumindest nicht im buchstäblichen Sinne des Wortes. Niemals hatte ich mich laut oder in Gedanken mit Worten an Gott gewandt. Niemals hatte ich ein liturgisches Gebet gesprochen. Hin und wieder kam es wohl vor, daß ich mir das Salve Regina aufsagte, doch nur als ein schönes Gedicht. Als ich im letzten Sommer mit Thibon das Griechische trieb, hatte ich das Vaterunser auf griechisch Wort für Wort mit ihm durchgenommen. Wir hatten uns versprochen, es auswendig zu lernen. Ich glaube, er hat es nicht getan. Auch ich nicht, wenigstens damals nicht. Als ich aber einige Wochen später im Evangelium blätterte, kam es mir in den Sinn, daß ich es, da ich es mir versprochen hatte und es recht sei, auch tun sollte. Ich tat es. Da hat die unendliche Süßigkeit dieses griechischen Textes mich derart ergriffen, daß ich einige Tage lang nicht umhin konnte, ihn mir unaufhörlich zu wiederholen. Eine Woche später begann ich mit der Weinlese. Ich sprach das Vaterunser auf griechisch jeden Tag vor der Arbeit, und im Weinberg habe ich es dann noch oftmals wiederholt.

Seitdem habe ich mir als einzige Übung die Verpflichtung auferlegt, es jeden Morgen ein Mal mit unbedingter Aufmerksamkeit zu sprechen. Wenn meine Aufmerksamkeit unter dem Sprechen abirrt oder einschläft, und sei es auch nur im allergeringsten Grade, so fange ich wieder von vorne an, bis ich ein Mal eine völlig reine Aufmerksamkeit erreicht habe. Dann kommt es wohl mitunter vor, daß ich es aus reinem Vergnügen noch einmal von vorne aufsage, aber nur, wenn das Verlangen mich treibt.

Die Kraft dieser Übung ist außerordentlich und überrascht mich jedesmal, denn, obgleich ich sie jeden Tag erfahre, übertrifft sie jedesmal meine Erwartung.

Mitunter reißen schon die ersten Worte meinen Geist aus meinem Leibe und versetzen ihn an einen Ort außerhalb des Raumes, wo es weder eine Perspektive noch einen Blickpunkt gibt. Der Raum tut sich auf. Die Unendlichkeit des gewöhnlichen Raumes unserer Wahrnehmung weicht einer Unendlichkeit zweiten oder manchmal auch dritten Grades. Gleichzeitig erfüllt diese Unendlichkeit der Unendlichkeit sich allenthalben mit Schweigen, mit einem Schweigen, das nicht die Abwesenheit des Klanges ist, sondern das der Gegenstand einer positiven Empfindung ist, sehr viel positiver als die eines Klanges. Die Geräusche, wenn deren da sind, erreichen mich erst, nachdem sie durch dieses Schweigen hindurchgegangen sind.

Mitunter auch ist während dieses Sprechens oder zu anderen Augenblicken Christus in Person anwesend, jedoch mit einer unendlich viel wirklicheren, durchdringenderen, klareren und liebevolleren Gegenwart als jenes erste Mal, da er mich ergriffen hat.[8]

Überfluß der Barmherzigkeit

Selbst wenn es für uns nichts weiter gäbe als das irdische Leben, selbst wenn der Augenblick des Todes uns nichts Neues brächte, so ist der unendliche Überfluß der göttlichen Barmherzigkeit dennoch hienieden schon in seiner ganzen Fülle heimlich gegenwärtig.

Wenn ich – diesen Widersinn einmal angenommen – stürbe, ohne jemals eine schwere Sünde begangen zu haben, und trotzdem bei meinem Tode auf den Grund der Hölle stürzte, so schuldete ich Gott dennoch eine unendliche Dankbarkeit für seine unendliche Barmherzigkeit meines irdischen Lebens wegen, und zwar obwohl ich ein so mißratenes Ding bin. Sogar unter dieser Annahme glaubte ich dennoch, meinen vollen Anteil an dem Reichtum der göttlichen Barmherzigkeit empfangen zu haben. Denn schon hienieden empfangen wir das Vermögen, Gott zu lieben und ihn uns mit aller Gewißheit als den vorzustellen, dessen Wesen die wirkliche, ewige, vollkommene und unendliche Freude ist. Durch die Schleier des Fleisches hindurch empfangen wir von oben solche Vorempfindungen der Ewigkeit, daß sie genügen, jeden diesbezüglichen Zweifel daran zu tilgen.[9]

Dorothee Sölle
(1929–2003)

Dorothee Steffensky-Sölle geborene Nipperdey stammte aus einer großbürgerlichen Familie in Köln. Als Kind wäre sie lieber ein Junge gewesen. Sie wuchs ohne kirchliche Sozialisation auf und neigte zunächst zum Existenzialismus. Durch eine Religionslehrerin lernte sie jedoch ein offenes, reflektiertes Christentum kennen und begann sich dafür zu interessieren. Sie studierte von 1949 bis 1954 Philosophie, Literaturwissenschaft und Evangelische Theologie in Köln, Göttingen und Freiburg. 1971 habilitierte sie sich an der Philosophischen Fakultät in Köln, bekam aber in Deutschland nie einen Lehrstuhl. Sie war Studienrätin, später Gastprofessorin (1994 Ehrenprofessur an der Universität Hamburg). Seit 1960 war sie auch als Schriftstellerin und freie Mitarbeiterin beim Rundfunk und als Privatdozentin für Neuere Deutsche Literaturgeschichte tätig. Sie veröffentlichte zahlreiche Gedichte über religiöse und politische Themen. 1982 erhielt sie für ihre Gedichte den Droste-Preis der Stadt Meersburg. Von 1975 bis 1987 lehrte sie auf einer Professur für Systematische Theologie am liberalen Union Theological Seminary in New York.

Ihre erste Ehe zerbrach 1965, was eine schwere Lebenskrise auslöste. In zweiter Ehe war sie seit 1969 mit dem zum Protestantismus konvertierten ehemaligen Benediktinermönch Fulbert Steffensky, später Professor für Religionspädagogik in Hamburg, verheiratet. Sie hatte drei Kinder aus erster Ehe und eine Tochter aus der zweiten Ehe mit Steffensky.

Sie engagierte sich in der Friedensbewegung und in zahlreichen kirchlichen linken und ökumenischen Organisationen, und sie war Mitbegründerin des so genannten Politischen Nachtgebets von 1968 bis 1972 in Köln. Nach Sitzblockaden (Mutlangen, Fischbach) wurde sie wegen „versuchter Nötigung" verurteilt. Ihre provokante Theologie („Atheistisch an Gott glauben") und ihr engagiertes Eintreten für soziale Gerechtigkeit sorgten nicht nur in kirchlichen Kreisen oft für Kontroversen: „Niedergefahren zur Sölle!", urteilten in grimmiger Umdichtung des Glaubensbekenntnisses konservative Christen über sie und ihre Gedanken. Bei Kirchentagen und vielen Veranstaltungen war sie aber eine sehr gefragte Rednerin.

Ihre Theologie war eine „Theologie nach Auschwitz". Zudem fand sie einen anderen Zugang zu biblischen Texten auch durch die Begegnung mit mittel- und südamerikanischen Basisgemeinden und der Befreiungstheologie. Sie vertrat eine politische Theologie und war der Meinung, dass Gott in dieser Welt nur durch Menschen handeln könne. In ihrer Biografie wie auch in einem ihrer letzten Interviews erklärte sie, dass sie durch Jesus in die Religion hineingeraten sei.

2003 starb sie während einer Tagung in Bad Boll zu dem Thema: „Gott und das Glück". In einem Gespräch, das sie einige Jahre davor mit ihrem Mann geführt hatte, sagte sie: „Glück ist mein Grundgefühl, es trägt mich. Es ist immer schon da. Die schönste Formel für das Glück ist für mich der mystische Satz: Ich bin, was ich tue."

An Gott glauben oder Gott leben?

Mir scheint die oft gestellte Frage: Glaubst du an Gott? meistens oberflächlich. Wenn es nur bedeutet, daß in deinem Kopf ein Extrafach ist, wo Gott sitzt, dann ist Gott keineswegs ein Ereignis, das dein ganzes Leben verändert, wie Buber es über die wirkliche Offenbarung, aus der ich nicht unverwandelt herauskomme, sagt. Wir müßten eigentlich fragen: Lebst du Gott? Das entspräche der Realität der Erfahrung.[1]

Verachtung für das Christentum mit 19 Jahren

Mein Verhältnis zum Christentum war kritisch-liberal und auf eine mir völlig unbewußte Art von den Nazis beschädigt. Ich respektierte die Kirche zwar, insofern sie die Formen des Widerspruchs gewagt hatte: Das Wort „Widerstand" schien mir zu groß, Dietrich Bonhoeffer war mir damals noch unbekannt. Im übrigen aber, in seiner Substanz schien mir der Glaube ein unerlaubter Ausweg aus dem auszuhaltenden Dunkel.

Die Christen waren feige und unfähig, dem Nihilismus ins Gesicht zu sehen. Ich hatte eine vulgär-nietzscheanische Verachtung für das Christentum.

Die Begegnung mit der katholischen Reaktion, jener rheinisch-triumphierenden katholischen Dümmlichkeit, die sich in meiner Mädchenschule breitmachte, gab mir den Rest. Unser Religionsunterricht war so unmöglich, daß meine besten Freundinnen, eine Klasse über mir, geschlossen austraten. Ich brachte es nicht fertig, ihrem Boykott zu folgen, weil ich immer noch mehr wissen wollte. Vor allem über Jesus, den Gefolterten, der nicht Nihilist wurde.

Aber noch überwog meine bürgerlich-liberale Arroganz, ich sah wirklich nicht ein, daß man an die Jungfrauengeburt glauben mußte, um die Bergpredigt zu verstehen. Eine neue Religionslehrerin erscheint in meinem Tagebuch. Sie las mit uns Heidegger und führte uns ein in ein Verständnis des Christentums, das dem der katholischen Restauration Adenauers diametral entgegengesetzt war. Ich erinnere mich, daß ich Goethes Iphigenie gegen das Menschenbild des Paulus im Römerbrief verteidigte.[2]

Leider Christ?!

B ereits in den letzten Schuljahren war ich sehr fasziniert von einem nicht kirchlichen, aber radikalen Christentum. Ich hatte eine Religionslehrerin, die einen phantastischen, begeisternden Religionsunterricht gab und mir in dieser Frage viel geholfen hat: Marie Veit. In meinem Tagebuch aus jenen Jahren steht der mich heute erheiternde Satz: „Die neue Religionslehrerin ist umwerfend gut, leider Christ!" Das zeigt meine achtzehnjährige Arroganz, meine Vorstellung, Christen seien eben dumm, zurückgeblieben, feige und unklar. Bis ich mir zugab, daß das, was mich da faszinierte, viel stärker war als meine Weisheit, dauerte es noch einige Zeit. Auf dem Weg nach Athen merkte ich plötzlich, daß ich eigentlich nach Jerusalem wollte. Von Anfang an.

Marie Veit ist und war schon, ehe das Wort aufkam, eine Theologin der Befreiung. Nicht im Sinne eines lateinamerikanischen Imports, sondern im Sinne der Notwendigkeit eines anderen Christentums nach der Erfahrung des deutschen Faschismus. In dieser historischen Situation habe ich sie erlebt, als sie 1947 in die Unterprima unseres Mädchengymnasiums in Köln trat, wenige Jahre älter als wir, bei Rudolf Bultmann promoviert, eine äußerst unbestechliche, exakte, Denkanstrengung und Redlichkeit fordernde und vorlebende Lehrerin.

Sie hatte eine unnachahmliche Art, meinen Unwillen gegen das Christentum zu unterlaufen, indem sie höflich fragte, ob ich denn Paulus meine oder Luther oder die Evangelien, wenn ich Jenseitsgesäusel oder hündische Demut attackierte. Eine wunderbare Lehrerin, die mir nie mein rotzfreches Geschwätz verbat, mich aber zur Klärung nötigte. Heute denke ich, sie hat meinen Zorn respektiert und meine Arroganz belächelt, sie hat unsere Intelligenz herausgefordert, weil sie Menschen einfach zutraute, daß sie der Erkenntnis und des Gewissens fähig sind.

In den letzten Jahren ist mir meine alte Schullehrerin, ohne die ich nie zur Theologie gekommen wäre, immer mehr Vorbild als eine Lehrerin der Hoffnung geworden.[3]

Ich fing an, Christin zu werden

1949 begann ich klassische Philologie zu studieren, immer noch im Bannkreis der Kultur, die mich so fasziniert hatte. Ich machte mich auf, das Land der Griechen mit der Seele zu suchen. Und fand dort, im Studium, nicht mehr, als die bürgerliche Philologie zu bieten hatte. Das war zum Leben zu wenig. Der Nihilismus jener Jahre hatte mich hungriger gemacht. Aus einer Krise erwachend, fing ich endlich an, eine andere Form des Lebens zu suchen. Ich studierte Theologie, um „die Wahrheit herauszubekommen". Man hatte sie mir lang genug vorenthalten. Langsam nistete sich ein radikales Christentum in mir ein.

Der existentielle Nihilismus war kein Ort zum Bleiben und Wohnen. Manche vergaßen ihn oder richteten sich in der entstehenden Wohlstandsgesellschaft ein; es machte ihnen wenig, daß der Wohlstand mit der Remilitarisierung unseres Landes bezahlt wurde. Die Zeit für Reue, die Zeit für Umkehr verstrich umsonst. Ich versuchte, den „Sprung", wie Kierkegaard es nannte, zu wagen, in die Leidenschaft für das Unbedingte, in das Reich Gottes. Ich fing damals an, Christin zu werden.[4]

Bin ich Jesus?

Vor vielen Jahren, ich war noch eine schüchterne kleine Studentin, fragte ich einen Mann an einer Baustelle: „Wissen Sie vielleicht, wieviel Uhr es ist?" Er gab mir eine merkwürdige Antwort, die mich damals ganz sprachlos machte. „Bin ich Jesus?", sagte er in einer Art gutmütigen Spottes. Immer wenn ich darüber nachdenke, wer dieser Jesus und gar dieser Christus für uns heute sein soll, kommt mir dieser Mann mit seiner Frage in die Quere. Bin ich Jesus?!

Jesus ist für diesen Arbeiter aus einer anderen Welt. Ein himmlisches Wesen, das mit uns nichts zu tun hat, alles sieht, hört, weiß und kann. Die kirchliche Sprache, die ihn Messias, Herr, Sohn Gottes, den Christus genannt hat, bekommt hier ihre Quittung. Das habt ihr davon, möchte ich den Vordenkern und Vätern des Glaubens sagen, wenn ihr Jesus zum unerreichbaren, ganz anderen Supermann, ja zum Gott macht! Das ist genau das, was unten herauskommt aus eurer steilen Christologie, die das Gott-Sein Jesu auf Kosten seiner Menschlichkeit zelebriert, so daß von ihr nichts Vernünftiges mehr übrig bleibt, höchstens ein Sonntagsausflug des Himmelswesens, das kurz mal in Bethlehem abgestiegen ist! Die Christologie von oben, die bei den gott-haften Seiten Jesu ansetzt, aus ihm einen unsterblichen Allwissenden macht, endet im „Doketismus", wie man jene falsche Lehre in der theologischen Fachsprache nennt, die Jesu Menschlichkeit und vor allem sein Leiden nur als scheinhaft wahrhaben will.

Diese falsche Art, Jesus zu vergöttern, ist unter uns ganz üblich. Als junge Religionslehrerin fragte ich einmal die Schulkinder, ob sie meinten, daß das Jesuskind auch nasse Windeln hätte. Die meisten kleinen Mädchen lehnten das entschieden ab! Jesus, auch schon das Christkind, muß anders, höher, reiner sein. Meine eigenen Kinder glaubten lange Zeit, das Christkind sei ein Mädchen. Diese Art Kinderreligion ist zwar erfreulich in ihrem Gefühl dafür, daß Jesus beides, das Männliche und das Weibliche verkörpert. Aber es deutet sich darin auch die Vorstellung von einem Unwirklichen, Geschlechtslosen an, als sei Jesus eben nicht ein richtiger, gewöhnlicher Mensch wie wir alle. Martin Luther hatte darauf bestanden, Christus „ins Fleisch zu ziehen", und genau deswegen redete ich ja über nasse Windeln! Aber die hohe Christologie zieht Jesus aus dieser Welt fort, er ist unerreichbar, unvergleichbar. Und vor allem können wir nicht leben, wie er lebte, das sollen wir gar nicht erst versuchen, das ist sowieso unmöglich. Wie kämen wir schließlich dazu, die Hungrigen zu speisen? Wo wir doch selber nicht viel mehr als fünf Brote und zwei Fische haben? Wie kämen wir dazu, die Mordindustrie nicht zu bedienen? Oder die Aussätzigen zu heilen? Sind wir Jesus?!

Heute würde ich dem Arbeiter an der Baustelle ein wenig offener und offensiver antworten. „Natürlich", würde ich sagen, „sind Sie Jesus, Mann! Was wollen Sie denn sonst aus Ihrem Leben machen?! Daß Fritz Müller allein nicht reicht, das wissen Sie doch auch! Sie sind doch auch dazu geboren und in die Welt gekommen, um von der Wahrheit zu zeugen. Machen Sie sich nicht kleiner, als Sie sind. Mitläufer haben wir schon genug. Stellen Sie sich doch mal vor: Sie und ich und Ihre Schwiegermutter und Ihr Boß sind Jesus. Was würde sich ändern? Es steckt doch etwas in uns ... von Gott."

So würde ich heute reden und dabei an das denken, was die Quäker mit dem merkwürdigen Ausdruck „das von Gott in dir", that of God in you, nennen. Weil wir Christus in der Tat nicht verstehen können, wenn wir „das von Gott" in jedem Menschen nicht annehmen, nicht glauben. „Wird Christus tausendmal in Bethlehem geboren / Und nicht in Dir / Du bleibst noch ewiglich verloren", sagt Angelus Silesius. Auf die Frage „Bin ich Jesus?" kann die Antwort nur heißen: Ja, warum eigentlich nicht?[5]

Die Alternative zum Nihilismus

Auch andere Christen, die ich nach dem Krieg kennenlernte, auch welche aus dem Widerstand, haben mir geholfen. Sie kamen aus der aufklärerischen Tradition. Ich hatte nichts im Sinn mit einem Christentum, in dem man erst einmal irgendwelche Wunder, übernatürliche Begebenheiten genannt, akzeptieren mußte. Ohne ein Stück Aufklärung, Entmythologisierung wäre ich nie über ein höfliches Interesse am Christentum hinausgekommen.

Die Alternative war für mich ein existentialistischer Nihilismus oder ein existentialistisches Christentum.

Wenn man nicht in das Bürgertum und seine Ambivalenzen zurückwollte, konnte man in meiner Generation innerhalb der Traditionen der Mittelklasse nur Nihilist werden. Nietzsche, Gottfried Benn, Heidegger, Camus und Sartre waren die Gesprächspartner.

Aber es gab eine Alternative zu diesem Nihilismus: Da gab es das Gesicht eines Menschen, eines zu Tode Gefolterten vor zweitausend Jahren, der nicht Nihilist geworden war.

Was mich eigentlich in die Theologie gebracht hat, war Christus. Kann man behaupten, das, worauf es ankommt, ist die Liebe? Vorbilder oder Bilder von Menschen der Leidenschaft und der Hingabe haben mich immer angezogen, wie Maximilian Kolbe, der für einen anderen Häftling, welcher fünf Kinder hatte, freiwillig in den Todesbunker ging. Durch Apathie verliert man seine Seele, soviel ahnte ich schon.[6]

Credo

Ich glaube an Gott,
der die Welt nicht fertig geschaffen hat
wie ein Ding, das immer so bleiben muß,
der nicht nach ewigen Gesetzen regiert,
die unabänderlich gelten,
nicht nach natürlichen Ordnungen
von Armen und Reichen,
Sachverständigen und Uninformierten,
Herrschenden und Ausgelieferten.
Ich glaube an Gott,
der den Widerspruch des Lebendigen will
und die Veränderung aller Zustände
durch unsere Arbeit,
durch unsere Politik.

Ich glaube an Jesus Christus,
der recht hatte, als er
„ein einzelner, der nichts machen kann",
genau wie wir
an der Veränderung aller Zustände arbeitete
und darüber zugrunde ging.
An ihm messend erkenne ich
wie unsere Intelligenz verkrüppelt,
unsere Phantasie erstickt,
unsere Anstrengung vertan ist,
weil wir nicht leben, wie er lebte.

Jeden Tag habe ich Angst,
daß er umsonst gestorben ist,
weil er in unseren Kirchen verscharrt ist,
weil wir seine Revolution verraten haben
in Gehorsam und Angst
vor den Behörden.

Ich glaube an Jesus Christus,
der aufersteht in unser Leben,
daß wir frei werden
von Vorurteilen und Anmaßung,
von Angst und Haß,
und seine Revolution weitertreiben
auf sein Reich hin.

Ich glaube an den Geist,
der mit Jesus in die Welt gekommen ist,
an die Gemeinschaft aller Völker
und unsere Verantwortung für das,
was aus unserer Erde wird:
ein Tal voll Jammer, Hunger und Gewalt
oder die Stadt Gottes.
Ich glaube an den gerechten Frieden,
der herstellbar ist,
an die Möglichkeit eines sinnvollen Lebens
für alle Menschen,
an die Zukunft dieser Welt Gottes.
Amen.[7]

Die Auferstehung

Wenn wir uns fragen, ob Jesus als klinisch Toter wiederbelebt worden ist, so ist das eine Spekulation für unsere wissenschaftliche Neugier. Um uns selber geht es dabei gar nicht. Das falsche Denken – Märchen oder Fakten – besetzt uns ganz von außen und hält uns von uns selber ab. Richtiger gestellt muß die Frage lauten: Ist Jesus tot oder lebt er noch? Bewirkt er noch etwas? Ändert er das Leben von Menschen? Gibt es das „Jesus lebt, mit ihm auch ich" noch?

Ostern feiern können eigentlich nur die, die selber auferstanden sind. Goethe hat das im Osterspaziergang des Faust gesagt: „Sie feiern die Auferstehung des Herrn. Denn sie sind selber auferstanden." Und dann zählt Faust auf, woraus, aus welcher Unterdrückung und Lebensverstümmelung die Leute kommen: „Aus niedriger Häuser dumpfen Gemächern/ Aus Handwerks und Gewerbesbanden / Aus dem Druck von Giebeln und Dächern / Aus den Straßen quetschender Enge / Aus den Kirchen ehrwürdiger Nacht / sind sie alle ans Licht gebracht."

Gibt es solche Erfahrungen von Befreiung auch heute noch, über-individuell? Das wäre eine ernsthafte Frage nach dem Fest der Auferstehung. Mir fallen dazu Erfahrungen wie die aus El Salvador und aus anderen Ländern der unterdrückten Welt ein. Und für uns hierzulande? Ich werde wieder zum Ostermarsch gehen, der immerhin wenigstens das Kreuz, vom Tiefflugterror bis zu den grandiosen Geschäften mit exportierten Waffen, benennt. Die Zahl derer, die ein Stück Auferstehung aus dem gegenwärtigen Tod so erleben, wird verschwindend klein sein. Aber sehr viele waren es auch damals, am ersten Ostermorgen, nicht.[8]

Über Auferstehung

Sie fragen mich nach der auferstehung
sicher sicher gehört hab ich davon
daß ein mensch dem tod nicht mehr entgegenrast
daß der tod hinter einem sein kann
weil vor einem die liebe ist
daß die angst hinter einem sein kann
die angst verlassen zu bleiben
weil man selber gehört hab ich davon
so ganz wird – daß nichts da ist
das fortgehen könnte für immer

Ach fragt nicht nach der auferstehung
ein märchen aus uralten zeiten
das kommt dir schnell aus dem sinn
ich höre denen zu
die mich austrocknen und kleinmachen
ich richte mich ein
auf die langsame gewöhnung ans totsein
in der geheizten wohnung
den großen stein vor der tür

Ach frag du mich nach der auferstehung
ach hör nicht auf mich zu fragen[9]

Gianni Vattimo
(* 1936)

Gianteresio Vattimo, genannt Gianni, stammt aus Turin. Dort studierte er von 1954 bis 1959 Literaturwissenschaft und Philosophie bei Luigi Pareyson, dessen Lehrstuhl er später übernahm. Er promovierte 1961 über Aristoteles, 1963 folgte die Habilitation über Heidegger. Danach hatte Vattimo ein Forschungsstipendium in Heidelberg, wo er bei den Philosophen Karl Löwith und Hans-Georg Gadamer studierte. Er übersetzte Gadamers Hauptwerk, „Wahrheit und Methode", ins Italienische. 1964 wurde er Professor für Ästhetik an der Universität Turin. 1982 übernahm er den Lehrstuhl für Theoretische Philosophie. In den siebziger und achtziger Jahren war er auch Gastprofessor an verschiedenen Universitäten in den USA.

Vattimo gehört zu den führenden Vertretern der philosophischen Postmoderne. Sein philosophisches Konzept eines „schwachen Denkens" *(pensiero debole)* soll einen neuen, nüchternen, postmodernen Denkstil schaffen. Dieser soll dem Ende der Absolutheitsansprüche und dem „Verlust der Mitte" Rechnung tragen und neue Aufgaben für das postmoderne Denken bestimmen. Dabei orientiert sich Vattimo an Nietzsche und Heidegger. Er erklärt im Anschluss an diese Philosophen die Notwendigkeit, Abstand von der abendländischen Tradition und Denkweise zu nehmen, die sich auf „starke", also feste Kategorien und Aussagen gründet und damit der sich wandelnden Wirklichkeit Beständigkeit aufzwingen will. Er tritt für Fragmentierung, Pluralität, Differenzierung und Heterogenität des Denkens ein, letztlich für einen „fröhlichen Nihilismus", der im Fluss des Werdens bestehen kann.

1992 erhielt er gemeinsam mit Wolfgang Welsch den Max-Planck-Forschungspreis. 2002 wurde er mit dem Hannah-Arendt-Preis für politisches Denken ausgezeichnet. Er ist schon lange als Kolumnist der Tageszeitung „La Stampa" in der kulturellen und politischen Debatte in Italien präsent.

Eine Zeit lang war er Gemeinderat von San Giovanni in Fiore (Kalabrien). Seit 2009 ist er als linksdemokratischer Europaabgeordneter im Europaparlament tätig, was er zwischen 1999 und 2004 schon einmal war. Zuletzt geriet er mit der Forderung, die Hamas als legitime Regierung anzuerkennen, in die Schlagzeilen.

Vattimo ist homosexuell und setzt sich für die Rechte gleichgeschlechtlicher Paare ein. In seinen Büchern „Glauben – Philosophieren" („Credere di credere", 1997, wörtlich eher: „Glauben zu glauben") und „Jenseits des Christentums. Gibt es eine Welt ohne Gott?" (2002) beschreibt Vattimo seine Rückkehr zum katholischen Glauben und seine Auseinandersetzung mit Gott und dem christlichen Erbe.

Wiederkehr

Lange Zeit bin ich früh aufgestanden; um noch vor der Schule, vor der Büroarbeit, vor den Vorlesungen an der Universität zur Messe zu gehen. So könnte dieses Buch beginnen, eventuell mit dem Zusatz der Geistreichelei, es handle sich um eine Recherche du temps perdu. Kann ich das denn aber verantworten – nicht so sehr die Geistreichelei, als das Sprechen in der ersten Person? Mir wird klar, daß ich so noch nie geschrieben habe, allenfalls in Diskussionen, Polemiken und Leserbriefen. Nie in Aufsätzen und in den Texten „beruflicher", d. h. kritischer oder philosophischer Art. Hier ist diese Frage am Platze, zum einen, weil die folgenden Seiten die Themen eines langen Interviews wieder aufnehmen, das Claudio Altarocca mit Sergio Quinzio und mir im vergangenen Jahr [1995] für die Zeitung La Stampa geführt hat – und dabei wurde in der ersten Person gesprochen –; zum anderen, weil das Thema der Religion und des Glaubens eine notwendig „persönliche" und engagierte Schreibweise erfordert. Auch wenn diese nicht immer erzählend und vielleicht nicht immer auf ein gläubiges Erzähler-Ich bezogen sein wird.

Und dann scheint mir, daß ich eins von Anfang an klarstellen muß: Wenn ich mich dazu überwinde, über Glauben und Religion zu sprechen und zu schreiben, dann deshalb, weil die Angelegenheit nicht nur ein wiedererwachtes individuelles Interesse an diesem Thema betrifft; entscheidend ist, daß ich im kulturellen Klima, in dem ich mich bewege, insgesamt ein Wiedererwachen des religiösen Interesses verspüre. Das ist zwar ein vager Grund, da wiederum ziemlich subjektiv; wenig mehr als ein Eindruck. Aber indem ich versuche, diesen zu rechtfertigen und zu belegen, werde ich bereits einige Schritte in der Bearbeitung des Themas weiterkommen. Die neu erwachte Empfänglichkeit für das Religiöse, die ich um mich herum „fühle", entspricht in ihrer Vagheit und rigorosen Undefinierbarkeit gut dem Glauben, daß man glaubt, worum meine Ausführungen kreisen werden.

Also: ein Gemisch aus individuellen und (individuell für solche gehaltenen!) kollektiven Tatsachen. Es ist richtig, daß ich an einem Punkt im Leben angekommen bin, an dem es natürlich, absehbar und auch ein wenig banal erscheint, daß man sich die Frage nach dem Glauben wieder stellt. Ich sage „wieder", eben weil es sich – zumindest für mich – um die Wiederkehr einer Thematik handelt (...), an die mich in der Vergangenheit etwas band. Ist es, ganz nebenbei, überhaupt möglich, daß die Frage nach dem Glauben kein erneutes Aufwerfen eines alten Themas ist? Eine gute Frage, denn wie sich im folgenden zeigen wird, scheint mir für die religiöse Problematik gerade die Tatsache konstitutiv zu sein, dass sie die Wiederaufnahme einer Erfahrung ist, die wir auf irgendeine Art und Weise bereits gemacht haben. Niemand von uns in unserer abendländischen Kultur – und vielleicht in jeder Kultur – fängt in der Frage des religiösen Glaubens bei Null an.[1]

Die Inhalte des Glaubens

Ich gestehe (da ich hier ja immer in der ersten Person spreche und damit die Risiken dieser Entscheidung auf mich nehme ...): Wieder in die Kirche gegangen bin ich bisher, und dies in einer nicht völlig „formellen" Gemütsverfassung, nur aus feierlichen und zuweilen traurigen Anlässen: zu Begräbnissen geliebter Menschen, aber auch Taufen und Hochzeiten; und das eine oder andere Mal, aus vorwiegend „ästhetischen" Gründen (die von „authentisch" religiösen zu unterscheiden und abzuwerten ich mich hüte), zur lateinisch gesungenen Weihnachtsnovene in einer der seltenen Kirchen, wo sie noch zelebriert wird. Ich bekenne mich nicht mehr zur Verachtung der „Halbgläubigen" (nach einem Satz des Evangeliums wird der Herr die Lauen ausspeien), wie ich sie als militanter Katholik gegenüber denen empfand, die nur zu Hochzeiten, Taufen und Begräbnissen in die Kirche gehen. Vielmehr scheint mir, daß alles, was ich bis hierher gesagt habe, eine Apologie des Halbgläubigen ist.

Der Titel, den ich für diesen Text gewählt habe, will gerade diese Apologie zum Ausdruck bringen: Er geht mir im Kopf herum, seit ich vor vielen Jahren an einem schwülen Nachmittag in Mailand Professor Gustavo Bontadini – einen herausragenden Vertreter der neoklassizistischen aristotelisch-thomistischen katholischen Philosophie, dessen theoretische Thesen ich nicht teilte, an den mich jedoch Zuneigung und Bewunderung banden – vom Münztelefon eines Eissalons, der sich an der Haltestelle des Fernbusses befindet, anrufen mußte. Der Anruf betraf die Besetzung von philosophischen Lehrstühlen, bei der wir beide in der Berufungskommission waren, daher mußte ich über die „Niederungen" des akademischen Lebens sprechen. Aber Bontadini, mit dem ich längere Zeit kein Gespräch geführt hatte, wollte zu wesentlichen Themen übergehen, und als wir schon bei den Schlußfloskeln waren, fragte er mich aus heiterem Himmel, ob ich im Grunde noch an Gott glaubte. Ich weiß nicht, ob meine Antwort durch die paradoxe Situation, in der mir die Frage gestellt wurde, bedingt war: erhitzte Damen, die nahe beim Telefon an kleinen Tischen ihr Eis aßen und Orangeade tranken. Ich antwortete, ich glaubte, daß ich glaube.

Seitdem scheint mir dies die beste Formulierung meiner Beziehungen zur Religion – zur christlich-katholischen Religion, in der ich groß geworden bin und die der Bezugspunkt bleibt, wenn ich an die Religion denke. Auch hierfür (für diese Vorzugsstellung des Christentums) könnte man nach dem Grund fragen. Daß es sich jedoch bei meiner Wiederentdeckung der Religion zumindest als Ausgangspunkt um das Christentum handeln müsse, habe ich zum Teil auf den vorangehenden Seiten begründet: Es ist das Christentum, in dem ich denjenigen „Text" im Original finde, dessen

Transkription die schwache Ontologie ist. Und zu dieser bin ich höchstwahrscheinlich gerade deshalb gelangt, weil ich von jenen christlichen Wurzeln ausging. Also ein Zirkel, relative Zufälligkeit in allem. Na und? Wer dies alles anstößig findet, sollte sich die Mühe machen, die Last für den Beweis des Gegenteils auf sich zu nehmen. Dies könnte nur zu einer erneuerten metaphysischen Position führen, die jedoch keine große Wahrscheinlichkeit mehr für sich hat.[2]

Glauben, daß man glaubt

Als mein Buch *Credere di credere* übersetzt wurde, stellte sich heraus, daß der Titel für die Wiedergabe in den verschiedenen Sprachen, in denen die Arbeit bislang veröffentlicht worden ist, ein Problem darstellte. Nur im Spanischen ließ er sich in seiner ursprünglichen Komplexität beibehalten (Creer que se cree). In anderen Fällen mußte er auf unterschiedliche Weise abgewandelt werden: *Glauben – Philosophieren* auf deutsch; *Belief* auf englisch; *Espérer croire* auf französisch ... Auch auf italienisch klingt der Ausdruck paradox: Glauben bedeutet entweder, daß man im Hinblick auf eine Sache Glauben, Überzeugung oder Gewißheit hat, oder aber, daß man meint, also mit einem gewissen Spielraum von Unsicherheit annimmt. Um den Sinn dieses Ausdrucks wiederzugeben, würde ich also sagen, daß das erste „glauben" diese letztgenannte Bedeutung hat und das zweite die Bedeutung Nummer eins haben müßte: Glauben, Überzeugung, Gewißheit haben. Nur daß es etwas kompliziert ist, die beiden Bedeutungen des Verbs zusammenzustellen: Wenn ich lediglich meine, denke, mit einer gewissen Wahrscheinlichkeit annehme, daß ich eine Gewißheit und einen Glauben habe, dann wird die Sache zweideutig und fragwürdig.

Und doch scheint mir das, was ich mit diesem zweideutigen Ausdruck bezeichnen möchte, eine recht begreifliche und verbreitete Erfahrung zu sein, die viele von uns gut kennen. Wie ich es in dem Buch erzähle, kam mir der Ausdruck eines Tages in den Sinn, als ich – und das auch noch von einem öffentlichen Fernsprecher aus, auf einem freien Platz, mitten im Verkehr und im Stimmengewirr der Leute mit einem alten Lehrer von mir telefonierte, der sehr gläubig ist und den ich seit langem nicht gesehen hatte; als er mich fragte, ob ich schließlich noch an Gott glaubte, antwortete ich ihm denn: „Nun ja, ich glaube, daß ich glaube." Dies ist auch heute noch meine Einstellung, und beim Nachdenken über diese spontane Antwort habe ich verstanden – oder glaube verstanden zu haben –, daß diese zwiespältige Bedeutung von Glauben mit meiner ganzen Erfahrung als Philosoph und, vielleicht, als Intellektueller dieser Epoche verknüpft ist. Das sage ich ohne Überheblichkeit, vielmehr mit dem Eingeständnis, daß das, was ich denke, „exemplarisch" nur in dem Sinne ist, in dem man von „einem Exemplar" spricht, von einem Ding, das einer großen Zahl ähnlicher Objekte entspricht, einem Auto einer bestimmten Marke oder einer statistischen Stichprobe (die auch nicht „exemplarisch" im Sinne einer außerordentlichen Leistung ist).

Wieso glaube ich also verstanden zu haben, daß der religiöse Glaube für einen Menschen wie mich, der mit der zeitgenössischen Philosophie, aber auch, und vor allem, mit dem postmodernen Leben vertraut ist, nur diesen Sinn haben kann, der zutiefst von einer Ungewißheit des Meinens geprägt ist?

Mein Weg im Hinblick auf den christlichen Glauben ist ebenfalls eine „statistische Stichprobe", die für den Entwicklungsgang exemplarisch ist, den so viele Menschen miteinander teilen, welche die gleiche Ausbildung haben wie ich. Unmittelbar nach dem Kriege, als ich etwa zehn Jahre alt war, habe ich regelmäßig die Kirche besucht, und dort haben sich meine Grundeinstellungen zur Welt und zu den anderen Menschen sowie außer dem religiösen auch das soziale und politische Interesse ausgebildet. In Übereinstimmung mit diesem Bündel von Interessen habe ich beschlossen, Philosophie zu studieren: Ich wollte zur Herausbildung eines neuen christlichen Humanismus beitragen, der sowohl vom liberalen Individualismus als auch vom marxistischen Kollektivismus und Determinismus frei wäre. Das waren die Jahre, in denen wir jungen Katholiken die Werke von Jacques Maritain studierten, dem großen französischen neothomistischen Denker, einem Antifaschisten, der ein Buch mit dem Titel „Christlicher Humanismus" verfaßt hatte. Von Maritain habe ich das Mißtrauen gegenüber gewissen Dogmen der Moderne geerbt, und deshalb bin ich nach einer Dissertation über Aristoteles darangegangen, Nietzsche und Heidegger zu studieren, die mir als die radikalsten Kritiker der Moderne erschienen. Nun bin ich gerade durch diese nicht nur antimodernen, sondern – auch das gilt vor allem für Nietzsche – antichristlichen Autoren paradoxerweise zum christlichen Glauben oder zu etwas, das ihm sehr ähnlich sieht, zurückgeführt worden.

Ich höre hier auf, mich über meine Biographie zu verbreiten, und versuche, dieses Paradox eines auf dem Wege über Nietzsche und Heidegger wiedergefundenen Christentums – wiedergefunden in Gestalt des „Glaubens, daß ich glaube" – zu erklären.[3]

Doch warum und in welchem Sinne kann man dann „glauben, daß man glaubt"? Vor allem deshalb, weil der Gott der Bibel, den ich wiederfinde, sobald die Metaphysik liquidiert ist und nachdem ich die Illusion zerstört habe, ich könne beweisen, daß das Reale auf eine gewisse Weise gemacht sei und ein gewisses definitives Fundament habe, nicht mehr der Gott der metaphysischen Gewißheiten, der praeambula fidei, ist. Die natürliche Theologie, welche die scholastische Metaphysik konstruiert hatte, beruhte auf der Idee, man könne auf Grund des natürlichen gesunden Menschenverstandes die Existenz eines höchsten Wesens, einer Ursache, eines Endes usw. der Welt beweisen und dann auf dieser Grundlage zum Hören der Offenbarung übergehen. Hingegen ist der in der postmetaphysischen Postmoderne wiedergefundene Gott allein der Gott des Buches: nicht allein im subjektiven Sinn des Genitivs der Urheber der biblischen Offenbarung, sondern auch im objektiven Sinn – der Gott, der sich uns nur im Buch gibt, der nicht als eine „objektive" Wirklichkeit außerhalb der Heilsverkündigung „existiert", die uns von der Heiligen Schrift und von der lebendigen Tradition der Kirche in historisch wandelbaren Formen und Angeboten an die fortwährende Neuinterpretation durch die Gemeinschaft der Gläubigen verkündet worden ist. An einen solchen Gott glaubt man nicht im „starken" Sinne des Wortes, so als sei seine Realität besser bewiesen als die der sinnlich wahrnehmbaren Dinge oder der Gegenstände der Physik und der Mathematik. „Fides ex auditu", ein Motto, das aus dem Neuen Testament stammt, bedeutet auch, daß man an den Gott der Offenbarung glaubt, weil man von ihm hat „reden hören", also mit aller Ungewißheit, die sich mit den Dingen verbindet, welche wir für wahr nehmen, weil sie uns von jemandem gesagt worden sind, zu dem wir Vertrauen haben, ein Vertrauen, das aber durch das Gefühl der Freundschaft, der Liebe, des Respekts bedingt ist. Und man weiß auch, daß die Liebe häufig blind ist, daß sie die Dinge durchaus nicht so sieht, wie sie in ihrer „objektiven" Wahrheit sind.[4]

Rückkehr – wohin?

Ich fordere ganz einfach – es ist, glaube ich, angebracht, das zu wiederholen – das Recht, von neuem das Wort des Evangeliums anzuhören, ohne deshalb die zutiefst abergläubischen Anschauungen auf philosophischem und moralischem Gebiet, die es in der offiziellen Lehre der Kirche noch verdunkeln, teilen zu müssen. Ich will das Wort des Evangeliums so interpretieren, wie Jesus selbst es zu tun gelehrt hat, indem er die häufig gewalttätige Sprache der Prophezeiungen in eine dem Liebesgebot angemessene Sprache übersetzte.

Ich komme für einen Augenblick auf das Beispiel der hartnäckigen Verweigerung des Priesteramts gegenüber den Frauen durch den gegenwärtigen Pontifex zurück. Hier erkennt man deutlich einen metaphysischen Aberglauben (die Frau hat eine bestimmte natürliche Rolle, welche die Möglichkeit des Priesteramts nicht einschließt), welcher der Liebespflicht, nämlich dem neuen Bewußtsein der Frauen in unserer Gesellschaft Gehör zu schenken, entgegenarbeitet. Ich fordere nicht das „natürliche" Recht der Frau auf das Priesteramt, womit ich eine Metaphysik gegen eine andere Metaphysik setzen würde. Ich sage nur, daß es Ausdruck der christlichen Liebe ist, die „neuen" Rechte anzuerkennen, seine Aufmerksamkeit all jenen Bewegungen zu schenken, welche danach streben, Situationen objektiver Gewalt zu reduzieren, gegen wen immer sie sich richtet; diese Aufmerksamkeit darf nicht durch den Glauben an objektive metaphysische Strukturen verbaut werden: durch einen Glauben, der unweigerlich Aberglaube und recht eigentlich Götzendienst wird.

Das Beispiel des weiblichen Priesteramts ist, wie im übrigen auch das der sexuellen Tabuisierung der Homosexualität, ein relativ einfaches Terrain für die Anwendung meines Diskurses über die Säkularisierung. Und all die anderen Fälle, in denen in der christlichen Lehre eine „abergläubische" Sprache fortlebt? Wenn der Papst das Priesteramt für Frauen nicht gewähren will, dann letztlich deshalb, weil die Bibel Gott „Vater" und nicht „Mutter" nennt, selbst wenn sie der Jungfrau Maria eine durchaus nicht zweitrangige Rolle zugesteht. Vaterschaft Gottes, „Familien" – Struktur der Trinität, jungfräuliche Mutterschaft Marias – werden auch diese und weitere „Inhalte" der christlichen Offenbarung Gegenstand säkularisierender und entmythologisierender Lesarten werden? Zwar verfüge ich über ein allgemeines Prinzip, das der Säkularisierung eine Grenze setzen kann: das der christlichen Liebe. Aber man könnte sich fragen, wie es konkret angewendet werden kann und soll. Wenn ich sage, daß ich zu glauben glaube – was von der christlichen Lehre ist es dann, das ich zu glauben glaube?[5]

Ein „reduzierter" Glaube

Wenn ich das Glaubensbekenntnis spreche, oder auch wenn ich bete, haben die Worte, die ich benutze, für mich nicht den realistischen Klang, den die Vertreter eines metaphysisch konzipierten Glaubens meinen ihnen zuschreiben zu müssen. So lade ich, wenn ich Gott „Vater" nenne, diesen Ausdruck mit einem Geflecht von Bezügen auf, die mit meiner geschichtlichen Erfahrung, aber auch mit meiner Biographie zu tun haben und die auch den problematischen Charakter der Ausstattung Gottes mit menschlichen Zügen, die noch dazu an ein bestimmtes Modell der Familie gebunden sind, nicht ignorieren. Wenn ich an all diese Dinge denke, dann weiß ich sicherlich nicht mehr recht, was ich sage, wenn ich das Vaterunser spreche. Aber auch diese Desorientierung ist, wie ich glaube, Teil meiner Erfahrung des Glaubens als Antwort auf die Offenbarung der kenosis. Bleibt im Gebrauch des Ausdrucks „Vater" nur das übrig, was Schleiermacher das reine Gefühl der Abhängigkeit genannt hat? Wahrscheinlich ja, und wiederum ist dies der Kern, von dem ich glaube, daß er nicht Gegenstand von Reduzierung und Entmythologisierung sein kann; den Grund dafür weiß ich nicht, sicher ist aber, daß die ganze Rede von der Überwindung der Metaphysik, die mich dazu führt, nicht mehr vom Sein als von einer ewigen Struktur sprechen zu können, mich dazu anleitet, das Sein als ein Ereignis zu denken, mithin als etwas, das „initiiert" wird, und zwar durch eine Initiative, die nicht die meine ist. Die Geschichtlichkeit meiner Existenz ist Abkünftigkeit, und die Emanzipation oder das Heil oder die Erlösung besteht gerade auch in der Bewußtmachung dieses ereignishaften Charakters des Seins, der mich in die Lage versetzt, aktiv in die Geschichte einzutreten und nicht nur ihre notwendigen Gesetze passiv zu betrachten. Dies ist, noch einmal, der Sinn des Satzes: „Ich nenne euch nicht mehr Knechte, sondern Freunde."[6]

Postskriptum

All das ist gewiß auch eine Frage der „Stimmung", der geistigen Atmosphäre, in der man das Christentum erlebt. Mir geht es darum, jenes Christentum zurückzuweisen, das auf die Religion als einen notwendigen Ausweg verweist, um einer Wirklichkeit zu entrinnen, mit der es kein „Verhandeln" gibt; kurz, noch einmal Bonhoeffers Idee von Gott als „Lückenbüßer", für die der Weg der Vernunft zu Gott der Weg der Ausweglosigkeit und des Scheiterns ist. Wenn man einmal diese Einstellung gewählt hat, kommt man wahrscheinlich dazu, die Wirklichkeit des Bösen, die Unüberwindlichkeit der menschlichen Grenzen, die Idee der Geschichte als Ort des Leidens und der Prüfung, gegenüber der Heilsgeschichte zu betonen. Auf dieser Grundlage wäre es nur allzu leicht, den Vorwurf der Unempfindlichkeit gegenüber dem Bösen an die zurückzugeben, die ihn vom Standpunkt des tragischen Christentums her formulieren: In der Tat hatte die Betonung der mit menschlichen Mitteln nicht zu besiegenden Wirklichkeit des Bösen auch in der Kirchengeschichte die Hinnahme der Übel der Welt, die allein der Gnade Gottes anbefohlen werden, zur Folge. Dadurch aber, daß Gott in jedem Sinn der kenosis [Entäußerung] Mensch geworden ist, macht er ein geschichtliches Engagement möglich, das als effektive

Verwirklichung des Heils und nicht nur als Hinnahme einer Prüfung oder als Erwerb von Verdienst im Blick auf das Jenseits verstanden wird.

Ich glaube also nicht, daß der an die „schwache" Lesart der christlichen Offenbarung gebundene Optimismus notwendig zu einer Unterschätzung der Übel der Welt führt. Es ist wahr, daß die „tragische" Auffassung den in vielfacher Hinsicht apokalyptischen Erfahrungen, die die Menschheit des 20. Jahrhunderts macht, besser gerecht zu werden scheint: perverse Auswirkungen des technischen und wissenschaftlichen „Fortschritts", Bedrohung durch offenbar unlösbare existentielle Probleme ... Doch der „Sprung" in die Transzendenz kann unter solchen Voraussetzungen höchstens die Bedeutung einer Tröstung haben; darüber hinausgehend, wird er zur Quelle einer abergläubischen, magischen, naturalistischen Interpretation des Göttlichen. Selbstverständlich lehne ich den Trost nicht ab. Der von Jesus zu Pfingsten gesandte Heilige Geist, der die Kirche in der säkularisierenden Interpretation der Schrift unterstützt, ist auch authentischer Geist des Trostes. Das Heil, das ich durch den radikalen Wortsinn der kenosis hindurch suche, ist somit nicht ein Heil, das nur von mir abhinge, das vergäße, wie sehr es der Gnade als eines Geschenkes, das von einem Anderen herkommt, bedürftig ist. Gnade ist jedoch auch das Merkmal einer harmonischen Bewegung, die die Gewalt ausschließt, und damit die Anstrengung, das Zähnefletschen des Hundes, der, nach einem Bild Nietzsches, lange an der Kette gelegen hat.

Man könnte den Schluß ziehen, daß es nicht reicht, sich vorzunehmen, die Heilige Schrift zu interpretieren, indem man die Zeichen der Zeit liest: Das tragische Christentum entspricht nur allzu gut einer gewissen, am Ende dieses Jahrhunderts verbreiteten „Stimmung", der man meiner Ansicht nach entgegentreten muß; denn an ihrem Ende stehen die Fundamentalismen, die Abkapselung im beschränkten Horizont der Gemeinden, die Gewalt, die in der Vorstellung von der Kirche als einem kampfbereiten Heer wurzelt, die Neigung zur Feindseligkeit gegenüber der durch Wissenschaft und Technik versprochenen und teilweise verwirklichten Erleichterung der Existenz. Somit hat die Lektüre der Zeichen der Zeit immer auch eine eschatologische Implikation, wie in den Evangeliumstexten, in denen sie vorkommt (Lukas 12,54ff und Matthäus 24,32ff), die ja immer auf das Jüngste Gericht anspielen. Dies aber bedeutet in der Sicht, die ich hier dargelegt habe, daß es bei der Lektüre der Zeichen der Zeit immer auch eine Norm gibt, die sich nicht völlig auf diese Zeichen reduziert; die Wahl zwischen Tragik und Säkularisierung kann nur mit Bezug auf diese „eschatologische" Norm getroffen werden. Eine solche Norm – die christliche Liebe, die dazu bestimmt ist, auch dann noch Bestand zu haben, wenn der Glaube und die Hoffnung nicht mehr notwendig sein werden, wenn einmal das Reich Gottes vollständig verwirklicht sein wird – rechtfertigt, so scheint mir, voll und ganz die Bevorzugung einer „freundschaftlichen" Vorstellung von Gott und vom Sinn der Religion. Wenn dies ein Übermaß an Güte ist, so ist Gott selbst uns darin mit gutem Beispiel vorangegangen.[7]

Quellennachweis

Die Originalquellen wurden auf Wunsch der Rechteinhaber in der alten Rechtschreibung abgedruckt.

Herausgeber und Verlag danken den nachstehenden Rechteinhabern für die freundliche Genehmigung des Abdrucks der Texte und Übersetzungen. In einigen Fällen waren die Inhaber der Rechte trotz aller Bemühungen nicht festzustellen oder erreichbar. Der Verlag verpflichtet sich, rechtmäßige Ansprüche im Rahmen des Üblichen abzugelten.

Augustinus
Zitiert aus:
Aurelius Augustinus: Bekenntnisse. Mit einer Einleitung von Kurt Flasch. Übersetzt, kommentiert und herausgegeben von Kurt Flasch und Burkhard Mojsisch. Reclam, Stuttgart 1989
1 Bekenntnisse, S. 70ff
2 Bekenntnisse, S. 147f
3 Bekenntnisse, S. 196f
4 Bekenntnisse, S. 206
5 Bekenntnisse, S. 210f
6 Bekenntnisse, S. 212f
7 Bekenntnisse, S. 219ff
8 Bekenntnisse, S. 223f

Gertrud die Große
Zitiert aus:
Gertrud die Große von Helfta: Gesandter der göttlichen Liebe. Übers. von Johanna Lanczkowski. Lambert Schneider, Heidelberg 1989 © WBG Darmstadt
1 Gesandter, S. 15
2 Gesandter, S. 16f
3 Gesandter, S. 24f
4 Gesandter, S. 32f
5 Gesandter, S. 50f
6 Gesandter, S. 52f

Martin Luther
Zitiert aus:
Luther Deutsch Band 1 Die Anfänge, Hg. Kurt Aland D.D., 2. Auflage, Göttingen 1982
Luther Deutsch Band 2 Reformator, Hg. Kurt Aland D.D., 2. Auflage, Göttingen 1981
Luther Deutsch Band 9 Tischreden, Hg. Kurt Aland D.D., 4. Auflage, Göttingen 1984
Luther Deutsch Band 10 Die Briefe, Hg. Kurt Aland D.D., 2. Auflage, Göttingen 1983
© Vandenhoeck & Ruprecht GmbH & Co. KG, Martin Luther
1 Luther/Aland, Reformator, S. 19ff
2 Luther/Aland, Briefe, S. 72
3 Luther/Aland, Tischreden, S. 52

4 Luther/Aland, Tischreden, S. 48f
5 Luther/Aland, Anfänge, S. 188f
6 Luther/Aland, Tischreden, S. 12
7 Luther/Aland, Tischreden, S. 12
8 Luther/Aland, Tischreden, S. 35

Teresa von Avila
Zitiert aus:
Sämtliche Schriften der heiligen Theresia von Jesu. Neue deutsche Ausgabe bearbeitet von Fr. Petrus de Alcantara a S. Maria:
Bd. 1 (Leben), Regensburg/Rom, Wien 1919
Bd. 2 (Das Buch von den Klosterstiftungen), Regensburg/Rom 1913
Bd. 4/2 (Nonnenklöster) Regensburg/Rom/New York/Cincinnati 1912
1 Bd. 1, S. 18, 20f
2 Bd. 1, S. 24
3 Bd. 1, S. 26f
4 Bd. 1, S. 63f
5 Bd. 1, S. 80
6 Bd. 1, S. 98f
7 Bd. 1, S. 292
8 Bd. 2, S. 52
9 Bd. 2, S. 116
10 Bd. 4/2, S. 73f

Blaise Pascal
Zitiert aus:
Blaise Pascal: Über die Religion und über einige andere Gegenstände (Pensées). Hrsg. von Ewald Wasmuth. Lambert Schneider, Heidelberg 1978 (= Sammlung Weltliteratur: Blaise Pascal Werke Band 1). © WBG, Darmstadt
1 Pensées, S. 119
2 Pensées, S. 103ff
3 Pensées, S. 136
4 Pensées, S. 224
5 Pensées, S. 241
6 Pensées, S. 248 (Mémorial)

7 Pensées, S. 140
8 Pensées, S. 141
9 Pensées, S. 141ff

John Wesley
Zitiert aus:
Die 53 Lehrpredigten. Band 1; 1–29. Hrsg. im Auftrag des Europäischen Rates der Evangelisch-methodistischen Kirche. Christliches Verlagshaus Stuttgart 1986
© Edition Ruprecht, Inh. Dr. Reinhilde Ruprecht e.K., Postfach 1716, 37007 Göttingen
Das Tagebuch John Wesleys. Zusammengestellt von Percy Livingstone Parker. Einleitung Hugh Price Hughes, Kommentar von Augustine Birrell. Hänssler Verlag Holzgerlingen 2000 © Herold Schriftenmission, Postfach 11 62, D-35634 Leun
1 Lehrpredigten 1, Predigt 2, S. 39ff
2 Tagebuch, S. 32f
3 Tagebuch, S. 33f
4 Tagebuch, S. 35
5 Tagebuch, S. 36
6 Tagebuch, S. 57f
7 Tagebuch, S. 63f
8 Tagebuch, S. 71f
9 Tagebuch, S. 83f

Charles de Foucauld
Zitiert aus:
Charles de Foucauld: Der letzte Platz. Aufzeichnungen und Briefe. Ausgewählt, übersetzt und eingeleitet von Martha Gisi, Johannes Verlag Einsiedeln, Freiburg 2006
Charles de Foucauld. Die geistlichen Schriften. Übertragen von Martha Schmitz. Herold, München/ Wien 1963.
Charles de Foucauld. Der Einsiedler in der Sahara. Aus Aufzeichnungen

und Briefen von Charles de Foucauld. Thomas Verlag, Zürich/ Ferdinand Schöningh, München/ Paderborn/Wien 1964
Gerd A. Treffer, Charles de Foucauld begegnen, Sankt Ulrich Verlag Augsburg (www.sankt-ulrich-verlag.de), 1. Aufl. 2000
1 Treffer, S. 66f
2 Geistliche Schriften, S. 65ff, S. 70f
3 Der Einsiedler, S. 16
4 Der Einsiedler, S. 16f
5 Der Einsiedler, S. 53
6 Geistliche Schriften, S. 46f
7 Geistliche Schriften, S. 74
8 Der letzte Platz, S. 23
9 Der letzte Platz, S. 37

Eva von Tiele-Winckler
Zitiert aus:
Erna Steineck: Brich dem Hungrigen dein Brot. Leben und Werk Eva von Tiele-Wincklers aus Briefen und Schriften. © 1986 SCM R.Brockhaus im SCM-Verlag GmbH & Co. KG, Witten
Eva von Tiele-Winckler: Nichts unmöglich! Erinnerungen und Erfahrungen. Oskar Günther, Dresden o.J. [1929]
1 Steineck, S. 20ff
2 Steineck, S. 24f, 25f
3 Nichts unmöglich, S. 7ff

Paul Claudel
Zitiert aus:
Paul Claudel: Gesammelte Werke, Band VI, Religion. Hrsg. Edwin Maria Landau. Kerle Verlag Heidelberg/Benziger Verlag, Einsiedeln/Zürich/Köln o.J. [1962]
1 Werke VI, S. 9ff
2 Werke VI, S. 50

Alfred Döblin
Zitiert aus:
Alfred Döblin, Jenseits von Gott. In: Die Erhebung. Jahrbuch für neue Dichtung und Wertung. Hrsg. von Alfred Wolfenstein. Berlin 1919. Alle Rechte vorbehalten S. Fischer Verlag GmbH, Frankfurt am Main
Alfred Döblin, Schicksalsreise. Bericht und Bekenntnis. Erstdruck von Josef Knecht, Frankfurt/Main 1949. Alle Rechte vorbehalten S.Fischer Verlag GmbH, Frankfurt am Main.
1 Jenseits von Gott, S. 381f
2 Jenseits von Gott, S. 387f
3 Jenseits von Gott, S. 398
4 Schicksalsreise, S. 158f
5 Schicksalsreise, S. 180f
6 Schicksalsreise, S. 212, 269f
7 Schicksalsreise, S. 339
8 Schicksalsreise, S. 340
9 Schicksalsreise, S. 358ff
10 Schicksalsreise, S. 360f
11 Schicksalsreise, S. 363f
12 Schicksalsreise, S. 458f

Pierre Teilhard de Chardin
Zitiert aus:
Pierre Teilhard de Chardin: Das göttliche Milieu (Le Milieu divin). Ein Entwurf des inneren Lebens. Walter Verlag, Olten und Freiburg i. Br. 1962 (= Werke 4)
Pierre Teilhard de Chardin: Mein Glaube (Comment je crois). Walter Verlag, Olten und Freiburg i. Br. 1972 (= Werke 10)
Pierre Teilhard de Chardin: Tagebücher 1. Notizen und Entwürfe, 26. August 1915 bis 22. September 1916; Tagebücher 2. Notizen und Entwürfe, 2. Dezember 1916 bis 13. Mai 1918. Hrsg. von Nicole und Karl Schmitz-Moormann. Walter Verlag, Olten/Freiburg 1974 (I) und 1975 (II).

1 Das göttliche Milieu, S. 241f
2 Tagebuch 1, S. 43
3 Tagebuch 1, S. 57
4 Tagebuch 1, S. 143
5 Tagebuch 1, S. 209
6 Tagebuch 1, S. 255
7 Mein Glaube, S. 156ff
8 Das göttliche Milieu, S. 178f
9 Das göttliche Milieu, S. 122
10 Tagebuch 2, S. 21ff

Manfred Hausmann
Zitiert aus:
Manfred Hausmann, Allem danke ich und allen. Begegnungen mit Manfred Hausmann. Prosa/Briefe/Gedichte. Hrsg. von Helmut Hildebrandt. Evangelische Verlagsanstalt, Berlin 1983 (1987)
Manfred Hausmann: Zwiesprache. Begegnungen mit dem Wort und mit großen Leuten. S. Fischer Verlag, Frankfurt/M. 1985 (= Gesammelte Werke Bd. 16).
1 Allem danke ich, S. 17ff
2 Zwiesprache, S. 258
3 Allem danke ich, S. 60
4 Zwiesprache, S. 27f
5 Zwiesprache, S. 190ff

Madeleine Delbrêl
Zitiert aus:
Madeleine Delbrêl: Wir Nachbarn der Kommunisten. Übertragen von Hans Urs von Balthasar, Johannes Verlag, Einsiedeln 1975
Madeleine Delbrêl: Gott einen Ort sichern. Texte – Gedichte – Gebete. Ausgewählt, übersetzt und eingeleitet von Annette Schleinzer. © Schwabenverlag, Ostfildern, 2002
Madeleine Delbrêl: Auftrag des Christen in einer Welt ohne Gott. Übertragen von Hermann Josef Bormann und Ruth Disse. Eingeleitet von Kaja

Bohme, Johannes Verlag Einsiedeln/Freiburg 2006
1 Auftrag des Christen, S. 192f
2 Auftrag des Christen, S. 193f
3 Auftrag des Christen, S. 40
4 Wir Nachbarn, S. 266
5 Wir Nachbarn, S. 267f
6 Wir Nachbarn, S. 58
7 Wir Nachbarn, S. 65
8 Wir Nachbarn, S. 211
9 Gott einen Ort sichern, S. 28

Dag Hammarskjœld
Zitiert aus:
Dag Hammarskjœld, Zeichen am Weg. Übertragen und eingeleitet von Anton Graf Knyphausen. Droemer Knaur München/Zürich 1965. Für die deutsche Fassung © 1965 Droemersche Verlagsanstalt Th. Knaur Nachf. GmbH & Co. KG, München
1 Zeichen am Weg, S. 21
2 Zeichen am Weg, S. 19
3 Zeichen am Weg, S. 19
4 Zeichen am Weg, S. 37
5 Zeichen am Weg, S. 36
6 Zeichen am Weg, S. 62
7 Zeichen am Weg, S. 46f
8 Zeichen am Weg, S. 49f
9 Zeichen am Weg, S. 56
10 Zeichen am Weg, S. 73
11 Zeichen am Weg, S. 89f
12 Zeichen am Weg, S. 55
13 Zeichen am Weg, S. 57f
14 Zeichen am Weg, S. 53
15 Zeichen am Weg, S. 107f

Simone Weil
Zitiert aus:
Simone Weil, Das Unglück und die Gottesliebe. Mit einer Einführung von T.S. Eliot. Kösel, München 1953, © (Titel des französischen Originals „Attente de Dieu" de Simone Weil) Librairie Artheme Fayard 1966

1 Unglück und Gottesliebe, S. 41ff
2 Unglück und Gottesliebe, S. 44f
3 Unglück und Gottesliebe, S. 46f
4 Unglück und Gottesliebe,
S. 48ff
5 Unglück und Gottesliebe, S. 50f
6 Unglück und Gottesliebe, S. 98f
7 Unglück und Gottesliebe, S. 30
8 Unglück und Gottesliebe,
S. 53ff
9 Unglück und Gottesliebe, S. 76f

Dorothee Sölle
Zitiert aus:
Dorothee Sölle: „Mir scheint die oft gestellte Frage ...", aus: dies., Gott denken, Gesammelte Werke Band 9 © KREUZ Verlag in der Herder GmbH, Freiburg i. Breisgau, 2009
Dorothee Sölle: Es muss doch mehr als alles geben. Nachdenken über Gott. © 1992 by Hoffmann und Campe Verlag, Hamburg
Dorothee Sölle: Gegenwind. Erinnerungen, Gesammelte Werke Band 12 © KREUZ Verlag in der Verlag Herder GmbH, Freiburg i. Breisgau, 2010
1 Mir scheint die oft gestellte
Frage ..., S. 223
2 Gegenwind, S. 29f
3 Gegenwind, S. 38f
4 Gegenwind, S. 31
5 Es muss doch mehr..., S. 88ff
6 Gegenwind, S. 40f
7 Gegenwind, S. 78f
8 Es muss doch mehr..., S. 218f
9 Es muss doch mehr..., S. 219

Gianni Vattimo
Zitiert aus:
Gianni Vattimo, Glauben – Philosophieren. Aus dem Italienischen übersetzt von Christiane Schultz. Reclam, Stuttgart 1997. Originaltitel: G.V., Credere di credere © 1996 Garzanti Editore s.p.a., Milano, und © (für die deutsche Übersetzung) 1997 Philipp Reclam jun. GmbH & Co. KG, Stuttgart
Gianni Vattimo, Jenseits des Christentums. Gibt es eine Welt ohne Gott? Aus dem Italienischen von Martin Pfeiffer. © Carl Hanser Verlag, München 2004
1 Glauben – Philosophieren, S. 73f
2 Glauben – Philosophieren, S. 75f
3 Jenseits des Christentums, S. 7ff
4 Jenseits des Christentums, S. 15f
5 Glauben – Philosophieren,
S. 83ff
6 Glauben – Philosophieren, S. 86f
7 Glauben – Philosophieren,
S. 112ff